Gereon Alter

WER RADELT, DER FINDET

Gereon Alter

WER RADELT, DER FINDET

Aus den Reisetagebüchern des
Fahrrad-Pfarrers

 KÖSEL

Penguin Random House Verlagsgruppe FSC® N001967

Copyright © 2024 Kösel-Verlag, München,
in der Penguin Random House Verlagsgruppe GmbH,
Neumarkter Str. 28, 81673 München
Umschlag: zero-media.net
Umschlagmotiv: © Sarah Zunk für FinePic®, München
Innenteilabbildungen: © privat, S. 6–7, 223;
© Sarah Zunk für FinePic®, München, U1, S. 18, 33, 58, 109, 151, 190;
stock.adobe.com (Fahrrad – Sabavector, S. 7, U4; Hand – Dzianis Vasilyeu /
Kreuz Line Art – RosRak Creative, S. 9, 28, 50, 102, 146, 185, 217)
Satz: Satzwerk Huber, Germering
Druck und Bindung: GGP Media GmbH, Pößneck
Printed in Germany
ISBN 978-3-466-37319-2

www.koesel.de

INHALT

1. Bekenntnis eines Fahrrad-Pfarrers 9

2. Am Anfang war das Tohuwabohu
   Sauerland und Mosel 18

3. Der Weg, die Wahrheit und das Leben 28

4. Wenn viele gemeinsam träumen ...
   Irland 33

5. Sie aber verstanden einander nicht 50

6. Herr, mein Gott, wie groß bist du!
   Island 58

7. Er ist in allem 102

8. Mit meinem Gott überspringe ich Mauern
   Norwegen 109

9. Agere contra – Gegensteuern 146

10. Nehmt und esst!
    Ungarn und Rumänien 151

11. Ich war fremd, und ihr habt mich aufgenommen . . . 185

12. Leben in Fülle
    Griechenland 190

13. Wer radelt, der findet 217

Dank 220

Über den Autor 222

Irland 1984

Neun müde, aber
glückliche Jungs
auf dem Heimweg
von ihrer ersten
großen Tour.

Auf einer Lavapiste den
steilen Hang hinauf.

Island 1988

Wieder viel zu viel
mitgenommen!

Manchmal muss man sein
Rad halt tragen.

Am Polarkreis!

Glücksgefühle.

Norwegen 1990

Hochsommer auf der
Hardangervidda.

Ungarn/
Rumänien 1991

Wie gut, dass es auch auf
Deutsch da steht!

Griechenland
1992

Waschtag.

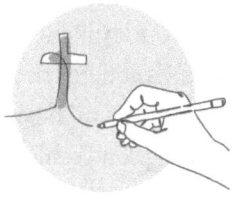

1

BEKENNTNIS EINES FAHRRAD-PFARRERS

Meine Hände schmiegen sich um die ergonomisch geformten Lenkergriffe, die Fußballen tasten sich auf die Pedale und finden Halt, ich stoße mich ab und gleite in den noch kühlen Ledersattel. Die erste Umdrehung des Kettenblatts, das sanfte Klicken der Gangschaltung, das Surren der Räder, das sich mit dem Rauschen des Windes vermählt ... Es klingt wie die behutsam einsetzende Ouvertüre zu einer großen Symphonie. Von Takt zu Takt fügt sich Neues ein: das Sonnenlicht, das durch die Baumwipfel blinzelt, das Wiegen der Gräser am Straßenrand, das Flattern der Vögel, die mich mal begleiten, mal aufgeregt vor mir herfliegen, das freundliche Grüßen eines Menschen ... Mein Atem wird tiefer und gleichmäßiger. Ich spüre meinen Körper, seine wohlige Wärme, die wachsende Kraft. Der Kopf wird frei, der Alltag entflieht. Ich liebe es, mit dem Rad unterwegs zu sein!

Am Anfang glich diese Liebe einem winzigen Senfkorn. Mit der Zeit ist daraus ein riesiger Baum geworden. Eine ausgewachsene Liebesgeschichte. Begonnen hat diese Liebesgeschichte vor mehr als vierzig Jahren, als das Wort »Radreise« für viele noch ein Fremdwort war. Als es noch keine E-Bikes gab, keine Fitness-Tracker und Navigationsgeräte, nicht mal eine ordentliche Fahrradkarte. Meine ersten Touren habe ich auf einem schlichten Jugendrad unternommen, mit dem ich ansonsten zur Schule gefahren bin. Zunächst waren es nur Tagestouren. Dann eine erste Ausfahrt mit Übernachtung. Und schließlich die erste Unternehmung, die man als Radreise bezeichnen könnte.

Mittlerweile habe ich über 50 Länder mit dem Fahrrad bereist, mehr als 70 große Touren unternommen und eine Vielzahl kleinerer. Ich habe mein Rad durch den feinen Sand der Sahara geschoben, mich in die dünne Luft des Himalaya hinauf gewagt und in das von Bären und Moskitos beherrschte Alaska. Ich bin alten Pilgerwegen gefolgt, endlosen Highways und ruppigen Pisten, habe das windumtoste Nordkap erreicht, den majestätischen Kilimandscharo und die sagenumwobenen Pyramiden der Azteken.

Das alles begann mit einer großen Sehnsucht. Der Sehnsucht nach dem, was jenseits des schon Bekannten liegt. Ich hatte, als ich zwölf oder dreizehn Jahre alt war, bereits die Hälfte aller Karl-May-Bände gelesen. Jack Londons *Ruf der Wildnis* stand in meinem Bücherregal, Knut Hamsuns *Segen der Erde* und Michael Holzachs *Das vergessene Volk*. Ich habe die Fernsehserie *Daktari* geliebt, die in British Columbia gedrehten *Lassie*-Filme und natürlich *Winnetou*. All diese Geschichten haben in mir ein tiefes Fernweh geweckt, das sich mindestens ebenso schmerzhaft anfühlen konnte wie das Heimweh am Ende einer Klassenfahrt.

Mein erster Ansatz, dieses Fernweh zu stillen, war es, einer kirchlichen Jugendgruppe beizutreten, aus der dann später ein ausgewachsener Pfadfinderstamm geworden ist. Denn da wurden regelmäßig Fahrten unternommen. Mal ging es in die Berge, mal ins Zeltlager, mal auf eine Fahrradtour. Das waren ungemein spannende Unternehmungen und wunderschöne Gemeinschaftserlebnisse, für die ich bis heute dankbar bin. Aber es zog mich weiter hinaus. In Länder, die für unsere Pfadfinderlager nicht infrage kamen – zu teuer, zu aufwendig, zu weit entfernt. Doch zum Glück gab es meinen Freund Alex. Denn der hatte nicht nur dieselben Bücher gelesen wie ich, er trug auch das gleiche unbändige Fernweh in sich: die Lust, andere Länder kennenzulernen, den Drang, aufzubrechen, die Neugier auf Menschen, die man noch nicht kennt. Mit ihm habe ich eine ganze Reihe von Touren unternommen – und dabei unter anderem gelernt, dass eine Radtour durch ferne Länder überhaupt nicht aufwendig und teuer sein muss. Eine Tour durch Island zum Beispiel, das schon damals exotischste und teuerste Reiseland Europas, hat uns nur unwesentlich mehr gekostet als das vorjährige Pfadfinderlager. Zugegeben: Wir haben äußerst spartanisch gelebt. Aber das gehörte einfach dazu. »Die weite Welt für wenig Geld« – so oder so ähnlich könnte man diese frühe Phase meiner Radreise-Geschichte überschreiben.

Aus der Not ist mittlerweile eine Tugend geworden, aus dem Geldmangel eine ganz eigene Reiseform: mit dem Nötigsten auskommen; einfach und umweltverträglich reisen; nah bei den Menschen und in der Natur sein; mich nicht gegen alles und jedes absichern; auch mit Unvorhergesehenem klarkommen, es sogar als reizvoll empfinden. Die Amerikaner nennen diese Art des Reisens *adventure cycling* und bringen es damit auf den Punkt. Es geht nicht darum, sportliche Höchstleistungen zu vollbringen, möglichst weite Strecken zu fahren oder in vielen Ländern gewesen zu sein. Es geht darum, sich auf ein Abenteuer einzulassen. Auf etwas Herausforderndes. Auf etwas so noch nicht Gekanntes. Auf neue Eindrücke und Einsichten.

Ich habe durch meine Radreisen ungemein viel gelernt. Schon, als ich noch ein Schüler war. Da kam meine Mutter eines Tages von einem Elternsprechtag zurück und erzählte mir voller Stolz, dass sowohl mein Englisch- als auch mein Erdkundelehrer sich lobend über mich geäußert hätten, weil meine Noten nach oben geklettert seien und ich mich viel aktiver in den Unterricht einbringen würde. »Das hat wohl mit den Radtouren Ihres Sohnes zu tun«, habe ihr der Erdkundelehrer gesagt. Und tatsächlich: Ich habe auf einmal nicht mehr nur für die Schule gelernt, sondern auch um mich auf meiner nächsten Tour besser verständigen zu können oder um noch mehr über ein bestimmtes Land zu erfahren.

Aus diesem frühen Wissensdurst ist im Laufe der Zeit ein sehr viel breiteres und tieferes Interesse an der Welt und ihren vielen Geheimnissen geworden. Meine Radreisen haben mir Einblick in fremde Kulturen und Religionen gewährt. Ich bin mit den verschiedensten politischen Systemen in Kontakt gekommen und habe Menschen aus den unterschiedlichsten Gesellschaftsschichten kennengelernt. Ich habe begriffen, was Armut bedeutet und was sie mit einem Menschen macht. Mein Verständnis für den Nord-Süd-Konflikt und andere globale Zusammenhänge ist gewachsen. Ich bin sensibler für all die Fragen des Klima- und Umweltschutzes geworden, die uns heute mehr denn je beschäftigen. Es ist etwas anderes, darüber nur in der Zeitung zu lesen oder durch einen dreiminütigen Fernsehbeitrag informiert zu werden, als es mit eigenen Augen zu sehen und am eigenen Leib zu spüren.

Irgendwann musste ich schauen, wie sich meine Sehnsucht nach fernen Ländern und Kulturen mit jener anderen Sehnsucht vereinbaren lässt, die ich ebenfalls in mir trug und die schließlich meinen beruflichen Werdegang bestimmt hat. Im Kern war das eine ganz ähnliche Sehnsucht. Denn auch sie war auf ein »Jenseits« des schon Bekannten gerichtet. Aber sie hat sich doch ganz andere Wege gesucht. Ich habe Theologie studiert, bin Priester geworden und arbeite seitdem in der Gemeindeseelsorge. Während des Studiums war es noch relativ leicht, beide Leidenschaften unter einen Hut zu bekommen. Denn da gab es ja die Semesterferien. Nach der Priesterweihe wurde es dann schon schwieriger. Denn zu bestimmten Zeiten hat ein Priester schlichtweg in seiner Gemeinde zu sein. Das gilt vor allem für den Advent und die Weihnachtszeit, die Fasten- und die Osterzeit, die vielen Feiertage im Mai, die Schulferien, in denen all die verreisen, die Kinder im schulpflichtigen Alter haben, und für den berühmt-berüchtigten »heißen Herbst«, in dem eine Veranstaltung die nächste jagt – also zu fast allen Zeiten im Jahresverlauf, in denen man üblicherweise Urlaub macht. Und dennoch habe ich das Radreisen nicht drangegeben. Ich habe es sogar neu entdeckt: als eine Art Rettungsinsel, die mich davor bewahrt, in den vielen Anforderungen meines Berufes unterzugehen.

Ob denn so eine Radreise wirklich erholsam sei, werde ich immer wieder gefragt. Das sei doch auch sehr anstrengend? Natürlich kostet es auch Kraft, den ganzen Tag an der frischen Luft zu sein, stundenlang in die Pedale zu treten und ständig an anderen Orten zu schlafen. Gerade das aber empfinde ich als erholsam. Weil es genau das Gegenteil dessen ist, was meinen Alltag oft bestimmt: die trockene Büroluft, die vielen Gespräche, die Schreibtischarbeit, der Bewegungsmangel und das immer gleiche Bett, in das ich mich Abend für Abend hineinfallen lasse. Das Unterwegssein mit dem Rad tut nicht nur meinem Körper gut, es erfrischt auch meine Seele und meinen Geist. Ich kann mir jedenfalls nicht vorstellen, meinen Jahresurlaub in einer All-inclusive-Anlage oder einem Priestererholungsheim zu verbringen, wie es manche meiner Amtsbrüder tun.

Dass meine Radreisen nicht nur der Erholung dienen, sondern sich auch motivierend und inspirierend auf mein berufliches Tun auswirken, ist mir erst nach und nach aufgegangen. Am deutlichsten spüre ich das bei meinen Predigten. In den Gottesdiensten kurz vor einer Radreise, wenn die letzte schon Monate, manchmal ein ganzes Jahr zurückliegt, fällt mir das Predigen oft schwer. Ich fühle mich müde und ideenlos. Mir fehlt es an guten Gedanken und Worten. Kehre ich dagegen von einer Tour zurück, sprudelt es nur so aus mir heraus. Dann ist mein Reden wieder kraftvoll, anschaulich und lebensnah.

Ob ich ohne diese Motivations- und Inspirationsquelle wohl noch Priester wäre? Diese Frage habe ich mir schon einige Male gestellt, und ich stelle sie mir von Jahr zu Jahr ernsthafter. Denn die katholische Kirche in Deutschland steckt bekanntermaßen in einer schweren Krise, die sie zu einem Großteil selbst verschuldet hat. Durch Verbrechen an Kindern und Schutzbefohlenen, durch die damit einhergegangenen Verdrängungs- und Vertuschungsversuche, einen fragwürdigen Korpsgeist, problematische Formen der Machtausübung und Ähnliches mehr. Die Auswirkungen dieser vor allem auf der Leitungsebene angesiedelten Probleme bekomme ich bis in die feinsten Verästelungen meiner Arbeit hinein zu spüren.

Manche meiner Pfarreimitglieder hauen auf den Tisch, fordern grundlegende Veränderungen und setzen sich auch dafür ein. Die Mehrheit aber scheint wie in eine Schockstarre gefallen zu sein. Und das vor allem macht mir zu schaffen. Ich habe es in meiner Arbeit zunehmend mit Menschen zu tun, die sich überhaupt nicht vorstellen können, dass Kirche anders aussehen kann, als sie es in der Vergangenheit erlebt haben – dabei verkennen sie, dass viele der genannten Probleme gerade in dieser Vergangenheit ihren Ursprung haben. Da wird dann auf ermüdend-kleingeistige Weise um traditionelle Besitzstände gerungen, anderen das Katholischsein abgesprochen oder ein nur noch auf das Vertraute gerichteter Rückzug angetreten.

Auf meinen Radreisen erlebe ich hautnah, dass Kirche auch anders sein kann. Vielfältiger, kreativer, lebensrelevanter. Natürlich haben auch christliche Gemeinschaften in anderen Ländern ihre Probleme, und man sollte das, was sie tun, nicht eins zu eins nach Deutschland importieren. Aber anregend ist es allemal. Deshalb suche ich auf meinen Reisen ganz bewusst Kontakt zu Kirchengemeinden und Missionsstationen. Ich schaue mir ihre Einrichtungen an, besuche ihre Gottesdienste und unterhalte mich, so gut es geht. Dadurch ist mir schon so manche gute Idee für meine Arbeit in Deutschland gekommen …

Das Reisen mit dem Rad ist also ein ausgesprochen facettenreiches Unternehmen. Es tut dem Körper, dem Geist und der Seele gut. Es ist eine wunderbare Lebensschule. Und es macht ganz einfach Spaß. Darum geht es in diesem Buch. Und darum, Sie, liebe Leserin, lieber Leser, auf den Geschmack zu bringen.

Sie müssen dazu nicht gleich aufs Fahrrad steigen. Das Buch, das Sie in Händen halten, ist weder ein Reiseführer noch ein Praxisratgeber. Deshalb werden Sie darin auch keine Routenvorschläge, Ausrüstungslisten und Übernachtungstipps finden. Es ist ein Buch, das Sie zuerst und vor allem animieren will, Ihrem eigenen Leben auf die Spur zu kommen. Der Sehnsucht, die in *Ihrem* Herzen steckt. Dem Abenteuer, das *Ihnen* entspricht. Vielleicht ist es für Sie ja eher ein Abenteuer, sich mal Zeit für sich selber zu nehmen, als eine Urlaubsreise zu planen. Oder Sie sehnen sich gar nicht nach fernen Ländern und Kulturen, sondern eher nach einer Veränderung in Ihrem Alltag. Auch dann kann das Buch Sie inspirieren. Denn auch wenn ich im Folgenden über ganz konkrete Reiseerlebnisse berichte, schwingen dabei doch immer auch sehr grundsätzliche Fragen mit. Was macht mein Leben eigentlich aus? Was sollte ich tun und was besser nicht?

Was erfüllt mich und was raubt mir die Kraft? Welcher Weg ist der richtige für mich?

Ich habe auf den meisten meiner Radreisen ein Tagebuch geführt. Nicht bloß um die Tageskilometerleistung, das Wetter und den Übernachtungsort festzuhalten, sondern auch um das Gesehene und Erlebte zu reflektieren. Welchen Menschen bin ich begegnet? Welche Worte sind mir hängen geblieben? Wo habe ich mich fremd und wo zu Hause gefühlt? Vielleicht ist ja auch das eine Anregung für Sie. Machen Sie sich ruhig Notizen, wenn Sie in diesem Buch auf etwas stoßen, das mit *Ihrem* Leben zu tun hat. Auf eine Frage, einen Gedanken oder eine Anregung. Werden Sie neugierig auf Ihre eigene Lebensreise und haben Sie Mut, sich mit Haut und Haar auf sie einzulassen!

Und die konkrete Radtour, was ist mit der? Natürlich möchte ich auch dazu animieren. Sie haben so etwas noch nie gemacht? Keine Sorge: Es braucht nicht viel. Das werden Sie ganz schnell feststellen. Sie haben schon Radreisen unternommen? Dann versuchen Sie sich doch mal an etwas, das Sie noch nicht gemacht haben. Statt wieder einem Flussradweg zu folgen, mal in die Berge. (Ja, das geht. Das kann sogar richtig lustvoll sein!) Statt durch die bestens vertrauten Niederlande mal ins noch nicht so bekannte Norwegen. Statt in der Gruppe mal zu zweit oder auch allein. Oder ändern Sie doch mal etwas an der Art und Weise Ihres Unterwegsseins. Wählen Sie eine kürzere Strecke und genießen Sie diese umso mehr. Nehmen Sie einen Gedanken oder eine Frage mit auf Ihre Tour. Achten Sie einmal ganz bewusst darauf, wer Ihnen unterwegs begegnet und was er oder sie Ihnen zu sagen hat. »Mach einen Unterschied, der einen Unterschied macht«, rät der berühmte Psychologe Paul Watzlawick. Denn schon ein kleiner Unterschied kann eine große Veränderung bewirken. Es gibt so viele Möglichkeiten, eine Radreise zu unternehmen und dabei Neues zu entdecken. Tun Sie es einfach! Es lohnt sich sehr.

Ich erzähle Ihnen auf den folgenden Seiten ganz bewusst von meinen ersten Unternehmungen mit dem Rad. Von Touren, die ich in Deutschland und anderen europäischen Ländern unternommen habe. Denn man muss nicht durch die Sahara, den Himalaya oder Alaska fahren, um ein Abenteuer zu erleben. Wenn Sie Interesse an meinen exotischeren Touren haben, dann werfen Sie einen Blick in meinen Blog: www.radweh-blogspot.com. Dort habe ich fast alle meine Reisen fotografisch und textlich dokumentiert. Von manchen habe ich auch in Radiosendungen erzählt. Die Links zu diesen Sendungen finden Sie ebenfalls in meinem Blog. Und dann gibt es noch die Möglichkeit, eine der Multivisionsshows zu besuchen, die ich gelegentlich anbiete. Die Termine und Veranstaltungsorte finden Sie – Sie ahnen es – in meinem Blog.

Sind Sie bereit? Dann lassen Sie uns starten. Holen wir das Fahrrad aus dem Keller und schwingen wir uns gemeinsam in den Sattel. Fahren wir hinaus in diese wunderbare Welt, in der es noch so viel zu entdecken gibt!

2

AM ANFANG WAR DAS TOHUWABOHU

Sauerland und Mosel

Meine ersten Radreisen waren ziemlich chaotisch. Jene Tour mit meinem Cousin Roman zum Beispiel, von der ich gar nicht mehr sagen kann, in welchem Jahr wir sie unternommen haben, an die ich mich aber selbst nach Jahrzehnten noch sehr genau erinnere – eben weil sie das reinste Tohuwabohu war. Wir hatten Weihnachtsferien und Langeweile. »Lass uns eine Radtour machen.« – »Im Winter?« – »Ja, warum nicht?« – »Und wohin?« – »Wie wär's, wenn wir ins Sauerland fahren?« Das Sauerland war für uns, die wir im »Kohlenpott« zu Hause waren, das erste größere Stück Natur, das sich mit dem Fahrrad erreichen ließ. Es liegt nicht mal eine Tagesetappe von unserer Heimatstadt Gelsenkirchen entfernt. »Also gut, lass uns ins Sauerland fahren.«

Zwei Tage später saßen wir im Sattel. Es war nasskalt, wir waren untrainiert, trugen dicke steife Jeans und hatten unsere schlichten Jugendräder mit allerlei nützlichem und weniger nützlichem Zeug beladen. Eine Straßenkarte im Maßstab 1:400.000, auf der kein einziger Radweg eingezeichnet war, wies uns den Weg. Am ersten Tag ging es vor allem darum, das Ruhrgebiet hinter uns zu lassen. Auf stark befahrenen Straßen, bei Wind und Regen, von einer roten Ampel zur anderen. Es war nicht wirklich ein Vergnügen. Kurz vor Einbruch der Dämmerung erreichten wir dann die erste Jugendherberge, völlig durchnässt und ausgepowert. Die feuchten Klamotten kamen in den Trockenraum und die Packtaschen unter das Etagenbett. Dann ging es in den Speisesaal. Der Herbergsvater tischte Nudeln mit Tomatensauce auf und jede Menge Apfelsaft. Schon bald danach waren wir derart müde, dass wir in unserem Zimmer verschwanden.

Etwa gegen Mitternacht machte sich dann der reichlich getrunkene Apfelsaft wieder bemerkbar. Die Blase drückte. Also stieg ich die Leiter von meinem oben liegenden Schlafplatz hinunter und tastete mich vorsichtig durch das dunkle Zimmer. Da fiel mir etwas Helles auf der Fensterbank ins Auge. Ein weißes Handtuch? Ein heller Schal? Ich trat näher und traute meinen Augen nicht: Schnee! Auf der Fensterbank lag eine dicke Schneeschicht. Etwa zwanzig Zentimeter Neuschnee waren das. Und die lagen nicht nur auf der Fensterbank, sondern auf dem ganzen Sauerland. Der Weg zur Jugendherberge war schon nicht mehr zu erkennen, die nahe gelegene Straße nur noch zu erahnen, und da, wo wir unsere Fahrräder abgestellt hatten, war nur noch ein großer Schneehaufen zu sehen. Wie um Gottes willen sollten wir da am nächsten Tag weiterkommen? Mit unseren dünnen Reifen, der überhaupt nicht wintertauglichen Kleidung und vor allem ohne jede Erfahrung mit einer Radtour unter solchen Bedingungen?

Wir mussten uns etwas einfallen lassen. Immerhin hatten wir gummierte Regenhosen dabei. Die streiften wir über unsere Jeans. Für unsere eher sommertauglichen Turnschuhe gab uns der Herbergsvater zwei Plastiktüten. Und über die schon beim ersten Schritt ins Freie kalt gewordenen Hände zogen wir jeweils eine dicke Socke. Und wie hält man die Ohren warm, wenn man keine Mütze hat? Nun … wir haben uns eine Unterhose über den Kopf gezogen. Mit etwas Geschick um den Schädel drapiert, war sie kaum noch als solche zu erkennen. Darüber die Kapuze der Regenjacke und schon waren wir startbereit. Nein, nicht ganz: Wir mussten erst noch einen Lachkrampf überstehen. Denn wir sahen aus wie Pat und Patachon. Ein langer Schlacks und ein kurzes Männlein in einer ziemlich schrägen Wintermontur. Wir haben uns kaum mehr eingekriegt.

Dann haben wir die Räder aus dem Schneehaufen befreit, sie beladen und zur Straße geschoben. Was folgte, war Lachkrampf Nummer zwei. Denn es wollte uns einfach nicht gelingen, auf die Räder zu steigen. Mal rutschte einer der Reifen weg, mal konnten wir das Gleichgewicht nicht halten, mal lagen wir mit dem Gesicht im Schnee. Es war ein Trauerspiel. Aber ein äußerst vergnügliches. Irgendwann haben wir es dann doch geschafft, uns auf den Rädern zu halten und uns langsam in Bewegung zu setzen. Doch der nächste Lachkrampf nahte schon. Wir waren auf einer kleinen Landstraße unterwegs, als uns ein Auto überholte und dabei derart ungeschickt durch eine Pfütze fuhr, dass es uns von oben bis unten mit braunem Tauwasser bespritzte. Normalerweise hätte ich einem solchen Autofahrer hinterhergeflucht. Hier aber habe ich nur laut gelacht. Denn skurril war das Ganze ja ohnehin schon. Da machten dann ein paar Wasserspritzer auch nicht mehr viel aus.

»Das ist doch keine Radtour«, werden Sie vielleicht denken. Oder zumindest: »Das hätte man doch ganz anders angehen können.« Natürlich: Wir hätten uns vorher den Wetterbericht anschauen können. Wir hätten unsere Ausrüstung sorgsamer zusammenstellen können, eine Mütze einpacken und ein paar Regengamaschen. Wir hätten uns um ein Vielfaches besser vorbereiten können. Aber dann wären wir vermutlich erst gar nicht aufgebrochen. Zu schlechtes Wetter, zu wenig Kondition, keine passende Ausrüstung: Eine dieser Ausreden hätte in jedem Fall gezogen. Aber wir *wollten* eine Radtour machen, *wollten* im Winter ins Sauerland, *wollten* ein Abenteuer erleben. Und das hat jede Menge Spaß gemacht. Man muss nicht auf alles vorbereitet sein und für jedes Problem eine Lösung haben. Man muss vor allem Lust haben und aufbrechen wollen.

Die meisten Radtouren finden nicht statt, weil es im Vorfeld zu viele Bedenken gibt. Dabei braucht es gar nicht viel. Man sollte einigermaßen wach sein und Risiken einschätzen können, um nicht in eine wirklich gefährliche Situation zu geraten. Das ist es dann aber auch. Jeder andere Mangel lässt sich mit ein wenig Improvisationstalent beheben oder trägt eben zu unvergesslichen Erlebnissen bei. Die Touren, an die ich mich mit Abstand am besten erinnere und von denen ich heute noch gern erzähle, waren nicht die, bei denen alles glatt gelaufen ist. Es waren Touren, bei denen es geruckelt hat. Mal lag es am Wetter, mal an einem fehlenden Ausrüstungsstück, mal an irgendetwas im zwischenmenschlichen Bereich. Auf Touren, bei denen alles glatt läuft, werden keine Geschichten fürs Tagebuch geschrieben, da bleiben die Erinnerungsblätter leer. Solche Touren sind schlichtweg langweilig.

Ein zweites frühes Radabenteuer. Diesmal war ich mit den Brüdern Andreas und Martin unterwegs. Wir kannten uns aus der kirchlichen Jugendgruppe, hatten eine Woche Zeit und wollten an die Mosel fahren. Nicht auf direktem Weg, sondern in einem großen Bogen über Belgien, Frankreich und Luxemburg. An dieser Route gab es lediglich zwei Jugendherbergen. Also nahmen wir Zelte mit. Denn eine Übernachtung im Hotel oder in einer Pension hätten wir uns als Fünfzehnjährige nicht leisten können. Mein Zelt stammte aus einem sogenannten Bundeswehrshop. Solche Geschäfte waren zu Beginn der 1980er-Jahre ziemlich angesagt. Da bekam man nicht nur den legendären Nato-Parka, mit dem damals nahezu jeder zweite Junge rumlief, sondern auch alle möglichen anderen Secondhand-Artikel aus den Beständen der Bundeswehr. Ich hatte mir einen kleinen Esbit-Kocher zugelegt, eine olivfarbene Regenpelerine, einen wasserdichten Packsack und das bereits erwähnte Zelt. Wobei Zelt eigentlich nicht der richtige Ausdruck ist. Es handelte sich um die sogenannte »Dackelgarage«, ein gerade mal ein Meter hohes Biwakzelt. Das bestand aus einer schweren Stoffbahn, zwei Zeltstäben, zwei Abspannleinen und sechs Heringen. Einen Boden hatte es nicht.

Am ersten Tag fuhren wir von Gelsenkirchen nach Aachen. Stramme 130 Kilometer waren das. Am zweiten Tag waren wir bereits in Belgien – ohne auch nur ein Wort Flämisch oder Französisch zu sprechen. Wie verständigt man sich mit Menschen, deren Sprache man nicht beherrscht? Natürlich: mit Händen und Füßen. Bei uns ging das so: die Finger zu einem Dreieck formen, auf eine Wiese zeigen und dann die Arme fragend auseinander ziehen. Das bedeutete: »Dürfen wir wohl auf dieser Wiese unser Zelt aufstellen?« Die Handflächen aufeinanderlegen und wie ein Kissen unter den zur Seite geneigten Kopf schieben, das hieß: »Wir sind müde. Können wir hier schlafen?« Diese Variante wählten wir, wenn wir mal nicht das Zelt aufstellen, sondern in einer Scheune oder Garage übernachten wollten. Waren wir hungrig, so formten wir mit der einen Handfläche einen Teller und taten mit der anderen Hand so, als würden wir Unmengen von Speisen in den Mund schaufeln. Ich habe nie einen Menschen so essen sehen, aber es ist immer gleich verstanden worden: »Wir haben Hunger. Bekommen wir bei Ihnen etwas zu essen?«

Wie aber mit der Rückfrage nach dem konkret Gewünschten umgehen? Wenn es in einer Auslage oder auf einem Bild zu sehen war, genügte es, mit dem Finger darauf zu zeigen. Wenn nicht, dann ließen wir unsere Blicke schweifen und schauten, was andere auf dem Teller hatten. Sagte uns etwas davon zu, kamen wieder die Finger zum Einsatz. Nur einmal haben wir uns bei dieser Art der Nahrungsbeschaffung so richtig verhauen. Es war in einem Imbiss. Ein junger Mann hatte einen Burger, eine Portion Pommes frites und eine große Cola bestellt. Das wollte ich auch. Also bestellte ich »the same, too« – »das Gleiche auch«. Andreas und Martin machten es mir nach. Das Dumme nur: Die Bedienung hatte »the same, two« verstanden, »das Gleiche zweimal«. Und so standen auf einmal sechs Burger, sechs Portionen Pommes frites und sechs große Cola-Becher vor uns. Das war dann doch etwas des Guten zu viel.

Belgien ist ein schönes Land. Das war unser erster Eindruck. Wir folgten dem Lauf der Maas in die dicht bewaldeten Ardennen hinein, ins Vallée romantique de la Meuse. Es ging an alten Burgen und Klöstern vorbei, an pittoresken Dörfern und Städten, an gemächlich auf dem Wasser dahinschippernden Booten. Die Sonne schien, die Vögel zwitscherten … Doch was ist das? Kurz vor Profondeville klaffte eine hässliche Wunde in der Landschaft: ein riesiger, mit allerlei verrottendem Stahl- und Blechwerk zugestellter Steinbruch. Kurz darauf ein Atomkraftwerk. Aufgegebene Industrieanlagen, abgewrackte Lagerhallen, Schrott und Rost, so weit das Auge reicht. Wir wurden von Kippladern überholt, die dicke Staubfahnen hinter sich herzogen. Alles, aber auch alles war von grauem Staub überzogen. Selbst das Grün der Pflanzen war kaum mehr zu erkennen. Dazu die Menschen: Müde und perspektivlos saßen sie da. Viele tranken, andere rauchten, wieder andere stierten einfach nur dumpf vor sich hin. Manche von ihnen wirkten auf mich wie die desillusionierten Arbeiter, die Vincent van Gogh in der nicht weit entfernten Borinage gemalt hat.

Was für ein Kontrast: Erst diese überaus schöne Flusslandschaft und dann etwas derart Hässliches, Bedrückendes. Wir hätten auf die Idee kommen können, das weniger Schöne zu überspringen, wie es kommerzielle Radreiseveranstalter ihren Kunden gerne anbieten. Da heißt es dann: »Dieser eher unattraktive Streckenabschnitt wird mit einem Transfer überbrückt.« Oder: »Für diese Etappe steht Ihnen ein Shuttle-Service zur Verfügung.« Dann aber hätten wir uns nicht anders verhalten als Touristen, die sich in einer Ferienanlage verschanzen, zu der Einheimische keinen Zutritt haben. Oder wie Kreuzfahrtpassagiere, die vor eigens hergerichteten Buchten ankern. Wir hätten uns lediglich in einer heilen Urlaubswelt bewegt. Das aber wollten wir auf keinen Fall. Wir wollten Belgien kennenlernen, wie es ist. Mit *allem*, was dazu gehört.

Heute bin ich froh, dass wir uns damals fürs Weiterfahren entschieden haben. Denn so habe ich schon früh gelernt, dass beides zu einer Radreise gehört: das Schöne und das weniger Schöne. Das, was sich einem sofort erschließt, und das, worüber man erst einmal nachdenken muss. Und dass dieses Nebeneinander oft viel spannender und lohnender ist als das, was findige Geschäftsleute meinen, ihren Kunden verkaufen zu müssen. Deshalb: Keine Scheu vor vermeintlich »nicht so lohnenden« Abschnitten! Sie warten nicht selten mit Eindrücken auf, für die man im Nachhinein dankbar ist. Und sie bringen die schöneren Abschnitte umso kräftiger zum Leuchten. So war es auch auf dieser Tour. Aus der weniger attraktiven Gegend wurde schon bald wieder eine ausnehmend schöne Flusslandschaft, das Vallée de la Semois. Wir haben es leider nur gequert und nicht der Länge nach befahren (das habe ich erst Jahre später getan). Dafür aber folgten schon bald die nächsten Highlights: die schmucke Kleinstadt Charleville-Mézières, die mittelalterliche Festung von Sedan und die sanften Hügel der südlichen Ardennen.

Dann galt es wieder einen Zeltplatz zu finden. Wir blieben vor einem großen Garten stehen, formten unsere Finger zu einem

Dreieck ... »*Bien sûr. Entrez!*« – »Natürlich, kommt rein!« Wir mussten unsere Pantomime gar nicht zu Ende bringen, da war unser Wunsch bereits erfüllt – womit wir beim Thema Gastfreundschaft wären. Auch damit habe ich bereits sehr früh die allerbesten Erfahrungen gemacht. Hier war es eine ältere Frau, die uns ganz spontan ein Rasenstück in ihrem Garten angeboten hat. »*Prenez-vous! C'est tout pour vous! Et l'eau, c'est là.*« Wir haben ihre Worte nicht wirklich verstanden, ihre Gesten aber waren eindeutig: »Nehmt euch von dem Gemüse, was ihr braucht. Und dort drüben findet ihr Wasser.« Das ließen wir uns nicht zweimal sagen. Wir stellten unsere Zelte auf, duschten mithilfe eines herumliegenden Wasserschlauchs und machten uns an die Gemüseernte: Tomaten, Kohlrabi, Möhren ... Es braucht so wenig, um glücklich zu sein!

Am nächsten Morgen stand eine Kanne frisch gemolkener Milch vor unseren Zelten. Und als wir wieder aufbrechen wollten, gab die alte Dame uns noch je eine Handvoll Äpfel mit. Ich habe dergleichen immer wieder erlebt und werde noch häufiger davon berichten. Hier, auf einer meiner ersten Touren, trug es maßgeblich dazu bei, dass ich das Vertrauen gewann: Du wirst immer jemanden finden, der dich aufnimmt und dir hilft. Und magst du auch noch so in der Bredouille sein: Es wird immer Menschen geben, die es gut mit dir meinen und dich unterstützen.

Wir waren längst in Frankreich und näherten uns Luxemburg. Damals gab es noch Grenzkontrollen, die aber stellten für uns kein Hindernis dar. Wir durchquerten das kleine Großherzogtum und stießen bei Remich auf die Mosel. Von da an hatten wir das Gefühl, bald am Ziel unserer Reise zu sein. Doch auf eine ganz eigentümliche Weise blieb es fern. Das lag am gewundenen Lauf der Mosel. Auf der Luftlinie wären es nur noch 110 Kilometer bis zum Rhein gewesen, auf der Straße dagegen waren es 240 Kilometer. Wir strampelten und strampelten und hatten dennoch das

Gefühl, nicht so richtig voranzukommen. Deshalb überlegten wir immer wieder, ob sich der Weg zur nächsten Moselschleife nicht auch irgendwie abkürzen ließe. Doch das hätte uns eine Menge zusätzlicher Höhenmeter eingebracht. Also blieben wir brav im Tal und nahmen eine Schleife nach der anderen. Der Vorteil dieser Entscheidung war, dass wir das Moseltal in seiner ganzen Länge kennengelernt haben.

Schnell vorankommen oder sich Zeit nehmen? Eher in die Höhe oder in die Weite gehen? Abkürzen oder durchhalten? Vor solchen Fragen steht man im Grunde bei jeder Tour. Dabei hat beides seinen eigenen Reiz. Es fühlt sich schon gut an, mal so richtig Strecke zu machen und ein ordentliches Stück voranzukommen. 100, 120 oder gar 160 Kilometer an einem Tag zu schaffen, nur mit der eigenen Muskelkraft. Andererseits macht es aber auch Sinn, ganz in Ruhe zu fahren und sich die eine oder andere Pause zu gönnen. Eine Besichtigung, eine kleine Wanderung oder einfach nur eine ausgiebige Rast, bei der man mal seinen Blick schweifen lässt. Je älter ich werde, umso mehr Zeit nehme ich mir für solche Dinge. Nicht nur weil meine Muskeln eine Pause brauchen, sondern auch weil ich sonst das Gefühl hätte, die Strecke nicht wirklich erlebt zu haben.

Die letzten Kilometer brachen an. Wir hatten von unseren Eltern die Erlaubnis bekommen, eine Woche unterwegs zu sein. Trotz unserer stattlichen Fahrleistung – es waren knapp 800 Kilometer – hätten wir es in dieser Zeit nicht wieder zurück nach Hause geschafft. Also hatten wir schon im Vorfeld beschlossen, nur bis Brohl am Rhein zu fahren. Denn der Vater von Andreas und Martin war bei einem Getränkegroßhandel beschäftigt, der regelmäßig Mineralwasser aus Brohl bezog. So konnten wir unsere Räder in einen LKW packen und uns nach Hause mitnehmen lassen. Eigentlich eine komfortable und auch spannende Lösung, denn zumindest ich hatte noch nie zuvor im Führerhaus eines Siebeneinhalbtonners gesessen. Und dennoch fiel mir das Einsteigen nicht leicht. Denn es fühlte sich fast wie ein Verrat an. Wie ein Verstoß gegen das bislang hochgehaltene Ideal, ohne ein anderes Verkehrsmittel auszukommen.

Meine ersten Touren haben stets daheim begonnen und sind auch daheim zu Ende gegangen. Das Fahrrad zwischendurch in ein Auto, einen Bus oder ein Zugabteil zu packen, wäre ganz und gar undenkbar gewesen. Schon bei längeren Fährpassagen beschlich mich ein ungutes Gefühl. Erst mit zunehmendem Alter bin ich auch in dieser Frage gelassener geworden. Ganz aufgegeben habe ich das Ideal aber nicht: Eine Radreise sollte vor allem eine Radreise sein. Touren, bei denen man hier und da mal ein paar Kilometer fährt und zwischendrin andere Verkehrsmittel nutzt, sind bis heute nicht mein Ding.

So also ging es mit meiner Leidenschaft für das Radreisen los. Ich habe es einfach ausprobiert – ohne größere Vorbereitung und ohne schon genau zu wissen, was da auf mich zukommen wird. Ich habe eine Reihe von Fehlern gemacht und aus jedem dieser Fehler gelernt. Vor allem aber habe ich ganz allmählich ein Gespür dafür bekommen, was eine Radreise eigentlich ausmacht. Ich habe mir damals noch nicht die Fragen gestellt, um die es auf den folgenden Seiten gehen wird, aber doch schon intuitiv gespürt, dass sich da noch eine ganze Menge entdecken lässt.

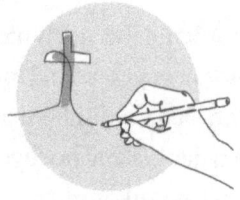

3

DER WEG, DIE WAHRHEIT
UND DAS LEBEN

Bereits der flüchtige Blick auf meine ersten Unternehmungen zeigt: Auf einer Radreise bekommt man es mit Fragen zu tun, die auch sonst das Leben bestimmen. Wo will ich hin? Welchen Weg nehme ich? Zu welcher Anstrengung bin ich bereit? Wie gehe ich mit Problemen um? Es ist, als ob man in einen Spiegel schaut und darin das eigene Leben sieht. Die Fragen, die einen umtreiben. Die Herausforderungen, vor denen man steht. Und – das macht das Ganze erst so richtig spannend – die Lösungen, die sich anbieten. Eine Reise mit dem Rad kann zu einer intensiven Form der Selbst- und Welterfahrung werden, wenn man denn nur ein wenig sensibel ist für das, was einem unterwegs widerfährt.

Eine der wichtigsten Einsichten, die ich auf meinen Radreisen gewonnen habe, ist die, dass es nicht so sehr darauf ankommt, was man hat, sondern was man will. Und dass man es tut. Wenn es denn geht. Ich erinnere mich noch an einen älteren Mann, dem ich an einer Tankstelle in Utah begegnet bin. Ich brauchte frisches Wasser und er Benzin. Als er mein bepacktes Rad sah, sagte er mit melancholischem Blick: »*You're doing right. You're doing right.*« – »Du machst es richtig. Du machst es richtig« (mit einer starken

Betonung auf dem »Du«), und fügte hinzu, dass er schon lange von einer solchen Reise träume, es aber noch immer nicht geschafft habe. Sein Blick verriet, dass er dabei nicht nur ans Radfahren dachte.

Wie viele Träume schieben wir vor uns her? Wie viele Dinge, die wir eigentlich gerne mal tun würden? Irgendwann ist es dann zu spät, und wir schauen traurig zurück auf Unerfülltes und Nicht-Gelebtes. Die aufgeschobene Radtour ist nur eines von vielen Beispielen dafür. Aber es lässt sich an ihr ablesen, was auch hinter allen anderen Aufschiebereien steckt – wie an einem Spiegelbild.

Viele sind der Meinung, sie bräuchten erst mal ein ordentliches Rad, um eine Radtour unternehmen zu können. Gute Packtaschen natürlich auch. Ein Trikot, einen Helm, ein Navigationsgerät. Man müsste einigermaßen im Training sein, etwas mehr Übung mit dem Radfahren haben und die richtige Route finden. Für die Partnerin müsste es ebenfalls passen, mit den Kollegen abgestimmt sein und sich vor allem auch mit den schon im Kalender stehenden Terminen vertragen. Man könnte diese Liste bis ins Endlose weiterführen. Am Ende gibt es immer einen Grund, warum es gerade jetzt nicht gut passt.

Das kennen wir auch in Bezug auf andere Dinge. Erst mal die Schule hinter mich bringen. Erst mal ein sicheres Einkommen haben, einen Partner finden, eine Familie gründen. Erst mal das Eigenheim abbezahlt haben, im Ruhestand sein und mich nicht mehr um die pflegebedürftige Mutter kümmern müssen. Wenn das die Prioritäten sind und ich damit zufrieden bin, dann ist das gut so. Oft aber tragen wir doch Wünsche in uns, die etwas quer zu einem solchen Lebenslauf liegen. Wünsche, die wir uns schon gerne mal erfüllen würden, wenn da nicht all diese Gründe wären. Da macht es dann Sinn, mal etwas genauer hinzuschauen: Wo will ich mit meinem Leben eigentlich hin? Was ist mir wirklich wichtig? Und was ist vielleicht nur die Erwartung anderer oder ein vermeintliches Hindernis?

Damit soll keinem verantwortungslosen Aktivismus das Wort geredet werden. Auch nicht dem heute so populären Abarbeiten von *Bucket Lists*, von Dingen also, die man unbedingt getan haben sollte, bevor man irgendwann »den Löffel abgibt«. Es geht eher um eine größere Sensibilität für das eigene Leben und um den Mut, einfach mal einen Wunsch in die Tat umzusetzen. Ich selbst bin weit davon entfernt, das von jedem meiner Lebenswünsche sagen zu können. Aber dank meiner Radreisen bin ich doch aufmerksamer für sie geworden und habe mir zumindest den ein oder anderen erfüllt.

Nicht jeder Wunsch kann in Erfüllung gehen. Manchem sind unüberwindbare Grenzen gesetzt. So würde ich zum Beispiel unheimlich gern einmal mit dem Fahrrad durch Tibet fahren. Aber die chinesische Regierung erlaubt schon seit Jahren keine Individualreisen mehr in dieser Region. Ich würde, wenn ich es versuchte, festgenommen. Auch würde ich gerne mal ein längeres Stück auf der Panamericana fahren, jener berühmten Fernstraße, die von Alaska bis nach Feuerland reicht. Aber das gibt mein Jahresurlaub nicht her. Ich würde auch gerne noch einmal durch den Himalaya fahren. Aber ich weiß, dass ich das mit meiner heutigen Kondition nicht mehr schaffen würde.

Manches geht einfach nicht. Auch das ist Teil unserer Lebensrealität. Wer verheiratet ist, kann nicht gleichzeitig ein eheloses Leben führen. Wer beruflich vorankommen will, kann es sich nicht leisten zu faulenzen. Und wer mit gesundheitlichen Problemen zu kämpfen hat, kann ebenfalls nicht alles tun, was er gerne tun würde. Solche Grenzen gilt es zu akzeptieren. Es gibt aber auch Grenzen, die überwindbar sind. Handlungsspielräume, die sich erweitern lassen. Lebenseinstellungen, die verändert werden können. Damit sind wir bei den Lösungsmöglichkeiten, die sich entdecken und erproben lassen. Eine Radreise kann ein wunderbares Lernfeld dafür sein. Ein begrenzter, klar umrissener Raum, in dem ich einfach mal etwas ausprobieren und Erfahrungen sammeln kann.

Wer etwas ängstlich veranlagt ist und eher Risiken als Chancen sieht, könnte beispielsweise entdecken, dass das Leben gar nicht so gefährlich ist und dass es durchaus reizvoll sein kann, sich mal einem gewissen Risiko auszusetzen. Er (oder sie) muss ja nicht gleich durch einen Nationalpark mit wilden Tieren fahren oder durch die *No-Go-Areas* einer afrikanischen Großstadt. Man könnte mit etwas beginnen, bei dem einen nur ein leichtes Angstgefühl beschleicht. Mit einer Tour zum Beispiel, bei der nicht alles schon fest durchgeplant ist. Mit einem Aufbruch bei nicht so gutem Wetter. Oder mit dem Versuch, sich mal ganz bewusst auf unbekannte Menschen einzulassen.

Wer ein gut umsorgtes und bequemes Leben führt, sich schon mal anhören muss, dass er »den Hintern nicht hochkriegt«, und damit auch selbst nicht so ganz zufrieden ist, der könnte sich auf einer Radreise mal daran versuchen, mit etwas weniger Komfort auszukommen. Mal nicht in einem Viersternehotel übernachten, sondern in einem Zelt. Da, wo ich gerade bin, wo es schön ist, wo es mir gefällt. Mal nicht einer Reisegruppe hinterherlaufen, sondern mich selbst um den Ablauf der Reise kümmern. Mich als einen gestaltenden und Akzente setzenden Menschen erleben.

Wer einen mutigen oder gar draufgängerischen Charakter hat, könnte die Erfahrung machen, dass nicht alles mit Mut und Tatkraft in den Griff zu bekommen ist. Dass man manchmal auch einen Schritt zurücktreten muss. Weil der Wind doch heftiger weht als vermutet. Weil sich eine Panne nicht von jetzt auf gleich beheben lässt. Oder weil der Reisepartner plötzlich krank wird.

Ich habe schon Männer kennengelernt, die sich von einem Kraftprotz mit ausgeprägtem Imponiergehabe in einen überraschend rücksichtsvollen Menschen verwandelt haben – nur durch eine Radreise.

Es gibt noch eine ganze Reihe anderer Dinge, die sich entdecken und erproben lassen. Auf einiges davon werde ich noch zurückkommen. Anderes werden Sie selbst herausfinden, wenn Sie meine Reiseberichte nicht nur als die (teils kuriosen) Abenteuer eines anderen Menschen lesen, sondern wie ein Spiegelbild betrachten und sich immer wieder mal fragen: Was hat das Geschilderte mit *meinem* Leben und *meinen* Träumen zu tun?

4

WENN VIELE GEMEINSAM TRÄUMEN ...

Irland

Wir waren neun Jungs im Alter von 15 bis 19 Jahren. Andreas und Martin, die beiden Brüder, mit denen ich bereits an der Mosel war. Alex, der Freund, mit dem ich meine Begeisterung für Karl May und ferne Länder teilen konnte. Klaus, der schon eine Freundin hatte und in unserer Jugendband die Gitarre spielte (während sich Alex gerade eine Mandoline zugelegt hatte). Der durchtrainierte Christian und sein überhaupt nicht sportlich veranlagter Kumpel, der auch Martin heißt. Noch ein Klaus, den wir noch gar nicht so richtig kannten, weil er erst kürzlich zu uns gestoßen war. Der rothaarige Lars, er war der Jüngste und in mancherlei Hinsicht Unerfahrenste von uns allen. Und ich. Eine ziemlich bunte Truppe also.

Wir hatten uns über die Jugendarbeit der örtlichen Kirchengemeinde kennengelernt. Dort hatte jeder von uns irgendwie einen Platz gefunden. Einige besuchten die wöchentlich stattfindende Teestube, andere spielten in der schon erwähnten Jugendband, und wieder andere stießen eher sporadisch dazu. Genug Berührungspunkte jedenfalls, um ins Gespräch über einen Traum zu kommen: mit dem Fahrrad durch Irland! Das sprach jeden von uns an. Darauf hatten wir alle Lust. Wir hatten schon so manches Guinness getrunken, die Musik der *Dubliners* im Ohr und von den sagenhaft schönen Cliffs of Moher gehört. Deshalb zog es uns auf die grüne Insel.

»Ob das gut gehen wird?« Nicht nur wegen unseres jugendlichen Alters, sondern auch weil wir derart verschieden waren, hatten einige Erwachsene Bedenken. Doch unsere Eltern hatten Vertrauen. Denn sie hatten mitbekommen, wie Alex, Klaus und ich – die drei Ältesten – die Sache angegangen waren: dass wir Jugendleiterschulungen absolviert und einen Erste-Hilfe-Kurs besucht hatten, dass wir ein gutes Händchen im Umgang mit den Jüngeren besaßen und dass wir vor allem sehr transparent über unser Vorhaben informiert hatten – die Teilnehmer wie auch ihre Eltern. Aus heutiger Sicht war es trotzdem ein gewagtes Unternehmen: Neun Teenager reisen ohne jede erwachsene Begleitung mit ihren Fahrrädern durch Irland.

Ob das heute noch möglich wäre? Im Zeitalter der »Helikoptereltern«, die ihre Kinder teils bis zum Abitur mit dem Auto zur Schule bringen? In einer Zeit der Rundumüberwachung per Smartphone, Tracking-App und Geofencing? In einer Zeit auch der Klagen und Regressansprüche gegen Ehrenamtliche, die mutmaßlich gegen ihre Aufsichtspflicht verstoßen haben? Das alles spielte damals keine Rolle. Und ich wünschte, wir würden uns etwas von dieser Unbekümmertheit zurückerobern. Denn wir haben damals etwas ungemein Wichtiges für unser Leben gelernt: Welche Kraft ein Traum entfalten kann, wenn man sich denn nur ernsthaft daran macht, ihn wahr werden zu lassen. Und: dass auch Menschen verschiedenster Herkunft und unterschiedlichsten Charakters zu einer starken Gemeinschaft zusammenwachsen können.

An einem Julitag im Sommer 1984 war es soweit. Wir trafen uns am Gelsenkirchener Hauptbahnhof. Ich werde das Bild meinen Lebtag nicht vergessen: Berge von Gepäck türmten sich da auf. Klaus hatte seine Gitarre mitgebracht, Alex seine Mandoline. Packtaschen, Lenkertaschen, Säcke mit Zelten, Luftmatratzen und Schlafsäcke ... Ich habe noch ein Foto von dem, was sich allein in meinen Taschen befand. Da sind zwei riesige Frotteehandtücher zu sehen, zwei dicke Jeanshosen und sechs sorgsam gefaltete Baumwoll-T-Shirts. Große Flaschen mit Duschgel, Sonnencreme und Mückenöl – nichts davon in kleinere Behältnisse umgefüllt. Eine Blockflöte, eine Liedermappe und eine kleine Reisebibel. Dazu ein Schlafsack, von dessen Ausmaß noch die Rede sein wird. Und ein sechs Kilogramm schweres Baumwollzelt. Jawohl: Anstelle der schlichten »Dackelgarage« hatte ich mir mittlerweile ein ordentliches Doppelwandzelt mit eingearbeitetem Boden zugelegt. Wesentlich komfortabler und regenbeständiger, aber dafür auch um einiges schwerer.

Unsere Fahrräder hatten wir vorausgeschickt. Sie einfach mitzunehmen, war damals nicht möglich. Wir mussten sie drei Tage vorher am Bahnhof abgeben und hoffen, dass wir sie in London wiederbekommen. Warum in London? Weil es in der britischen Hauptstadt nur Sackbahnhöfe gibt und es deshalb nicht möglich war, sie noch weiter vorauszuschicken.

London, Victoria Station: Hier irgendwo mussten sie angekommen sein. Ein akkurat gekleideter Bahnbeamter führte uns in ein dunkles Kellergewölbe, in dem man gut Szenen für einen Harry-Potter-Film hätte drehen können. Überall hingen Spinngewebe. Wasser tropfte von der Decke. Es stank erbärmlich nach Fledermauskot. Hunderte von Fahrrädern standen in diesem Verlies. Auf einige hatte sich bereits eine dicke Staubschicht gelegt, andere waren offenbar erst seit Kurzem hier. Wir schwärmten in alle Richtungen aus und brauchten dennoch eine ganze Weile, bis wir alle Räder beisammen hatten. Immerhin: Sie waren angekommen. Nun mussten sie nur noch nach oben geschafft, beladen und nach Paddington Station überführt werden.

Nur noch … Es war Freitagnachmittag, die Rushhour ging ihrer heißesten Phase entgegen, und niemand von uns hatte Erfahrungen mit dem britischen Linksverkehr. Gleich zu Beginn ein großer, sechsspuriger Kreisverkehr. Dann ein schneller Spurwechsel von außen nach innen, ein zweiter Kreisverkehr, eine Unterführung. Schauen, dass niemand verloren geht. Darauf achten, dass alle an derselben Stelle abbiegen. Nach zwanzig Minuten war der Spuk vorbei, und wir hatten Paddington Station erreicht – ein erstes Erfolgserlebnis.

Von hier ging noch am selben Abend ein Nachtzug in Richtung Irland – dachten wir. Denn wir hatten bei der Auswahl der Zugverbindung eine winzige Fußnote übersehen: »1–4«. Das bedeutete: Fährt nur von Montag bis Donnerstag. Der nächste buchbare Zug nach Irland ging erst am folgenden Vormittag. Was also tun? Für ein Hotelzimmer hatten wir kein Geld, und in einer Jugendherberge würden wir mit sieben Personen sicher keinen Platz mehr finden. Deshalb fragten wir einen der herumstehenden Bobbies, ob wir wohl im Bahnhofsgebäude bleiben dürften. Der gute Mann hatte gleich Verständnis für uns und wies uns eine halbwegs ruhige Ecke zu, in der wir unsere Luftmatratzen und Schlafsäcke ausbreiten konnten. Eine gerade anrückende Reinigungsfirma wies er an, einen Bogen um uns zu machen. Und seinen Kollegen vom Nachtdienst bat er, doch gelegentlich mal nach uns zu sehen.

Wir haben es uns in diesem improvisierten Lager zwar recht gemütlich gemacht, es aber nicht zum Schlafen genutzt. Denn zu aufregend war es, die Nacht in einer riesigen Bahnhofshalle zu verbringen. Und zu neugierig waren wir auf *London by night*. Deshalb beschlossen wir, noch einmal in die Stadt zu fahren. Zwischen zwei und vier Uhr nachts war der Straßenverkehr fast zum Erliegen gekommen, dass das ohne Weiteres ging. Nacheinander in zwei kleinen Gruppen fuhren wir zunächst zum Buckingham Palace, dann zum Picadilly Circus und schließlich über den Trafalgar Square zur Themse und nach Westminster Abbey. Just als wir die geschichtsträchtige Abteikirche erreichten, erhob sich *The Voice of Britain*: Big Ben. Mit drei kräftigen Schlägen kündigte *The Great Bell* den nahenden Morgen an.

Kaum hatte die Sonne ihre ersten Strahlen über den Horizont geworfen, saßen wir wieder im Zug. Diesmal konnten wir unsere Räder mitnehmen. Es ging zunächst nach Fishguard an der Küste von Wales und dann mit dem Schiff über die Irische See. Gut dreißig Stunden nach unserem Aufbruch aus der Heimat betraten wir zum ersten Mal irischen Boden, in Rosslare Harbour. Wie lange hatten wir von diesem Moment geträumt! Wie sehr hatten wir ihn herbeigesehnt! Deshalb spielte es nun überhaupt keine Rolle, dass wir völlig übernächtigt waren und vor lauter Aufregung kaum etwas gegessen hatten. Das Adrenalin in unseren Adern hielt uns wach und unterdrückte jedes Hungergefühl. Wir waren gespannt wie ein Flitzebogen. Am Himmel war nicht eine Wolke zu sehen, und die Landschaft leuchtete tatsächlich so grün, wie es die Reiseführer und Bildbände versprochen hatten.

Der Sommer 1984 war für Irland ein Jahrhundertsommer. Wir hatten während der gesamten Tour lediglich einen einzigen Regentag. Und das auf einer sogenannten Regeninsel! Die Strecke, die wir uns ausgeguckt hatten, war knapp 1.300 Kilometer lang. Nicht allzu viel für eine dreiwöchige Tour. Deshalb konnten wir es gemächlich angehen lassen. Und das war auch gut so. Denn in den ersten Tagen hat es noch an der einen oder anderen Stelle gehakt. Mal dauerte es, bis alle startbereit waren. Mal ließ sich ein Packsack nicht richtig fixieren. Mal musste vor dem Weiterfahren erst noch über die nächste Pause verhandelt werden.

Am meisten beschäftigte uns in den ersten Tagen Christians Tretlager. Ein Thompson-Keiltretlager, wie es die meisten von uns hatten. Die Älteren von Ihnen werden sich noch erinnern: Entweder saß der zur Befestigung des Pedalarms eingeschlagene Keil so fest, dass er sich kaum mehr lösen ließ; oder aber das Lager war bereits derart ausgeschlagen, dass der Keil sich schon nach wenigen Kilometern wieder lockerte und für ein unangenehm federndes Tretgefühl sorgte. Bei Christians Rad war Letzteres der Fall. Also mussten wir immer wieder anhalten, um den Keil neu einzuschlagen und die Kontermutter festzuziehen. Eine ziemlich nervige Sache. Erst nach drei Tagen hatte sich so viel Staub in die Ritzen des Lagers gesetzt, dass es endlich Ruhe gab.

Unsere Tage begannen mit einer »Morgenrunde«, einem Ritual, das die meisten von uns bereits aus anderen Jugendfreizeiten kannten: ein Lied, eine Geschichte oder ein kurzer Gedanke für den Tag, noch ein Lied und ein Morgengebet. Das war mehr als nur ein frommes Feigenblatt, weil wir als kirchliche Jugendgruppe unterwegs waren. Es half uns, zu einer Gemeinschaft zu werden und das, was nervte oder sich erst noch einspielen musste, nicht wichtiger zu nehmen, als es war. Es war nur ein kurzes Innehalten, und doch richtete es uns auf etwas Gemeinsames hin aus. Nicht jeder nannte dieses Gemeinsame Gott, aber alle bekamen ein Gespür dafür, dass eine Gemeinschaft nicht nur davon lebt, dass alles reibungslos funktioniert. Wir wurden vertrauter miteinander, wuchsen zu einem Team zusammen und hatten zunehmend das Gefühl, als solches auch gut behütet zu sein.

Nach der Morgenrunde hockten sich alle zum Frühstück zusammen. Es gab Kaffee, Kakao und belegte Brote. Danach wurde gepackt und zum Aufbruch geblasen. In den ersten Tagen fuhren wir Reifen an Reifen hintereinander her. Dann wurden die Abstände allmählich größer. Am Ende genügte es, einen nächsten Treffpunkt auszumachen. Das erlaubte einzelnen oder kleineren Grüppchen, in einem für sie passenden Tempo zu fahren. Faktisch zog sich unsere Gruppe dadurch aber nie weit auseinander. Gegen vierzehn Uhr gab es eine Mittagspause und dann noch mal eine längere Etappe. Am Abend wurden die Zelte aufgeschlagen, meist auf der Wiese eines Bauern. Um das Abendessen kümmerten sich jeweils zwei von uns, was zu recht unterschiedlichen Ergebnissen führte. Sofern der Bauer es erlaubte und genügend Brennholz vorhanden war, wurde noch ein Lagerfeuer gemacht und die Liedermappe hervorgeholt. Ein Lied durfte bei diesen abendlichen Singrunden niemals fehlen: »*Country roads, take me home to the place I belong ...*«

Diese Abendrunden, in denen man gemütlich beieinanderhockt, den Tag noch einmal Revue passieren lässt und sich über den ein oder anderen amüsiert, sind mit das Schönste an einer Gruppen-Radtour. Etwas für solche Touren sehr Typisches passierte auch bei uns: Wir sprachen uns schon nach wenigen Tagen nicht mehr mit unseren richtigen Namen an, sondern mit Alias-Namen, die entweder durch ein Missgeschick oder durch irgendeine andere lustige Begebenheit entstanden waren.

Martin und ich zum Beispiel hatten recht schnell den Doppelnamen *Rhubarb and Prunes* weg. Warum? Es war während einer Mittagspause. Jeder von uns hatte fünf Pfund aus der Gruppenkasse bekommen, um sich einen Imbiss kaufen zu können. Die meisten kamen mit einer Portion Pommes frites oder einem Burger zurück. Nur Martin und ich fielen aus der Reihe, denn wir waren das wenig nahrhafte Zeug leid. Wir wollten mal etwas anderes. Und so hatte sich Martin ein paar Stangen Rhabarber gekauft und ich eine Dose Trockenpflaumen – *Rhubarb and Prunes*. Den jüngeren Klaus nannten wir *Conan* (wegen eines Tippfehlers in der Teilnehmerliste, die aus seinem eigentlichen Familiennamen den des muskulösen Filmhelden »Conan der Barbar« gemacht hatte). Der ältere Klaus war unser *Guitar Man* (wegen des stets weit über den Gepäckträger hinausragenden Gitarrenhalses), und der zweite Martin hieß *Nash of Nashville* (wegen seines ähnlich lautenden Familiennamens, seines teils cowboyartigen Gebarens und des Lederhutes, den er trug).

Mir wurde die große Ehre zuteil, noch einen zweiten Alias-Namen zu bekommen: *Mountain Lion*. Nein, nicht etwa, weil ich die Berge wie ein Löwe genommen hätte. Das war der Name meines Schlafsacks. Und der hatte, wie bereits erwähnt, ein geradezu löwenartiges Packmaß. Heute würde ich sagen, er war ein Fehlkauf. Damals aber war er mein ganzer Stolz. Denn ich hatte über einen Geschäftspartner meines Vaters einen vierzigprozentigen Rabatt beim Hersteller bekommen, sodass ich mir ein etwas höherpreisiges Modell aussuchen konnte. »Expeditionsschlafsack, geeignet bis minus 25 Grad Celsius.« Das klang gut. Also bestellte ich ihn – und fiel fast um, als das Paket geliefert wurde. Das gute Stück war mit einer Polyester-Vollfaser gefüllt und ließ sich entsprechend schlecht komprimieren. Ich habe ihn nur ein einziges Mal geschlossen verwenden können, später in Island. Für einen irischen Jahrhundertsommer war er definitiv zu warm.

Vor allem Alex hat mir diese Geschichte immer wieder unter die Nase gerieben. Dabei hat auch er eine Schlafsack-Geschichte beigesteuert, über die wir uns köstlich amüsieren konnten. Vermeintlich klüger als ich hatte er sich für eine Hohlfaser entschieden. Die *Hollofil* oder *Quadrofil* genannten Microfasern waren damals stark im Kommen. Ihr Vorteil: Durch ihren Hohlraum können sie mehr Wärme speichern. Es braucht also weniger Füllmaterial. Außerdem ist eine Hohlfaser wesentlich elastischer als eine Vollfaser, kann also besser gestaucht und kleiner verpackt werden. »Navarak« hieß das Modell, für das sich Alex entschieden hatte. Flauschig, leicht, nicht zu warm, nicht zu kalt ... bis zu jener Nacht, in der sich Alex aufgrund eines erhöhten Alkoholkonsums in den Schlafsack übergeben hat, sodass er in die Waschmaschine musste. Ob wegen eines falsch gewählten Waschprogramms oder einer eben doch noch nicht so ausgereiften Fasertechnologie: Das gute Stück kam ziemlich gebeutelt wieder aus der Trommel heraus. Aus der flauschig-leichten Faser waren Klumpen verklebten Polyesters geworden. Aus dem so innovativen »Navarak« ein bemitleidenswerter »Nava-Kack« ...

An solchen und ähnlichen Geschichten hatten wir einen Heidenspaß. Wir erzählten sie immer wieder, um uns gegenseitig hochzunehmen. Und auch das trug zur Gemeinschaftsbildung bei. Denn es ermöglichte uns, auf eine humorvolle Weise mit unseren Eigenarten umzugehen. Anstatt dem anderen ständig unter die Nase zu reiben, was er hätte besser oder anders machen können, verpackten wir, was uns nicht gefiel, in eine kleine neckische Geschichte. Natürlich gab es auch Situationen, in denen wir mal Tacheles miteinander reden mussten. Das meiste aber, das zwischen uns stand, haben wir auf humorvolle Weise regeln oder zumindest abfedern können. Humor ist ein ganz hervorragender Katalysator für das Gelingen von Gemeinschaft.

Wir waren mittlerweile weit in den Westen vorgedrungen und hatten das Bilderbuch-Irland vor uns. Ein erster Höhepunkt war der Killarney-Nationalpark: drei Seen, eingebettet in eine malerische Berglandschaft. Das Thermometer knackte in dieser Region zum ersten Mal die 30-Grad-Celsius-Marke. Also: absitzen und hinein ins Wasser! Das hätte so wohltuend sein können, wenn nicht gleich eine Myriade von Mücken über uns hergefallen wäre. Unsere aufgeheizten und verschwitzten Körper zogen sie magisch an. Es war also vielleicht doch nicht so schlecht, dass ich eine *große* Flasche Mückenöl eingepackt hatte. Dennoch: Die kleinen Plagegeister verdarben uns den Spaß. Also schwangen wir uns schon bald wieder auf die Räder.

Es folgte der berühmte Ring of Kerry, eine der schönsten Küstenstraßen der Welt. Damals war sie noch gut mit dem Rad zu befahren. Ab und zu mal ein Auto, gelegentlich ein Wohnmobil, das war's. Heute scheint das anders zu sein. Denn obwohl die Straße nur noch in einer Richtung befahren werden darf, entstehen im Sommer lange Staus. »In der Hochsaison ist auf dem Ring of Kerry der Beelzebub los«, lese ich in einem Reiseblog. »Wer es typisch irisch, einsam und gemütlich mag, macht einen großen Bogen um die Halbinsel.« Das war damals Gott sei Dank noch anders. Wir konnten bequem zu zweit nebeneinander fahren und die wunderbare Aussicht auf steil abfallende Klippen, malerische Buchten und feine Sandstrände genießen. Hier war denn auch ein weitaus entspannteres Baden möglich als an den mückenreichen Seen.

Vom Ring of Kerry ging es weiter zu den Cliffs of Moher. Obwohl die 200 Meter hohen und acht Kilometer langen Klippen schon damals eine weltweit bekannte Touristenattraktion waren, konnten wir sie (weil wir auf kleinen Nebenstraßen unterwegs waren) nicht auf Anhieb finden. Ein älterer Herr versuchte, uns zu helfen. Ein *Irishman* wie aus dem Bilderbuch: rote Haare, Sommersprossen, Stehkragenhemd und Tweedweste. »*How do we get to the Cliffs of Moher?*«, hatten wir ihn gefragt. »Wie kommen wir zu den Cliffs of Moher?« Der alte Mann schaute uns ratlos an. Er schien noch nie davon gehört zu haben. Ob es an unserem Englisch lag? Also betonten wir den Satz nochmal anders und noch einmal anders, bis er schließlich kräftig nickte und laut »*Mamma*

Muhha!« rief. Da erst machte es Klick bei uns: Hier im äußersten Westen Irlands wird nicht Englisch, sondern Gälisch gesprochen. Und da heißen die Cliffs of Moher eben *Mionnan Mhothair*, was wie *Mamma Muhha* klingt. Wie auch immer: Der freundliche Mann hatte uns weitergeholfen, und die Klippen waren bald erreicht.

Ich werde ihn nie vergessen: den ersten Blick auf dieses atemberaubende Naturschauspiel. Ein sich bis zum Horizont hinziehendes grünes Plateau stürzt sich jählings ins Meer hinab. Zwischen der scharfen Abbruchkante und den tosenden Wellen des Atlantiks dunkle, nahezu senkrecht aufragende Felswände. In ihren Nischen Möwen, Dohlen und Lummen, Sturm- und Papageientaucher. Unmittelbar unter uns ein spitzer Felsen, der *Breanan Mór*. Obwohl er den Meeresspiegel um 70 Meter überragt, wirkt er von oben wie ein kleiner Splitter. Damals konnte man noch direkt an die Abbruchkante treten. Es gab keine Aussichtsplattform, kein Besucherzentrum und keine Imbissstände. Von Parkgebühren und Eintrittsgeldern ganz zu schweigen. Die Cliffs of Moher waren einfach ein wunderschönes Stück Natur, für jeden, der wollte, frei zugänglich. Es dauerte Stunden, bis wir uns satt gesehen hatten und wieder bereit zum Aufbruch waren.

Von den Cliffs war es nicht mehr weit bis Doolin. Das kleine Fischerdorf hatte damals gerade mal 200 Einwohner, aber drei Pubs, in denen Abend für Abend Musik gemacht wurde: das McGanns, das O'Connors und das McDermotts. Eine sogenannte *Singing Pub Session* funktioniert so: Wer mit einem Instrument in die Kneipe kommt, bestellt ein Bier, sucht sich einen Platz und beginnt zu spielen. Ein anderer kommt hinzu und stimmt mit ein. Dann ein Dritter, dann ein Vierter. So kann es geschehen, dass zunächst nur eine *tin whistle* zu hören ist, eine kleine Blechflöte. Etwas später kommen Fiedel und Gitarre hinzu, ein Banjo und ein Akkordeon, mitunter auch die *Uillean Pipes*, der typisch irische Dudelsack, der sich vom schottischen dadurch unterscheidet, dass er nicht mit dem Mund, sondern durch einen zwischen Rippen und Ellbogen platzierten Blasebalg mit Luft versorgt wird.

Je mehr Instrumente im Einsatz sind, umso ausgelassener geht es zu. Da springt dann schon mal jemand auf den Tisch, um ein Solo zu spielen. Oder es nehmen sich alle in den Arm, weil eine alte irische Weise erklingt. Das wollten wir uns auf keinen Fall entgehen lassen. Das kleine Fischerdorf war schnell gefunden, das Lager in Windeseile aufgebaut, alle waren abmarschbereit. Nur mir wurde auf einmal schwarz vor Augen. Eh ich mich versah, lag ich am Boden. Ein kurzer Moment der Bewusstlosigkeit. Dann ein fürchterlicher Kopfschmerz, Übelkeit und kräftiges Erbrechen. Alex hatte gleich den richtigen Riecher: »Du wirst dir einen Sonnenstich geholt haben.« Das war's dann für mich mit den *Singing Pubs*. Statt eines kühlen Bieres in der Kehle landete ein feuchtes Tuch auf meiner Stirn. Was für ein Mist!

Am nächsten Morgen waren der Kopfschmerz und die Übelkeit zwar weg, aber ich fühlte mich wie durch den Wolf gedreht. Schon das Aufstehen und die ersten Schritte über den Zeltplatz fielen mir schwer. Wie sollte ich da 80 Kilometer auf dem Fahrrad schaffen? Lagebesprechung während des Frühstücks. Die Gruppe bot mir an, einen Pausentag einzulegen. Aber den ganzen Tag auf dem Zeltplatz abhängen? Das wäre selbst mir zu langweilig geworden. Außerdem hätte es unsere Tour aus dem Takt gebracht. Also vereinbarten wir, die geplante Etappe in Angriff zu nehmen und zu schauen, wie weit wir kommen. Die Jungs gingen prima mit mir um. Der eine übernahm den Abwasch für mich, der andere füllte meine Wasserflasche auf, der dritte sorgte noch mal für ein feuchtes Tuch. Vor allem aber bemühten sich alle, mir nicht allzu viel von der verpassten *Singing Pub Session* zu erzählen. Denn dass ich nicht dabei sein konnte, wurmte mich fast mehr als meine körperliche Schwäche. Aber anzusehen war es ihnen schon: Es muss ein unvergesslicher Abend gewesen sein.

Trotz aller Hilfe wurde der neue Tag zu einer Qual für mich. Es fühlte sich an, als wären meine Beine aus Gummi. Und auch die Arme waren so schlapp, dass sie meinen Oberkörper kaum über dem Lenker halten konnten. Wie ein nasser Sack hing ich auf dem Rad und versuchte, nur irgendwie vorwärts zu kommen. Erstaunlich, wie selbst ein gut trainierter Körper mit einem Mal all seine Kraft verlieren kann. Genauso erstaunlich ist allerdings, was ein derart geschwächter Körper mit einer ordentlichen Portion Willenskraft und einer guten Motivation durch andere dann doch noch zu vollbringen vermag. Ich hatte damals das große Glück beides zu haben: einen starken Willen und die Unterstützung der Jungs. So gelang uns tatsächlich das, was beim Aufbruch noch niemand zu glauben gewagt hatte: Wir schafften die 80 Kilometer und erreichten das geplante Etappenziel!

Der nächste Morgen brachte die Erlösung. Schon beim ersten Schritt aus dem Zelt merkte ich es: Meine Kraft ist wieder da. Auch hatten wir heute keine lange Strecke vor uns, denn wir wollten die Hälfte des Tages in Galway verbringen. Bereits am frühen Nachmittag hatten wir die Jugendherberge der Kleinstadt erreicht. Der Himmel war blau, die Sonne schien warm. Was lag da näher, als sich ein Eis zu gönnen? Ein Softeis-Stand am Rande des Eyre Square schien uns die richtige Adresse zu sein. Jeder bestellte sich eine große Waffel. Nur ich zuckte im letzten Moment zurück, weil ich mir nicht sicher war, ob mein Magen das schon wieder vertragen würde. Zum Glück, wie sich schon wenig später herausstellen sollte. Denn das Softeis muss voller Keime gewesen sein. Noch vor dem Abendessen hing der Erste über der Kloschüssel. Kurz darauf der Zweite, dann der Dritte … Die ganze Nacht hindurch waren die unterschiedlichsten Würgelaute in der

Jugendherberge zu hören. Am nächsten Morgen betraten dann acht Bleichgesichter und ein relativ normal aussehender Teenager den Frühstücksraum. Lagebesprechung. Sie glich der von Doolin, nur dass sich das Mehrheitsverhältnis auf den Kopf gestellt hatte. Wir brachen auf und schauten, wie weit unsere Kräfte reichen ...

Die Jugendherberge von Galway ist mir übrigens in bester Erinnerung. Nicht nur, weil sie zentral gelegen und gut eingerichtet war. Es herrschte auch eine tolle Atmosphäre. Nahezu alle fünf Minuten war der Satz »*You're welcome!*« zu hören. In meinem Schulenglisch noch zu Germanismen neigend, war ich der Meinung, das hieße: »Du bist willkommen!«, und antwortete daher beim dritten oder vierten Mal: »Danke, aber wir sind doch nun schon eine ganze Weile hier.« Mein Gegenüber lachte und klärte mich auf: »*You're welcome!*« bedeute so viel wie »Bitte schön!« oder »Gern geschehen!« So oder so: ein schöner Ausdruck der Gastfreundschaft.

Wie anders wurden wir dagegen am nächsten Abend empfangen. Wir hatten uns mit letzter Kraft nach Clifden geschleppt und wollten nur noch eines: schnell die Zelte aufbauen und schlafen. Allein: Es gab nur einen völlig überteuerten Caravan-Park, der zu einem schnieken Golfclub gehörte. Nicht die richtige Adresse für uns. Also versuchten wir es bei den umliegenden Bauernhöfen. Seltsamerweise bekamen wir eine Absage nach der anderen, was uns noch nicht einmal passiert war. Warum nur? Der vierte Grundstücksbesitzer klärte uns auf: »*No chance!* Wir haben uns alle abgesprochen. Wir wollen hier einen gehobenen Tourismus haben. Entweder ihr geht ins Stadthotel oder in den Caravan-Park.« So sind wir schließlich doch noch widerwillig in dem überteuerten Park gelandet.

Das nächste Highlight war der Connemara-Nationalpark. Sein Wahrzeichen ist bereits aus der Ferne zu sehen: die Twelve Bens, ein aus zwölf markanten Gipfeln bestehender Gebirgszug. Leider ließ es unser Zeitplan nicht zu, einen der Gipfel zu besteigen. Dafür nahmen wir uns für etwas anderes Zeit: Kylemore Abbey. Das 1665 gegründete Kloster ist die älteste Benediktinerinnenabtei Irlands und liegt traumhaft schön an einem kleinen See. Gerade der rechte Ort für eine ausgedehnte Mittagspause. Von dort ging es weiter in Richtung Osten – mit dem schönen Effekt, dass uns der Wind erstmals kräftig in den Rücken blies. Er trieb uns wehend vor sich her, sodass wir die landschaftlich nun nicht mehr ganz so aufregende Mitte Irlands in gerade Mal zwei Tagen durchquert hatten. Das war auch insofern gut, als wir auf dieser Strecke unseren ersten und einzigen Regentag hatten.

Kurz vor Athlone steckten Alex, Klaus und ich die Köpfe zusammen, um zu überlegen, was sich dem schlechten Wetter und der dadurch etwas getrübten Stimmung entgegensetzen ließe. Ein kurzer Blick in die noch recht gut gefüllte Reisekasse und wir hatten es. Wir schlugen den anderen vor, uns an diesem Tag mal ein *Bed & Breakfast* zu gönnen. Große Begeisterung allenthalben! Eine kleine B&B-Pension, die uns alle aufnehmen konnte, war schnell gefunden. Die nassen Räder und Regenjacken verschwanden in einer großen Garage und wir in schönen kleinen Zimmern mit ungemein bequemen Betten. Was für ein Luxus!

Der nächste Tag begann mit einem *Full English Breakfast*. »*Do you like coffee or tea? – How do you like your coffee: with sugar and milk? – And how do you like your eggs: poached, fried or scrambled? – You like them fried? Over easy or sunny side up? – What about pudding? Do you like a white or a black one?*« – »Möchten Sie Kaffee oder Tee? – Wie möchten Sie Ihren Kaffee: mit Zucker und Milch? Und wie mögen Sie Ihre Eier: pochiert, gebraten oder als Rührei? – Sie mögen sie gebraten? Von beiden Seiten oder nur von einer? – Mögen Sie auch einen Pudding? Auf Fleisch- oder auf Getreidebasis?« Ich liebe dieses Ritual! Heute, da ich es schon viele Male erlebt habe und die passenden Antworten kenne. Damals fühlte es sich an wie ein Englisch-Test in der ersten Stunde. Den Schlaf noch in den Augen, sahen wir uns mit einer nicht enden wollenden Zahl von Fragen konfrontiert. Und wer von uns hatte schon *over easy* oder *sunny side up* in seinem Vokabelheft stehen? Heute liebe ich es, gefragt zu werden, ob mein Spiegelei mich wie die Sonne anlächeln oder beim Braten einmal kurz gewendet werden soll.

Tags darauf erreichten wir Dublin. Seltsamerweise habe ich kaum noch Erinnerungen an unseren Aufenthalt in der irischen Hauptstadt. In meinem Fotoalbum stecken lediglich zwei Bilder der O'Connell Street. Vermutlich waren wir einfach zu satt und müde, um noch größere Besichtigungen zu unternehmen. Zumindest deuten die Bilder von der Heimreise darauf hin. Sie zeigen lauter verschlafene Gesichter. So geht es mir oft am Ende einer längeren Tour. Mein Erlebnisspeicher ist dann derart voll, dass ich einfach nur noch nach Hause will.

Ein kleines Hindernis stellte sich uns freilich noch in den Weg. Wir hatten mit einer Fähre von Dublin nach Holyhead übergesetzt und dort einen Bummelzug nach London genommen. Unsere Räder standen in einem großen Frachtwaggon, und auch wir selbst hatten es uns dort bequem gemacht. Wir lagen auf unseren Luftmatratzen und schliefen oder dämmerten vor uns hin – bis auf einmal Christian uns mit einer simplen Frage elektrisierte: »Sagt mal, dieses ›Juusten‹, wie schreibt sich das eigentlich: Houston oder Euston?« Oh Schreck! Wir standen bereits in unserem Zielbahnhof London-Euston, und der Zug war drauf und dran wieder abzufahren. Mit einem Mal waren alle auf den Beinen. Einer riss die Waggontür auf, und alle warfen ihr Gepäck so schnell wie möglich auf den Bahnsteig. Matratzen, Schlafsäcke, Packtaschen … alles flog in einem hohen Bogen durch die Luft.

Kaum war das letzte Rad aus dem Waggon gehoben, setzte sich der Zug wieder in Bewegung. Glück gehabt! Jetzt nur noch einmal durch die Londoner Innenstadt (nun waren wir den Linksverkehr ja gewohnt) und dann auf der Linie Dover – Oostende zurück in die Heimat.

Das war unsere Irland-Tour. Ein Jugendtraum, der kein Traum geblieben ist. Und ein ganz wunderbares Gemeinschaftserlebnis.

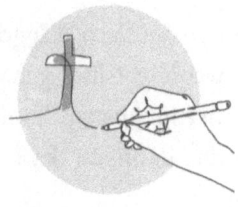

5

SIE ABER VERSTANDEN
EINANDER NICHT

Eine Radreise in der Gruppe wird nicht automatisch zu einem schönen Gemeinschaftserlebnis. Dass es auf unserer Irland-Tour so gut geklappt hat, lag sicher auch an unserem jugendlichen Alter. An dem »Sturm und Drang«, den wir in uns trugen, dem unbedingten Willen, das gesteckte Ziel auch zu erreichen. Denn der ließ aufkeimende Differenzen recht schnell wieder in den Hintergrund treten. Außerdem waren unsere charakterlichen Eigenarten – oder sagen wir ruhig Marotten – noch nicht so stark ausgeprägt, wie es im Erwachsenenalter oft der Fall ist. Je älter wir werden und je mehr sich unser Charakter verfestigt, umso größer wird die Herausforderung, mit anderen Menschen klarzukommen – auch und gerade auf einer Radtour. Da kann dann aus einer kleinen Meinungsverschiedenheit auch schon mal ein größeres Problem entstehen.

Wer eine Gruppenradtour unternehmen will, sollte deshalb gut darauf achten, dass es im Großen und Ganzen passt – wie bei jeder größeren Reise, die man zusammen mit anderen unternimmt. Es macht wenig Sinn gemeinsam aufzubrechen, wenn der Erste »Kilometer fressen« will, der Zweite konditionell gar nicht dazu in der Lage ist und der Dritte das Radfahren lediglich als Mittel betrachtet, um von einer Sehenswürdigkeit zur nächsten zu kommen. Kommerzielle Radreiseveranstalter haben deshalb ausgeklügelte Kriterienkataloge entwickelt. Da wird dann unterschieden zwischen Einsteigern und Gelegenheitsradlern, sportiven Fahrern und Genießern, Rennfahrern und Kilometerhaien. Es werden geführte und selbstorganisierte Touren angeboten, Streckenfahrten und Rundreisen, Standortreisen und Trainingswochen. Manche sortieren ihr Angebot gar nach unterschiedlichen Vorlieben und bieten Touren für Schönwetterfahrer, Passliebhaber oder Feinschmecker an.

Im nicht-kommerziellen Bereich, also in Radsportvereinen und selbstorganisierten Radlergruppen haben sich die Tageskilometerleistung, die durchschnittliche Fahrtgeschwindigkeit und der Übernachtungstyp als Kriterien etabliert. Da heißt es dann zum Beispiel: »Mitfahrer (w/m/d) für eine vierzehntägige Tour durch die Normandie gesucht. 80 bis 100 km pro Tag bei einem Schnitt von 16 bis 18 km/h. Übernachtung ausschließlich im Zelt.« Wer bei Regen lieber ein Dach über dem Kopf hat, gewohnt ist, deutlich schneller zu fahren oder sich in einer gleichgeschlechtlichen Gruppe wohler fühlt, wird auf einer solchen Tour nicht glücklich werden.

Die Kriterien sind das eine. Das andere ist die Chemie. Die Frage, ob man sich denn auch verstehen wird. Je länger und anspruchsvoller eine Tour, umso dringlicher stellt sich die Frage. Denn nichts ist anstrengender und nervtötender als ein fortwährendes Ringen und Rangeln darum, wie es denn nun weitergehen soll, oder gar ein offener Streit, der sich von einem Tag zum nächsten zieht. Wie aber lässt sich das verhindern? Zum Beispiel dadurch, dass man sich vor Beginn der Tour möglichst offen und ehrlich über seine Erwartungen und Vorstellungen austauscht.

Oder besser noch, indem man es ausprobiert und sich erst mal zu einer Wochenendtour verabredet. Selbst kommerzielle Radreiseanbieter organisieren mittlerweile solche Schnuppertouren.

Nicht nötig, denken Sie, wir kennen uns doch schon so lange? Das kann ein folgenschwerer Irrtum sein. Denn auf einer Radtour lernt man einander nochmal ganz anders kennen als sonst im Leben. Da entdeckt man plötzlich Seiten am anderen oder auch an sich selbst, die man bislang noch gar nicht wahrgenommen hat. Und das kann im Falle des Falles nicht nur die gemeinsame Tour, sondern die gesamte Freundschaft gefährden. Ein Beispiel gefällig?

Ich hatte bereits eine Reihe von Touren hinter mir. Nur nicht mit Studienfreund Klaus. Denn der besaß nicht mal ein Rad. Außerdem hielt er es, wann immer die Rede auf irgendeine Form der körperlichen Bewegung kam, mit Winston Churchill: »*No sports!*« So bestanden unsere gemeinsamen Unternehmungen denn vor allem darin, etwas essen zu gehen, ein Bier zu trinken oder mal einen Ausflug mit dem Auto zu machen. Umso überraschter war ich, dass Klaus mich eines Tages, als wir mal wieder bei einem Bier zusammensaßen, fragte, ob ich nicht Lust auf eine Radtour durch Mecklenburg-Vorpommern habe.

»Das ist nicht dein Ernst!«, war meine erste Reaktion. »Doch, doch«, erwiderte er, »ich wollte da immer schon mal hin und habe gelesen, dass das gut mit dem Fahrrad geht.« – »Aber da musst du dich bewegen …« – »Mecklenburg-Vorpommern soll ziemlich flach sein.« – »Und mit welchem Rad willst du fahren?« – »Ich hab da schon eine Idee.« Unser Frage-und-Antwort-Spiel zog sich noch eine ganze Weile hin, bis ich schließlich einwilligte. Ich weiß bis heute nicht, warum ich das tat. Denn keine der Antworten, die Klaus mir gab, klang besonders vertrauenserweckend. War es die Überraschung, der euphorische Ton, mit dem mir Klaus von seiner Idee erzählte, unsere gute Laune? Vermutlich lag es schlicht am letzten Bier.

Sehr gut erinnere ich mich allerdings noch, dass ich ihn gleich am nächsten Morgen angerufen und ihm vorgeschlagen habe, noch weitere Mitfahrer zu gewinnen. Denn – so weit war ich mir des heraufziehenden Problems dann wohl doch schon bewusst – in einer größeren Gemeinschaft würden unsere unterschiedlichen Voraussetzungen und Vorstellungen sicher nicht ganz so ins Gewicht fallen wie bei einer Tour zu zweit. Eine richtig große Gruppe bekamen wir zwar nicht zusammen, da die meisten unserer gemeinsamen Freunde bereits andere Urlaubspläne hatten. Aber immerhin: Thomas war bereit, sich mit uns auf das Abenteuer einzulassen. Und mit dem hatte ich schon die eine oder andere Tour gemacht. Also dachte ich: Das wird schon irgendwie klappen.

Falsch gedacht. Das Drama nahm seinen Lauf. Obwohl ich Klaus mein Zweitrad und einiges andere angeboten hatte, wollte er sich seine Ausrüstung lieber selbst zusammenstellen. Ein etwa fünfundzwanzig Jahre altes Hollandrad mit rostiger Kette und zwei Rädern, von denen das vordere einen Höhen- und das hintere einen Seitenschlag hatte. »Für zehn Mark auf dem Flohmarkt gekauft.« Dazu vom größten deutschen Lebensmittel-Discounter eine mit heißer Nadel zusammengenähte Hinterradpacktasche, zwei große Müllsäcke für Schlafsack und Zelt und (allen Ernstes!) eine Plastiktüte als Lenkertasche. Am anderen Ende des Lenkers hing ein riesiger, brauner Wecker. »Warum um Gottes willen schleppst du den denn mit?« – »Von diesen kleinen Reiseweckern werde ich nicht wach. Außerdem hab ich so immer die Zeit im Blick.« – »Und was ist das?« Durch die am Lenker hängende Plastiktüte schimmerte ein riesiges Honigglas. »Ich sollte doch was fürs Frühstück mitbringen.« – »Aber doch nicht ein derart großes Glas! Damit könnten wir ja eine dreimonatige Antarktis-Durchquerung bestreiten!« Nun denn …

Wir fuhren los. Nein, wir versuchten es. Denn Klaus kam natürlich nicht mit seinem Lenker zurecht. Die schwere Plastiktüte zog das Vorderrad immer wieder in ihre Richtung, um gleich darauf mit einem lauten Rumms gegen die Speichen zu schlagen. Also musste die Tüte noch irgendwie auf die zwei Müllsäcke über der Hinterradpacktasche gespannt werden. Das allerdings führte dazu, dass nun die Packtasche immer wieder in die Speichen geriet. Dann fiel der Kettenschutz krachend ab. Auch das Tretlager gab bedenkliche Laute von sich. Wir brauchten eine geschlagene Stunde, um den ersten Kilometer zu schaffen.

Nun gut, das war jetzt kein gelungener Start, aber wir werden uns schon irgendwie zusammenraufen, dachte ich – und irrte abermals. Denn es wurde von Tag zu Tag schlimmer. Und das lag nicht nur an der Ausrüstung unseres lieben Freundes. Er entwickelte auch plötzlich Eigenarten, die wir überhaupt nicht von ihm kannten. So musste er zum Beispiel von jeder Stadt, durch die wir fuhren, einen Stadtplan kaufen. Nicht, weil wir den für unsere Tour gebraucht hätten, sondern »einfach aus Interesse«. Und natürlich durfte es nicht der erstbeste Stadtplan sein. Da musste verglichen, in ein weiteres Geschäft gegangen und gern auch noch einmal umgekehrt werden.

War Klaus mal nicht auf der Suche nach einem Stadtplan, war er aus irgendeinem anderen Grund verschwunden. Ein kurzer Moment der Unachtsamkeit und wir mussten nach ihm suchen. Mal hatte er sich »nur mal eben ein Fischbrötchen gekauft«, ohne uns Bescheid zu geben. Mal stand er an einer Haltestelle, um zu schauen, ob nicht ein Bus ihn den nächsten Hügel hinaufbringen könnte. Mal lag er schlicht auf einer Wiese und rief uns zu: »Das ist aber ganz schön bergig hier!«

54

Einmal standen wir alle drei nebeneinander vor einer roten Ampel, zweihundert Meter vor uns eine riesige Backsteinkirche. »Wir haben es geschafft! Da neben der Kirche, das ist das Pfarrhaus, in dem wir heute übernachten werden.« Ob Klaus es nicht gehört hat? Ob er die Kirche nicht gesehen hat? Ob er mal wieder mit seinem Rad beschäftigt war? Er war mit einem Mal verschwunden. Und er blieb es, solange wir auch auf ihn warteten. Was tun? Wir hatten damals noch keine Mobiltelefone. Deshalb fuhren wir zunächst zu besagter Ampel zurück. Fehlanzeige. Auch in den umliegenden Straßen war er nicht zu finden. Schließlich fuhren wir zum Pfarrhaus und stellten unsere Räder gut sichtbar zu beiden Seiten des Hauses so auf, dass sie nun wirklich nicht zu übersehen waren. Und tatsächlich: Nach etwa anderthalb Stunden hatte Klaus uns gefunden. »Ich hab euch irgendwie aus den Augen verloren ...«

Es folgte ein Abend, an dem wir kaum ein Wort miteinander sprachen. Mich nervten die Eigenarten unseres Freundes mittlerweile so sehr, dass ich meine Verstimmung anders hätte kaum noch verbergen können. Thomas, der von Natur aus wesentlich duldsamer und kompromissbereiter ist als ich, konnte etwas besser damit umgehen. Aber auch er wurde zusehends ratloser. Also schwiegen wir. An die Stelle der anfangs noch humorvollen Neckereien und Frotzeleien trat ein langes kühles Schweigen.

Die Geschichte gelangte zu ihrem Höhepunkt, als Klaus wieder einmal verschwunden war. Wir waren eine kleine Anhöhe hinaufgefahren und warteten auf ihn. Doch er kam und kam nicht. Erst nach einer gefühlten Ewigkeit tauchte er plötzlich wieder auf. Auf einem Anhänger sitzend, von einem Trecker gezogen, mit einem halben Lenker in der Hand. »Das dumme Ding ist abgebrochen.« In diesem Augenblick konnte ich nicht mehr. Hätte ich ein Beißholz dabei gehabt, hätte ich mich kräftig darin verbissen.

Es gelang uns so gerade eben noch, den nächsten Campingplatz anzusteuern. Dann brauchte ich erst einmal Zeit für mich. Ich baute mein Zelt auf, ging unter die Dusche und verschwand in der nächsten Kneipe. Allein.

Am folgenden Morgen kam es dann zu der längst fälligen Aussprache. Unsere Worte klatschten nur so gegeneinander. »Dieses ewige Herumgeschleiche!« – »Diese blinde Raserei!« – »Wir wollten doch …!« – »Wir sind doch im Urlaub!« Wir droschen aufeinander ein wie die Kesselflicker. Mit Worten natürlich nur, aber die machten auch etwas mit unserem Körper. All das Lockere und Leichte zwischen uns war verschwunden. Da war nur noch dieses eine Problem, dass es gerade einfach nicht passte. Und das wurde mit jedem Wortwechsel größer und größer. Ich hätte am liebsten meine sieben Sachen gepackt und wäre nach Hause gefahren. Da plötzlich stand der Besitzer des Campingplatzes vor uns. Ein freundlich dreinblickender, rundlicher Mann, der eine große Ruhe ausstrahlte. Er hatte mitbekommen, worüber wir stritten. Denn schließlich waren wir auf dem gesamten Campingplatz zu hören. »Ich hab da noch so ein altes Fahrrad«, sagte er. »Wenn ihr wollt, könnt ihr das haben. Dann kann euer Kollege wenigstens weiterfahren.«

Das war der entscheidende Anstoß zu überlegen, ob und wie es denn nun weitergehen soll. Die Überlegungen nahmen fast den gesamten Vormittag in Anspruch. Schließlich aber waren wir uns einig: Wir fahren weiter. Nicht auf der geplanten Strecke, sondern auf einer wesentlich kürzeren. Nur noch 40 bis 50 Kilometer täglich sollten es sein, um mehr Zeit für Pausen und Besichtigungen zu haben. Klaus sollte nun stets voranfahren, um das Tempo vorzugeben, und uns rechtzeitig informieren, wenn er anhalten oder irgendwohin abbiegen wollte. Thomas und ich nahmen ihm einiges von seinem Gepäck ab und versprachen, nicht fortwährend auf die Uhr zu schauen und aufs Tempo zu drücken. So musste jeder von uns auf etwas verzichten, was ihm eigentlich wichtig war. Das war nicht leicht, half uns aber, wieder besser miteinander klarzukommen und die Tour doch noch zu einem relativ guten Ende zu bringen.

Das eigentlich Wichtige an dieser Kehrtwendung war jedoch, dass unsere Freundschaft nicht zerbrochen ist. Es hat zwar ordentlich gekriselt, aber wir sind Freunde geblieben. Denn wir haben klar bekommen, dass es nur deshalb gekriselt hat, weil wir uns im Vorfeld der Tour einfach nicht hinreichend über unsere unterschiedlichen Voraussetzungen und die doch recht weit auseinanderliegenden Vorstellungen ausgetauscht hatten. Wir waren wie selbstverständlich davon ausgegangen, dass es schon irgendwie klappen wird. Seit uns klar ist, woran es lag, kommen wir wieder bestens miteinander aus. Wir treffen uns regelmäßig, haben Spaß miteinander und fahren sogar gemeinsam weg – mit dem Auto. Eine Radtour kommt nur noch in unserer Erinnerung vor. Da allerdings hat sie – so paradox es klingen mag – mittlerweile einen großen Wert. Denn da ist sie längst nicht mehr das beschriebene »Drama«, sondern ein kostbarer Kuriositätenfundus, aus dem wir immer wieder lustvoll schöpfen können. Manchmal braucht es dazu nur ein einziges Wort wie »Wecker« oder »Honigglas«. Dann schlagen wir uns auf die Schenkel, erzählen einander unsere jeweilige Version der Geschichte und stoßen anschließend mit einem Glas Bier darauf an.

Auch aus einer schwierigen Gruppenkonstellation kann also am Ende noch etwas Gutes werden. Nur verlassen sollte man sich darauf nicht. Im Zweifelsfall kann eine Tour zu zweit oder gar eine Solotour die bessere Alternative sein.

6

HERR, MEIN GOTT, WIE GROSS BIST DU!

Island

Meine erste Tour zu zweit habe ich mit Alex unternommen. Durch unsere Gespräche über Karl May, die gemeinsam organisierte Irlandtour und eine ganze Reihe von Tagestouren waren wir zu einem eingespielten Team geworden. Und es gab noch etwas, das uns miteinander verband (und noch immer verbindet): eine persönliche Gottesbeziehung. Das mag etwas merkwürdig klingen, war aber so.

Uns war fast zeitgleich aufgegangen, wie doppelbödig doch so manches in unserer Kirche war. Dass Menschen am Sonntag in den Gottesdienst gingen, sich aber in keinster Weise von dem dort Erlebten beeinflussen ließen. Ihr »Glaube« beschränkte sich auf die Teilnahme an einem Ritual, das ohne erkennbaren Einfluss auf ihr sonstiges Leben war. Da konnte im Gottesdienst mit Inbrunst gesungen werden: »O Jesu, all mein Leben bist du, ohne dich nur Tod. Meine Nahrung bist du, ohne dich nur Not« – im Alltag kam dieser Jesus nicht vor. Es erscheint mir heute wie ein Wunder, dass wir dieser Art von Kirchlichkeit nicht gleich den Rücken gekehrt haben. Denn wer braucht schon Rituale, die nichts mit dem Leben zu tun haben?

Dass wir uns damals nicht abgewandt haben, hatte maßgeblich mit Menschen zu tun, denen der Glaube mehr bedeutete und die ihn anders lebten. Bei Alex war es vor allem ein Freund, der einer evangelischen Freikirche angehörte, in der das persönliche, alltagsbezogene Beten einen hohen Stellenwert hat. Bei mir war es insbesondere ein kluger und wacher Religionslehrer, der mir geholfen hat, zwischen Kirche und Glaube zu unterscheiden und beides neu in Beziehung zu setzen. Wir haben uns also auf recht unterschiedliche Weise mit unserem Störgefühl auseinandergesetzt, waren uns aber in einem einig: Gott ist nicht nur in der Kirche zu finden. Er ist zuerst und vor allem ein Gott des Alltags. Und es braucht nur ein wenig Aufmerksamkeit und Übung, um in eine lebendige Beziehung mit ihm treten zu können.

Aus dieser Einsicht ist mit der Zeit das geworden, was ich als »persönliche Gottesbeziehung« bezeichnet habe. Wir haben versucht, mit Gott vertraut zu werden, Jesus Christus besser kennenzulernen und genauer zu verstehen, was er gesagt und getan hat. Wir haben uns gefragt, was uns das heute zu sagen hat. Und wir haben Gott von unserem Leben erzählt, von den großen Plänen, die wir hatten, den Sorgen, die uns umtrieben, und dem, wofür wir dankbar waren. Zu Beginn des Tages, vor einer Mahlzeit oder auch vor dem Schlafengehen in Gestalt eines kurzen Tagesrückblicks. Und – siehe da: Alles, was wir erlebten, bekam durch diese kleinen Alltagsrituale eine größere Tiefe. Es wurde alles lebendiger und intensiver.

So war es auch mit unserem Naturerleben. Ein Regenbogen war auf einmal nicht mehr nur ein Regenbogen für uns und ein schöner Sonnenuntergang nicht bloß ein schöner Sonnenuntergang. Es waren Botschaften eines Gottes, der es unendlich gut mit uns meint und uns das durch seine Schöpfung spüren lässt. Die warmen Strahlen des letzten Sonnenlichts berührten nicht nur unseren Körper, sie drangen auch zu unserer Seele durch. Und der Regenbogen erinnerte uns daran, dass es etwas zwischen Himmel und Erde gibt, das sich nicht begreifen lässt, *uns* aber wohl ergreifen kann. Je feiner unser Gespür für diese Zusammenhänge wurde, umso mehr zog es uns in die Natur hinaus. Und so kam denn auch unsere erste Radreise zu zweit zustande. Wir wollten ein Land erkunden, von dem wir gehört und gelesen hatten, dass es die spektakulärsten Naturerlebnisse in ganz Europa bereithalten würde. Wir wollten nach Island.

Es war im Sommer 1988. Die »Insel aus Feuer und Eis« war noch längst nicht der touristische Hotspot, der sie heute ist. Gerade mal 80.000 Besucher zählte man damals pro Saison. Heute sind es mehr als zwei Millionen. Dabei hat Island lediglich 330.000 Einwohner. Es gab noch keine Billigflüge, keine großen Reisegruppen und vor allem keine Kreuzfahrtschiffe, die das kleine Land heute regelmäßig mit ihrer Fracht überspülen. Die wenigsten Straßen waren asphaltiert. Selbst die sogenannte Ringstraße, die die Insel einmal umrundet, war noch nicht komplett befestigt. Die meisten Naturschönheiten waren frei zugänglich. Es gab noch keine Absperrungen, Parkplätze und Kassenhäuschen. Man konnte sie einfach so anschauen. Nur eines war Island auch damals schon: richtig teuer. Also bedurfte unsere Tour einer guten Planung.

Und das galt bereits für die Anreise. Die preiswerteste Variante wäre die *Norönna* gewesen. Eine Fähre, die zweimal pro Woche vom dänischen Hanstholm über die Färöer-Inseln nach Seyðisfjörður fährt. Die Hin- und Rückfahrt mit diesem Schiff hätte allerdings eine ganze Woche in Anspruch genommen, die wir dann doch lieber auf dem Sattel verbringen wollten. Also wählten wir das Flugzeug. Die isländische Gesellschaft *Icelandair* flog damals von Luxemburg nach Keflavik. Die Tickets kosteten ein kleines Vermögen: 950 Mark pro Person. Kurioserweise hätten wir 200

Mark weniger gezahlt, wenn wir in Keflavik sitzen geblieben und weiter nach New York geflogen wären, wie es die meisten Passagiere taten. *Icelandair* nahm damals noch keine Fahrräder mit. Also mussten wir diese wie schon bei unserer Irlandtour vorausschicken. Diesmal allerdings per Post. Sicherheitshalber haben wir das bereits drei Wochen vor dem Hinflug getan.

Dann endlich der Tag der Abreise. Alex' Vater brachte uns mit dem Auto nach Düsseldorf, wo wir in einen Zubringerbus zum Luxemburger Flughafen steigen wollten. Doch wir gerieten in einen Stau und verpassten den Bus. Panik! Was nun? »Hält der Bus nicht auch noch in Köln?« – »Einsteigen! Wir fahren weiter!« Alex' Vater hatte Schweißperlen auf der Stirn. Auf die Autobahn, wieder runter, nach Köln hinein, an einem »Nur für Busse«-Schild vorbei ... Der Zubringer hatte bereits den Blinker gesetzt, als wir uns ihm mit quietschenden Reifen in den Weg stellten. »Puh! Noch einmal Glück gehabt!«

Dann die nächste Nervenprobe: Der Abflug in Luxemburg verzögerte sich. Ein technisches Problem. Erst nach drei zäh dahingeflossenen Stunden hatten wir Gewissheit: Die Maschine durfte abheben. In Keflavik angekommen, mussten wir wieder warten. Auf einen Bus, der uns ... nein, nicht etwa ans Ziel unserer Reise, sondern erst mal zum Reykjaviker Stadtflughafen brachte. Dort standen wir dann wieder herum. Es war mittlerweile dunkel geworden und lausig kalt. Ein kräftiger Wind zerrte an unseren Jacken, und es begann zu regnen. So ganz viel Nervenkraft hatten wir nicht mehr.

Da plötzlich wendete sich das Blatt. Ein junger Mann mit einem Priesterkragen kam auf uns zu und fragte, ob er uns mitnehmen könne. Wir zögerten nicht eine Sekunde. Der Mann stellte sich als Séra Jakob vor. Er war einer der vier katholischen Priester, die es damals auf Island gab. Er lud unser Gepäck in seinen Wagen und brachte uns zum *Farfuglaheimili*, der Jugendherberge, wo wir bereits zwei Schlafsaalbetten gebucht hatten. Séra Jakob sprach hervorragend Deutsch, denn er stammte aus dem Elsass. Eigentlich hieß er Jacques Rolland. Doch die Isländer nannten ihn Séra Jakob – Pater Jakob. Als er hörte, dass ich Theologiestudent war, machte er uns ein tolles Angebot: »Wenn ihr am Ende eurer Tour wieder nach Reykjavik kommt, könnt ihr bei mir übernachten. Ich wohne im Bischofshaus gleich neben der Kathedrale. Da gibt es auch zwei Gästezimmer. Und macht bei den katholischen Gemeinden halt, die an eurer Route liegen. Auch da wird man euch freundlich aufnehmen. Grüßt einfach alle von Séra Jakob.« Da war sie wieder, die Gastfreundschaft, die wir schon so oft erfahren hatten.

Am nächsten Morgen dann die bange Frage: Sind die Räder angekommen? Gespannt wie ein Flitzebogen durchschritten wir die Tür zum Hauptpostamt. »Zwei Fahrräder aus Deutschland? Einen Moment …« Welche Strähne würde sich nun wohl fortsetzen: die Pech- oder die Glückssträhne? Die Postbeamtin kam zurück. Ohne Räder. Allerdings nur, um in einem anderen Raum zu verschwinden. Das nur schwer erträgliche Geduldspiel ging weiter. Was, wenn die Räder nicht da sind? Oder wenn sie beschädigt wurden? Es gingen uns die wildesten Phantasien durch den Kopf. Dann endlich öffnete sich die Tür des Raumes, in dem die Frau zuletzt verschwunden war. Sie öffnete sich langsam. Sehr langsam. Denn sie versuchte, die Tür mit einem Fahrradreifen zu öffnen. Es war der Reifen meines Rades, das sah ich sofort. »Das andere ist auch da«, sagte die Frau, noch bevor wir es sehen konnten. Was für eine Erleichterung! Nun endlich konnte unser Abenteuer beginnen. Unsere treuen Gefährten hatten nicht eine Schramme abbekommen. Ein paar Montagegriffe nur und sie waren fahrbereit.

Für die ersten Tage war Dauerregen angesagt. Das Thermometer kam nicht über die 12 -Grad-Celsius-Marke hinaus, am

Himmel hingen schwere Wolken, und es wehte ein kräftiger Wind. Wir folgten zunächst der Ringstraße gen Osten, an Hveragerði, Selfoss und Hella vorbei. Dann ging es zum ersten Mal in die Wildnis: nach Þórsmörk. Das nach dem germanischen Gott Thor benannte Tal wird von drei mächtigen Gletschern umrahmt und ist von unzähligen Wasserläufen durchzogen, die je nach Jahreszeit und Witterungslage mal mehr, mal weniger Wasser führen. Da sich ihr Lauf ständig ändert, konnte in diesem Tal nie eine Straße gebaut werden. Es gab und gibt bis heute lediglich eine aus Lavaasche und Kies bestehende Piste mit etlichen Furten. Die wollten wir mutig in Angriff nehmen.

Die ersten Furten waren ein Kinderspiel. Wir hatten wasserdichte Schuhe an und konnten unsere Räder daher einfach hindurchschieben. Die nächsten Wasserläufe waren schon tiefer. Aber wir waren vorbereitet! Wir hatten Flip-Flops eingepackt, schlichte Badesandalen aus Plastik. Schuhe aus, Hosenbeine hoch, Flip-Flops an und ab ins Wasser! Dachten wir. Womit wir nicht rechneten: Die Latschen hielten der Strömung nicht stand! Sie wurden uns schlichtweg von den Füßen gerissen. So, dass nur noch der kleine Steg zwischen unseren Zehen klemmte. Also mussten wir die nächsten Furten barfuß meistern. Und das war eine ziemliche Tortur. Denn der Grund der Wasserläufe bestand aus kleinen Steinen, die sich äußerst unangenehm in unsere Fußsohlen bohrten. Außerdem war das Wasser eiskalt. Und es wurde von Mal zu Mal tiefer. Die meisten Furten mussten wir zwei oder drei Mal durchqueren, weil wir immer nur einen Teil unserer Ausrüstung trocken hinüberschaffen konnten. Schließlich standen wir vor einem Flusslauf, der uns unüberwindbar schien. Schon beim ersten Schritt versank Alex bis zur Hüfte im Wasser. Und nun? Es war mittlerweile Abend geworden, wir hatten kaum noch Kraft, und es war weit und breit kein Mensch zu sehen. Das Zelt aufbauen, am nächsten Tag umkehren und das Ganze noch einmal durchstehen?

Da plötzlich hörten wir Motorengeräusche. Ein riesiger Jeep mit der Aufschrift RANGER kam herangefahren. Seine Reifen waren größer als wir, seine Stoßdämpfer strotzten nur so vor Kraft, und der Motor gab Laute von sich, wie wir sie noch nie gehört hatten. *»Put your bikes on the truck, guys! We'll bring you to the Goðaland hut.«* – »Packt eure Räder auf die Ladefläche, Jungs! Wir bringen euch zur Goðaland-Hütte.« Was für ein Glück! Und was für ein Erlebnis! Das allradgetriebene Kraftpaket fuhr einfach durch den Fluss hindurch. Die Kühlerhaube tauchte ins Wasser ein, die Frontscheibe teilte es spritzend entzwei, und die gewaltigen Räder wühlten sich durch den steinigen Flussgrund. Ein kurzes Stück Piste, dann der nächste Fluss. Und noch einer und noch einer … Mit unseren Fahrrädern hätten wir das niemals geschafft. Für den Jeep dagegen war es kein Problem. Nach einer halben Stunde standen wir vor der Goðaland-Hütte. Gleich daneben gab es einen kleinen Birkenhain, in dem wir unser Zelt aufstellen durften. Als wir damit fertig waren und unseren Benzinkocher in Betrieb nehmen konnten, um uns noch ein paar Nudeln mit Tomatensauce zu kochen, war es bereits weit nach Mitternacht.

Entsprechend müde waren wir am nächsten Morgen. Trotzdem brachen wir zu einer Wanderung auf. Denn wir wollten noch näher an die Gletscher heran. Und welch Wunder: Die Sonne schien! Wanderwege gab es keine, aber eine Empfehlung des Hüttenwirts: »Folgt der Krossà, dem Fluss dort drüben. Nach einer Weile werdet ihr zu einer kleinen Holzbrücke kommen. Dort könnt ihr den Fluss dann überqueren und weiter zum Tungnakvislarjökull gehen. Das ist eine von schwarzem Lavasand überzogene Gletscherzunge. Die könnt ihr überhaupt nicht verfehlen. Von dort ist es dann nicht mehr weit bis zum Mýrdalsjökull, dem

Hauptgletscher.« Heute ist diese Wanderung nicht mehr möglich. Denn der Ausbruch des benachbarten Vulkans Eyjafjallajökull im Jahr 2010 hat die Landschaft völlig verändert. Damals war es ein famoser Hike. Wir liefen über Geröllfelder und durch Aschemulden, über Felskanten hinweg und Schotterhänge hinauf. Soweit das Auge reichte: Lavagestein. Mal grau, mal braun, mal rötlich gefärbt. Mal spröde, mal glatt, mal fein gemahlen. Wir kletterten immer höher hinauf, bis uns auf einmal ein eiskalter Wind entgegenblies. Dann war es zu sehen: das gewaltige Eisplateau des Mýrdalsjökull. Ich werde diesen Anblick niemals vergessen. Nichts als Eis, kristallklares Eis! In den bizarrsten Formen türmte es sich vor uns auf. Höhlen, Spalten, scharfe Grate: Alles war aus Eis geformt.

Wir setzten uns auf einen Stein und schwiegen ... Wir saßen einfach nur da und waren still. Denn wir hatten keine Worte für das, was sich da vor uns auftat. Das war nicht einfach nur ein schönes Stück Natur. Das war wie eine Botschaft für uns. Und die bestand nicht nur aus dem funkelnden Eis, sondern auch aus den Entbehrungen und Anstrengungen, die hinter uns lagen, und der Hilfe, die wir erfahren hatten. Es war wie ein Gleichnis für unser Leben. Das, was wirklich schön und gut ist, bekommen wir nicht mal eben so. Wir müssen schon auch einen Beitrag dazu leisten, uns anstrengen und zu Entbehrungen bereit sein. Dabei können wir in Situationen geraten, in denen wir allein nicht mehr weiterkommen, in denen es sich anfühlt, als seien wir gescheitert. Dann ist es wichtig, Menschen zu haben, die uns helfen und den nächsten Schritt ermöglichen. Manchmal müssen wir selbst Ausschau nach ihnen halten. Oft aber tauchen sie auch ganz überraschend auf – wie Séra Jakob oder die Ranger, die uns aufgelesen haben. Und dann kommt es: das Ersehnte. Manchmal ganz anders als erwartet. Manchmal noch schöner, noch überwältigender. Wir können es nicht für immer festhalten, es entzieht sich uns auch wieder. Aber wir sind ihm begegnet. Und das gibt Kraft für das nächste Ziel.

Solche Gedanken in etwa gingen uns durch den Kopf. Wir hingen ihnen eine ganze Weile nach, bis Alex daran erinnerte, dass wir noch eine ordentliche Strecke vor uns haben. Also rissen wir uns los und marschierten auf einem anderen Weg wieder talwärts. Als die Goðaland-Hütte schon wieder zu sehen war, ging es auf einmal nicht mehr weiter. Wir standen vor einem Abgrund. Unter uns das reißende Wasser der Krossà, rechts der Gletscher, links eine steile Bergflanke. Es half nichts: Wir mussten ein Stück zurück, noch einmal aufsteigen und es über den Bergrücken versuchen. Das war alles andere als leicht, denn der Berg bestand aus porösem Lavagestein. Bei jedem zweiten Schritt brach etwas unter unseren Füßen weg. Wir stolperten, rutschten aus und holten uns so manche Schramme. Dann endlich war die Holzbrücke wieder zu sehen. Wir stiegen ab, überquerten sie und erreichten todmüde, aber wohlbehalten unseren kleinen Birkenhain.

Am nächsten Morgen schliefen wir etwas länger. Unsere müden Körper brauchten Erholung. Vom Hüttenwirt hatten wir erfahren, dass es einen allradgetriebenen Geländebus gibt, der alle zwei Tage zur Hütte kommt. Mit dem konnten wir Þórsmörk verlassen, ohne die Strapazen des Hinwegs nochmal auf uns nehmen zu müssen. Der Bus setzte uns an der Ringstraße ab, und wir schwangen uns wieder auf die Räder. Bei herrlichem Sonnenschein und bester Fernsicht ging es weiter in Richtung Osten. Wir fuhren an diesem Tag noch bis nach Skógar. Der kleine Ort bestand damals nur aus ein paar Holzhäusern und einem sogenannten Edda-Hotel. Die Edda ist eine in altisländischer Sprache verfasste Sammlung mittelalterlicher Götter- und Heldensagen. Mit der haben die Edda-Hotels allerdings nur den Namen gemeinsam.

Es handelt sich um Schulgebäude, deren Klassenräume während der Sommerferien mit Betten bestückt und an Touristen vermietet werden. So war es zumindest damals in den 1980er-Jahren. Inzwischen sind aus den meisten dieser Schul-Herbergen ganz normale Hotels geworden. Eine Übernachtung konnten wir uns natürlich nicht leisten. Aber gleich nebenan unser Zelt aufschlagen, das ging wieder.

Der Hauptgrund für unseren Halt in Skógar lag nur wenige hundert Meter außerhalb des Ortes: der Skógafoss, ein imposanter Wasserfall. Auf einer Breite von 25 Metern stürzt er sich 60 Meter in die Tiefe und bildet dabei einen schon aus der Ferne sichtbaren weißen Vorhang. Hinter diesem Vorhang, erzählt eine alte isländische Sage, sei eine Schatztruhe vergraben worden. Als ein Junge sie beim Spielen entdeckt habe, habe er lediglich ihren Griff festhalten können. Die Truhe selbst sei für immer verschwunden. Wieder so ein Lebensgleichnis: Was wir festhalten wollen, entzieht sich uns. Anderes kommt auf uns zu und wird uns geschenkt – wenn wir denn nur einen Blick dafür haben. In diesem Fall ein wunderschönes Naturschauspiel.

Als wir am späten Abend zu unserem Zelt zurückkehrten, fiel uns eine merkwürdig geformte Wolke auf. Sie sah wie ein kleiner Tornado aus, nur dass sie nicht bis zum Boden reichte. Dabei war es beinahe windstill. Seltsam … Wir schlüpften ins Zelt und verschwanden in unseren Schlafsäcken. Etwa eine Stunde später begann es wie aus dem Nichts zu stürmen. Wir machten uns zunächst keine großen Gedanken, denn wir hatten ein recht windstabiles Tunnelzelt. Außerdem war es sorgfältig abgespannt. Doch der Sturm wurde stärker und stärker. Trockene Moosballen und kleine Äste flogen umher. Die Zeltplane begann zu flattern, die Abspannleinen surrten, selbst die Zeltstangen fingen an sich zu verbiegen. Binnen einer halben Stunde hatte sich die Größe des Zeltes halbiert. Kurz darauf konnte man schon nicht mehr von einer Zeltform sprechen. Die Plane legte sich wie ein nasser Sack auf unsere Schlafsäcke. Zum Glück war sie nicht wirklich nass. Es war nur der Wind, der sie so auf uns drückte. Was, wenn die Heringe nicht halten? Wenn uns das Zelt um die Ohren fliegt? Wenn es tatsächlich zu regnen beginnt?

Die Heringe hielten, es blieb trocken, und das Zelt flog uns nicht um die Ohren. Aber an Schlaf war in dieser Lage nicht zu denken. Der Sturm tobte die ganze Nacht hindurch und nahm an Stärke immer mehr zu. Gegen sieben Uhr morgens versuchten wir, das Zelt zu verlassen. Das war gar nicht so leicht. Denn sobald wir den Eingang auch nur ein kleines Stück öffneten, blies sofort eine Böe hinein. Also mussten wir die Plane erst einmal gut zusammenhalten. Gemeinsam bekamen wir das hin. Alex war als Erster draußen. Er konnte sich kaum auf den Beinen halten, so kräftig stürmte es immer noch. Obwohl die Lage ernst war, mussten wir lachen. Es sah einfach zum Schießen aus, wie er sich gegen den Wind stemmte und im nächsten Augenblick umzufallen drohte. Seine langen blonden Haare schlugen ihm immer wieder ins Gesicht. Kurz darauf war auch ich im Freien. Wie um Himmels willen sollten wir dieses Zelt abbauen, ohne dass es in Stücke reißen würde? Wir versuchten es, indem wir zunächst unsere Ausrüstung herausholten und uns dann mit beiden Körpern auf die ohnehin fast am Boden liegende Plane legten. So konnten wir vorsichtig einen Hering nach dem anderen lösen und schließlich auch die Stangen entfernen. Je freier die Plane wurde, umso schwerer war sie am Boden zu halten. Aber nach einer Weile hatten wir es geschafft.

Das allerdings war nur die erste Herausforderung dieses Tages. Eine zweite folgte unmittelbar. Sie hieß: Rad fahren. Das Aufsteigen klappte noch ganz gut. Aber fahren? Unmöglich. Schon nach einer einzigen Radumdrehung haute es uns wieder aus dem Sattel. Mal fanden wir uns im Straßengraben wieder, mal schob uns der Wind auf die Gegenfahrbahn. Das war uns dann doch zu gefährlich. Also nahmen wir erst mal in der Lobby des Edda-Hotels Zuflucht. Dort saßen bereits andere, die nicht weiterkamen. Nicht mal mit dem Auto. Es blieb uns also nichts anderes übrig, als zu warten. Wir schrieben Postkarten, brachten unsere Tagebücher auf den neuesten Stand und tranken Kaffee. Viel Kaffee. Denn in Island bezahlt man nur die erste Tasse und kann diese dann unbegrenzt wieder auffüllen lassen.

Am frühen Nachmittag kam dann auf einmal Bewegung in die Lobby. Der Sturm hatte sich gelegt. So plötzlich, wie er gekommen war, hatte er sich auch wieder verabschiedet. Wir brachen auf und fuhren an diesem Tag noch bis Vík í Mýrdal. Eine kleine Wiese am Ortsrand bot sich uns als Lagerplatz an. Doch zunächst einmal galt es, das Zelt wieder in Schuss zu bringen. Die Stangen mussten gerade gebogen, die Abspannleinen entheddert und die Plane von allerlei Dreck befreit werden. Danach warfen wir auch einen Blick auf die Fahrräder. Dabei stellte sich heraus, dass an Alex' Rad eine Sitzstrebe angebrochen und eine zweite ganz durchgebrochen war, unmittelbar vor dem hinteren Ausfallende. Das viele Gepäck, die ruppigen Pisten, das ständige Be- und Entladen: Das alles hatten die beiden Streben offenbar nicht verkraftet. Zum Glück gab es eine Autowerkstatt im Ort. Dort konnten wir die beiden Bruchstellen noch am selben Tag für ein paar Kronen schweißen lassen.

Am nächsten Morgen war die Welt wieder in Ordnung. Die Sonne schien, und es war warm. So warm, dass wir zum ersten Mal mit kurzer Hose und T-Shirt fahren konnten. Die Straße war bestens asphaltiert, und es wehte nur ein laues Lüftchen. Wie lange das wohl so bleiben wird? Nicht sehr lange. Schon nach wenigen Kilometern änderte sich wieder alles. Den Anfang machte ein Schild mit der Aufschrift *Vegalagning*, was so viel wie »Straße im Bau« bedeutet. Es ging also auf einer Piste weiter. Und die führte durch den Mýrdalssandur, eine Sanderfläche, die aus angeschwemmten Sedimenten und Lavaasche bestand. Eine riesige schwarze Sandwüste. Fehlte nur noch eines: ein ordentlicher Sturm. Und der kam. Genauso wie am Tag zuvor. Von jetzt auf gleich stürmte es los. Nicht so stark, dass wir nicht hätten fahren können. Aber stark genug, um uns abermals an unsere Grenze zu bringen. Denn der Wind blies uns nicht nur entgegen, er wirbelte auch gigantische Staubwolken auf. Wir fuhren wie in ein Sandstrahlgebläse hinein. Die feinen Sand- und Aschekörner brannten auf der Haut wie Nadelstiche. Wir mussten den Mund geschlossen halten und konnten auch unsere Augen kaum öffnen.

Die »Straße im Bau« war nur 30 Kilometer lang, und dennoch brauchten wir sechs Stunden, um sie hinter uns zu bringen. Dann endlich hatten wir wieder Asphalt unter den Reifen. Wir sahen aus, als wären wir gerade einem Pütt entstiegen. Unsere Haut war kohlrabenschwarz. Das Gesicht, die Arme, die Oberschenkel: Alles war von feinster, schwarzer Asche überzogen. Da es weit und breit keine Dusche gab, versuchten wir, den Dreck an einer Tankstelle loszuwerden. Das kleine Toilettenhäuschen, das es dort gab, hatte eine Grundfläche, auf der wir uns so gerade eben um die eigene Achse drehen konnten. Trotzdem bekamen wir es irgendwie hin, unseren ganzen Körper zu reinigen. Dann konnten wir uns einen Lagerplatz suchen.

Die beiden Stürme haben uns nicht wirklich in Gefahr gebracht, waren aber schon eine Grenzerfahrung. Noch nie zuvor hatten wir eine solche Naturgewalt an unserem eigenen Leib erfahren. Wir kannten Taifune, Hurrikane und andere Stürme aus dem Fernsehen. Aber nur mit einem Zelt und einem Fahrrad mittendrin zu sein, war schon etwas anderes. Gottes Schöpfung ist nicht nur reich und schön, sie hat mitunter auch etwas Beängstigendes, ja Bedrohliches. Sie ist ein *tremendum et fascinosum*, etwas Faszinierendes und Erschütterndes zugleich. So haben es die Theologen des Mittelalters formuliert – und damit zwei Aspekte zusammengebracht, die später leider wieder auseinandergefallen sind. Da wurde dann entweder nur von einem strengen »Richtergott« gesprochen, der den Menschen Angst einflößt, oder aber von einem »lieben Gott«, der zu allem Ja und Amen sagt. Die Natur lehrt uns, dass beides zu unserem Leben gehört: das Schöne und Faszinierende, aber auch das Beängstigende und Herausfordernde.

Auf das *tremendum* folgte wieder ein *fascinosum*: der Skaftafell-Nationalpark. Seine Landschaft ist von starken Kontrasten geprägt. Auf der einen Seite der Vatnajökull, der größte Gletscher Europas außerhalb der Polarregion. Auf der anderen Seite der Skeiðarársandur, eine weite Schwemmlandebene, ganz ähnlich der, die wir tags zuvor durchquert hatten. Dazwischen zerklüftete Felsen, Gletscherzungen, Moränen, Flüsse, Wasserfälle ... Das wollten wir uns etwas näher anschauen. Also blieben wir für zwei Nächte und brachen erneut zu einer Wanderung auf. Wir entschieden uns für den wohl schönsten Hike, den man im Skaftafell-Nationalpark machen kann, für den Aufstieg zu einem Gipfel namens Gláma.

Auf den ersten zwei Kilometern ist man nicht allein. Denn die führen zum Svartifoss, einer vielbesuchten Touristenattraktion. Der Svartifoss ist ein Wasserfall, der sich über eine Felswand stürzt, die aus schwarzen Basaltsäulen besteht und wie ein Orgelprospekt aussieht. Gleich danach wird es ruhiger und einsamer. Es geht hinauf auf die Skaftafellsheiði, ein etwa 700 Meter hoch gelegenes, von Flechten, Moosen und Wollgras bewachsenes Heideplateau, von dem man bereits einen ersten herrlichen Ausblick hat. Im Westen liegt das Morsárdalur, ein von unzähligen Wasserläufen durchzogenes Tal. Im Osten wird das Plateau vom Skaftafellsjökull flankiert, einer mehr als zehn Kilometer langen Zunge des Vatnajökull. Und hoch über allem thront der Gláma-Gipfel. Als wir ihn erklommen hatten, mussten wir uns erst einmal wieder setzen. Das gewaltige, absolut reine Eisplateau, die von schwarzer Asche bedeckte Gletscherzunge, an deren Musterung man die Bewegungen der Eismasse ablesen kann, die von leuchtend weißen Tupfen überzogene Heide, das in den verschiedensten Farben schimmernde Lavagestein, die nicht enden wollenden Sanderflächen, das in der Ferne rauschende Meer … Wer hat sich nur so etwas ausdenken können?

Wir kramten unsere kleinen Gebetsbücher hervor und schlugen eines unserer Lieblingsgebete auf, Psalm 104: »Lobe den Herrn, meine Seele! / Herr, mein Gott, wie groß bist du! / Du bist mit Hoheit und Pracht bekleidet! / Du hüllst dich in Licht wie in ein Kleid, / du spannst den Himmel aus wie ein Zelt. / Du tränkst die Berge aus deinen Kammern, / aus deinen Wolken wird die Erde satt …« Die sogenannten Schöpfungspsalmen wurden uns zu treuen Gefährten auf dieser Tour. Fast täglich beteten wir einen von ihnen. Und so kommt es bis heute vor, dass mir, wann immer ich einen dieser Psalmen bete, Bilder aus Island vor mein inneres Auge treten.

Am nächsten Morgen lag das Eismassiv des Vatnajökull in seiner ganzen Pracht und Schönheit vor uns. Denn am Himmel war nicht eine einzige Wolke zu sehen. Das hat in Island Seltenheitswert. Deshalb nahmen wir uns Zeit für ein ausgiebiges Frühstück. Es gab Porridge, verfeinert mit Rosinen und Zimt. Das war unser Standardgericht. Denn Haferflocken sind nicht nur leicht und einfach zu transportieren, sie sättigen auch gut. In der Regel haben wir sie nur mit Wasser aufgekocht. Deutlich besser aber schmecken sie, wenn sie mit frischer Milch zubereitet werden. So wollten wir es zwei Tage später tun – und erlebten ein kleines Abenteuer.

Wir hatten die Milch bereits tags zuvor gekauft und über Nacht ins kühlende Küstenwasser gelegt. Als wir den Milchkarton frühmorgens holen wollten, war er verschwunden. Wie konnte das sein? Wir hatten ihn doch fest zwischen zwei Steinen eingeklemmt. Ob er sich gelöst hat? Ob sich ein Tier an ihm vergriffen hat? Des Rätsels Lösung war: die Flut. Der Meeresspiegel war über Nacht gestiegen und hatte den Milchkarton überspült. Er lag nun tief unter der Wasseroberfläche und war nur noch so gerade eben zu erahnen. Während wir noch darüber nachdachten, ob und wie wir ihn wohl bergen könnten, kam ein kleines Fischerboot angefahren. Die beiden Männer, die darin saßen, hatten offenbar mitbekommen, dass wir uns über irgendetwas den Kopf zerbrachen. Sie sprachen kein Englisch, verstanden aber sofort, um was es ging. Wir mussten nur mit unseren Fingern auf den hellen Fleck in der Tiefe deuten, und schon hatten wir sie bei ihrer Fischerehre gepackt. Wäre doch gelacht, wenn Männer, die dem Meer Heringe, Makrelen und Garnelen abringen, nicht auch einen Milchkarton bergen könnten. Und in der Tat: Sie brauchten nur ein paar Minuten, um den Karton mit einer Stange und einem Kescher aus Tiefe zu holen. »*Takk kærlega!*« – »Vielen Dank!« So konnten wir also doch noch frühstücken und die beiden Fischer wieder ihrer eigentlichen Arbeit überlassen.

Das Meer wich uns vorerst nicht mehr von der Seite. Denn wir näherten uns den Ostfjorden. Das Tor zu diesem besonders schönen Küstenabschnitt bildete damals der Almannaskarð, eine Passhöhe, die nur auf einer einspurigen Schotterpiste mit 16-prozentiger Steigung zu überwinden war. Heute gibt es dort einen

73

langen Tunnel, der das Vorankommen wesentlich erleichtert. Wir aber mussten noch die steile Piste hinauf. Dann waren wir im Reich der isländischen Fjorde: Álftafjörður, Hamarsfjörður, Berufjörður, Fáskrúðsfjörður, Reyðarfjörður … Die ersten beiden waren schnell umfahren, denn sie ragen nur wenige Kilometer ins Festland hinein. Für den Berufjörður brauchten wir dagegen fast einen Tag. Denn er ist 35 Kilometer lang. Das bedeutet: Um auf der Luftlinie etwa fünf Kilometer vorwärts zu kommen, mussten wir zunächst 35 Kilometer landeinwärts und dann wieder 35 Kilometer landauswärts fahren. Wir konnten also am Morgen schon sehen, wo wir am Abend sein werden. Das war nicht gerade motivierend. Deshalb waren wir froh, die Fjordküste schon bald wieder verlassen zu können – so schön sie auch war. Wir nahmen den Weg über die Breiðdalsheiði. Das war zwar wieder ein ruppiger Pass, aber er ersparte uns eben weitere Fjordumrundungen.

Leider kippte das Wetter an diesem Tag. Es begann zu regnen und zu stürmen. Und auch die Passstraße hatte es in sich. Sie war derart grob geschottert und steil, dass wir unsere Fahrräder größtenteils schieben mussten – und das in gummierten Regenanzügen, die nicht einen Tropfen Schweiß verdunsten ließen. Nach knapp zwei Stunden hatten wir es geschafft. Auf der Passhöhe stand eine kleine Schutzhütte, in der wir uns abtrocknen und aufwärmen konnten. Zwei Betten und einen kleinen Ofen gab es darin. Ein Bündel Holz, ein paar Kerzen, einen Kochtopf und eine Dose Suppenpulver. Außerdem eine Bibel und ein Gästebuch. Die Vorräte ließen wir unangetastet, aber das Gästebuch interessierte uns. Tatsächlich hatten hier schon mehrfach Menschen übernachten müssen. Weil ihr Auto einen Schaden hatte, weil die Passhöhe zugeschneit war, weil eine Aschewolke sie an der Weiterfahrt gehindert hat … Spannende Geschichten waren das.

Von der Breiðdalsheiði ging es zwar wieder bergab, aber zu einem Genuss wurde das Fahren trotzdem nicht. Denn es wollte einfach nicht aufhören zu regnen, und auch die Piste wurde keinen Deut besser. Wir kamen nur sehr langsam voran. Der Wind blies uns das Wasser fast waagerecht ins Gesicht, die schweißnasse Regenkleidung klebte unangenehm auf der Haut, und unsere Handgelenke begannen zu schmerzen, weil wir den Lenker immer wieder herumreißen mussten, um größeren Steinen auszuweichen. Irgendwann hatten wir genug. »Lass uns dort drüben das Zelt aufbauen.« Selten waren wir uns so schnell einig wie an diesem Abend: Bloß raus aus dem Wind und der nassen Kleidung! Im Inneren des Zeltes war es warm und gemütlich. Wäre da nur nicht dieser strenge Geruch gewesen ... Wir hatten seit Tagen nicht mehr geduscht und stanken wie die Iltisse. Unsere Haare waren schweißgetränkt, die Haut fühlte sich trocken und spröde an, und unsere Fingernägel waren eingerissen. Ein erstes Anzeichen dafür, dass es unserem Körper an Nährstoffen fehlte – trotz der Vitamin- und Mineralstofftabletten, die wir Tag für Tag einnahmen. Mit anderen Worten: Wir brauchten mal wieder eine Pause, etwas Körperpflege und ein ordentliches Essen.

Da traf es sich gut, dass wir am nächsten Tag das Städtchen Egilsstaðir erreichten. Hier gab es all das, wovon wir schon seit Tagen geträumt hatten: einen gepflegten Campingplatz, einen gut sortierten Supermarkt, eine kleine Postfiliale, eine schöne Kirche und ein Schwimmbad, das uns wie eine Wellnessoase vorkam. Denn es bot neben unterschiedlich temperierten *Sundlaugar* (Schwimmbecken) auch einen *Heitum potti* (Whirlpool) und ein *Gufubað* (Dampfbad) – allesamt beheizt mit der in Island überall verfügbaren Erdwärme. Wir steuerten zunächst das *Gufubað* an. Das bestand aus drei Holzhütten, von denen die erste rappelvoll, die zweite mäßig gefüllt und die dritte überraschenderweise leer war. Warum nur drängen sich alle in eine Hütte, wo doch in den anderen noch so viel Platz ist? Wir hatten es bald herausgefunden: Die Hütte, in der wir meinten, unter uns zu sein und am besten entspannen zu können, war die heißeste von allen. Ein kleines Schild im Inneren zeigte es an: »120 gráður«. Wir hielten die stechend heißen Dampfschwaden gerade mal fünf Minuten lang aus und sprangen mit hochroten Köpfen wieder ins Freie – zur allgemeinen Erheiterung all derer, die in den anderen Hütten saßen.

Nach ein paar weitaus angenehmeren Reinigungs- und Entspannungsritualen fühlten wir uns wie neugeboren. Das Postamt war unsere nächste Station. Denn wir hatten unsere Familien und ein paar Freunde gebeten, uns doch mal einen kleinen Gruß aus der Heimat zu senden. Und das hatten sie tatsächlich getan. Einige Postkarten, ein paar Briefe und ein großes Paket lagen zur Abholung bereit. Wir setzten uns auf eine Bank vor dem Postamt und nahmen uns Zeit, eines nach dem anderen zu öffnen. Das Paket enthielt vier Dosen Bier, mehrere Tafeln Schokolade und eine Reihe anderer Süßigkeiten. Ob das nun half, unseren Nährstoffmangel zu beheben, sei einmal dahingestellt. Eine willkommene Überraschung war es allemal – zumal es in Island gar nicht so leicht ist, an ein richtiges Bier zu kommen. Denn das gibt es nur in staatlich kontrollierten Abgabestellen.

Nächste Station: der Supermarkt. Denn das Bier bedurfte ja einer Basis. Für gewöhnlich bestand unser Abendessen aus einer Portion Reis oder Nudeln und einer dünnen Tütensauce. Gelegentlich gab es auch schon mal eine *gryte*, eine etwas dickere Tütensauce. Nur an besonderen Tagen wie dem heutigen warfen wir auch mal einen Blick in die Fleischtheke. Und sieh an: Da lag ein in Folie eingeschweißtes Fleischgericht, das wie ein ungarisches Gulasch aussah und gar nicht mal so teuer war. Das sollte es sein! Wir sahen den dampfenden Gulaschtopf schon vor uns stehen, dazu ein kühles Bier und als Nachtisch Schokolade … Doch was für eine herbe Enttäuschung: Als wir die Folie auf dem Campingplatz öffneten, quoll eine übelriechende Fleischmasse hervor, mit der wir nicht mal einen Hund gefüttert hätten. Wie eine Mischung aus Blut und Schlachtabfällen sah sie aus. Später erfuhren wir, dass es sich wohl tatsächlich um Schlachtabfälle gehandelt hat, die eigentlich nur zum Auskochen und Ansetzen einer Fleischbrühe gedacht sind. Es gab also wieder Nudeln mit *gryte*. Dazu allerdings ein richtig leckeres deutsches Bier!

Letzte Station: die Kirche. Schon bei unserer Ankunft war uns das markante Gebäude auf dem kleinen Hügel außerhalb des Ortes ins Auge gefallen. Wie ein gelandetes Ufo sah es aus. Mit seinen klaren Linien und den weißen Wänden hätte es von Alvar Aalto stammen können. Tatsächlich aber hat es der kaum bekannte isländische Architekt Hilmar Ólafsson entworfen. Name hin oder her: Es war ein beeindruckendes Gebäude – und eine Oase für die Seele. Nach all den Tagen in der rauen Natur tat uns der Kirchenraum einfach gut. Seine Weite, die Stille, das hie und da flackernde Kerzenlicht: Das war wie Balsam für unsere Seele. Wir setzten uns hin, gingen auf und ab, sprachen ein paar Worte mit der vorbeischauenden Pastorin und nahmen an einem kurzen Abendgebet teil.

Das war etwas ganz anderes als der sonntägliche Kirchgang mit unseren Eltern. Denn hier spielte der Alltag eine Rolle. All das, was wir in den vergangenen Tagen erlebt, getan, vermisst und ersehnt hatten, bekam hier einen Resonanzraum. Es klang noch einmal in uns nach und veränderte sich dadurch. Das Erlebte und Getane wurde zu einem festen Erinnerungsschatz, und das Vermisste und Ersehnte erfüllte sich. Wir waren einfach zufrieden, es fehlte uns nichts. Wir hatten alles, was wir brauchten. Ich habe solche Momente immer wieder erlebt – Gott sei Dank! Denn sie haben mir erschlossen, wozu eine Kirche eigentlich da ist – im wörtlichen wie im übertragenen Sinn. Sie sollte ein Rastplatz für die Seele sein. Ein Ort, an dem sich unser Alltag verwandelt. Ein Raum, in dem sich unsere Sehnsucht erfüllt.

Am folgenden Morgen galt es, eine Entscheidung zu treffen. Unser Reiseführer wies die nächsten 130 Kilometer als »landschaftlich eher unspektakulär« aus. Von unseren Zeltnachbarn hatten wir zudem erfahren, dass die Piste mehr als übel sei. Wir hätten daher etwa drei Tage für die Strecke gebraucht, die uns dann womöglich für Schöneres gefehlt hätte. Aber deshalb die Radtour unterbrechen und den Geländebus nehmen? Andererseits hatten wir das ja auch schon in Þórsmörk getan. Wie also entscheiden: pragmatisch oder prinzipientreu? Nach einer dritten Tasse Kaffee waren wir uns einig. Wir wählten – etwas schweren Herzens, aber doch recht klar – den Bus. Am späten Nachmittag fuhr er los.

Die Piste war tatsächlich übel. Selbst für den robust gebauten und allradgetriebenen Bus war sie eine ziemliche Herausforderung. Mal riss der Fahrer das Lenkrad herum, um einem großen Loch auszuweichen. Mal trat er plötzlich auf die Bremse, um behutsam durch eine Furt zu fahren. Mal beugte sich die Karosse bedrohlich nach rechts, mal schwang sie unvermittelt nach links. Die ersten Spuckbeutel füllten sich. Der Fahrer machte das Radio an. Als könne man einen säuerlichen Geruch mit lauter Popmusik übertünchen. Die Horrorfahrt dauerte etwa drei Stunden, dann waren wir da. An einer Straßenkreuzung »irgendwo im Nirgendwo«. Wir nahmen unsere Räder entgegen, bepackten sie und brachen trotz der späten Stunde noch auf. Denn wir wollten unbedingt noch einen 30 Kilometer entfernten Wasserfall erreichen, den Dettifoss.

Es führte nur eine Piste dorthin, die nicht minder ruppig war wie die, die gerade hinter uns lag – nur dass wir sie nun eben mit dem Fahrrad bezwingen mussten. Und das war ein ziemlich anstrengendes Unterfangen. Denn die Piste war nicht nur steinig und staubig. Sie wies auch das bei Radlern so überaus beliebte »Wellblech« auf. Das entsteht, wenn schwere Fahrzeuge (hier werden es Jeeps gewesen sein) zu schnell über eine nicht ausreichend verdichtete Straßendecke fahren. Die feinen, teils scharfkantigen Bodenwellen, die sich dadurch bilden, lassen sich mit breiten Autoreifen noch einigermaßen gut überrollen. Einem schmalen Fahrradreifen setzen sie dagegen ziemlich zu. Auf solchen Wellblechpisten kommt man mit dem Rad in der Regel nicht über eine Gehgeschwindigkeit hinaus. Und so war es auch hier.

Obwohl der Wind uns ausnahmsweise mal kräftig in den Rücken blies, kamen wir nur langsam voran. Immer wieder mussten wir in die Bremsen greifen, um nicht zu rasant über das Wellblech getrieben zu werden. Als wir schon eine ganze Weile unterwegs waren, hörten wir plötzlich ein lautes Hupen. Wie aus dem Nichts näherte sich uns ein Jeep von hinten und fuhr dicht an uns vorbei. »Was für ein Idiot! Kann der nicht …?« Die Worte waren mir noch nicht ganz über die Lippen gekommen, da hielt der Wagen vor uns an. Ein junger Mann stieg aus und lief uns mit zwei Packsäcken entgegen – *unseren* Packsäcken. Sie waren uns offensichtlich von den Rädern gefallen, ohne dass wir es bemerkt hatten. Was, wenn der »Idiot« sie uns nicht hinterhergebracht hätte? Ihr Verlust wäre uns womöglich erst nach vielen Kilometern aufgefallen. »*Takk kærlega! Thank you very much! Thank you!*«

Nach gut vier Stunden änderte sich die Geräuschkulisse, durch die wir fuhren. Das laute Heulen des Windes wurde mehr und mehr von einem anderen Lärm verdrängt. Von dem eines sich donnernd in die Tiefe stürzenden Wasserfalls. Dann auf einmal lag er vor uns: der mächtigste Wasserfall Europas, der Dettifoss. Über eine Breite von 100 Metern stürzt er sich in eine 45 Meter tiefe Schlucht und bewegt dabei bis zu 1 500 Kubikmeter Wasser pro Sekunde. Was für ein gigantisches Schauspiel! Wir konnten bis auf einen Meter an die Fallkante herantreten und spürten, wie die Erde unter unseren Füßen vibrierte. Das Wasser sah wie fließender Zement aus, denn es war durch die vielen Sedimente und Gesteinsbrocken, die es mit sich führte, milchig-grau. Von ähnlicher Farbe war die Schlucht, in die sich das Wasser hinabstürzte – bis auf jene Stellen, die ständig von der aufsteigenden Gischt befeuchtet wurden. Sie waren von einem satt-grünen Moosteppich überzogen, der uns im milden Licht der Abendsonne wunderschön entgegenleuchtete. Regenbögen schwangen sich von der einen Seite der Schlucht zur anderen hinüber – erst einer, dann ein zweiter, dann noch ein dritter. Wieder so ein Moment, der uns tief berührte.

Wir waren weit und breit die einzigen Menschen. Kein Auto, kein Parkplatz, kein Gebäude. Nur der Wasserfall und wir inmitten einer schier unendlichen Weite. Wenn ich bei meinen Vorträgen von solchen Momenten erzähle, werde ich häufig gefragt, ob das denn nicht gefährlich sei, so einsam und allein, weit weg von jeglicher Zivilisation. Ich antworte dann immer, dass mir die schlimmsten Dinge im Haushalt und vor der eigenen Haustür passiert seien. In der Abgeschiedenheit der Natur sei mir dagegen noch nie etwas Schlechtes widerfahren. Die Abgeschiedenheit ist meines Erachtens eher eine Herausforderung für unsere Psyche, denn sie wirft uns ganz und gar auf uns selbst zurück – vor allem, wenn wir uns ihr allein aussetzen. Aber auch an jenem Abend in Island, da ich noch Alex an meiner Seite hatte und er mich, war etwas davon zu spüren. Während wir uns in den Tagen zuvor noch über alles Mögliche unterhalten hatten, wurden wir am Dettifoss zusehends ruhiger. Wir sprachen kaum noch ein Wort miteinander – nicht weil wir uns nicht verstanden hätten, sondern weil es eine Erfahrung behindert hätte, die wir einander gönnen wollten.

Es war eine Erfahrung wie man sie auch bei Tagen im Kloster, einer Fastenkur oder einem Achtsamkeitstraining machen kann. Je tiefer man sich in die Abgeschiedenheit begibt, umso aufmerksamer wird man. Die vielen Dinge des Alltags treten in den Hintergrund und geben den Blick auf die tieferen Schichten unseres Lebens frei. Das ist nicht immer angenehm. Denn da treiben sich auch Ängste und Sorgen herum, das Gefühl, etwas verpasst zu haben, die Trauer um einen Menschen, der gestorben ist oder von dem man sich getrennt hat, und Ähnliches mehr. Im Alltag weichen wir solchen Gefühlen gerne aus. In der Abgeschiedenheit fällt das schwerer, weil es an äußerer Ablenkung fehlt. Genau das aber ist auch eine große Chance. Denn wer das, was da kommt, einfach mal kommen lässt, ohne es gleich wieder zu verdrängen oder als negativ zu bewerten, wird merken, dass es sich schon allein dadurch, dass es sein darf, verändert. Es verliert seine Fremdheit und fühlt sich mehr und mehr an wie etwas, das einfach zu unserem Leben dazugehört. Wie etwas, das genauso gut und berechtigt ist wie all das Schöne, Lustige und Leichte, das uns ausmacht. Es ist, als kämen zwei Hälften zusammen: der »halbe Mensch«, den die anderen kennen und den ich gern nach außen hin zeige, und der andere »halbe Mensch«, um den nur ich alleine weiß und den ich lieber im Verborgenen halte. Ich werde mehr zu dem, der ich eigentlich bin. Ich komme bei mir selber an. Und das ist ein wunderschönes Gefühl der Geborgenheit.

Das geht natürlich nicht so schnell und leicht, wie ich es hier beschreibe. Das braucht Übung und ist in der Regel auch mit Rückschlägen verbunden – mit dem Gefühl, doch lieber wieder in Gesellschaft zu sein und mich von all dem ablenken zu können. Aber wer nicht gleich die Flinte ins Korn wirft, wird merken, wie heilsam und wohltuend es im Endeffekt ist, sich mal auf die Abgeschiedenheit einzulassen und auf all das, was sie in uns auslösen kann. An jenem Abend in Island habe ich das nur im Ansatz erfahren. Aber diese erste Erfahrung hat genügt, um meine Neugier auf mehr zu wecken. Und so ist es gekommen, dass ich mich schließlich selbst in der Abgeschiedenheit des Himalaya und der Sahara nicht einsam und verloren gefühlt habe, sondern angekommen und gut aufgehoben.

Nichtsdestotrotz drängt es einen nach einer solchen Erfahrung schon auch wieder, mit anderen Menschen in Kontakt zu kommen und etwas Neues zu erleben. Und so brachen wir nach zwei Nächten wieder auf, zurück zu jener Kreuzung »irgendwo im Nirgendwo«, von der wir hergekommen waren – mit dem kleinen Unterschied, dass uns der Wind nun von vorn entgegenblies. Es war wieder eine fürchterliche Plackerei. Am frühen Abend erreichten wir dann Námafjall, einen vulkanisch hoch aktiven Bergrücken, auf dem es Solfataren, Fumarolen und Schlammtöpfe gibt, also Stellen, an denen Wasserdampf, Schwefelwasserstoff, elementarer Schwefel und andere Mineralien aus der Erde treten – und einen höllischen Gestank verbreiten. Überall gluckste, blubberte und brodelte es. Hin und wieder zischte es gar so laut, dass wir zusammenzuckten. Einige der Austrittsstellen waren mit Seilen abgesperrt, weil es aufgrund des brüchigen Bodens schon zu Unfällen gekommen war. Ohne diese Absperrungen hätten wir das Gefühl gehabt, uns auf einem anderen Planeten zu bewegen, so fremd und unwirtlich sah die Landschaft aus.

Da wir die Nacht nicht inmitten des höllischen Gestankes verbringen wollten, fuhren wir noch weiter bis Reykjahlíð. In der kleinen Siedlung am Ufer des Mývatn gab es einen einfachen Campingplatz. Mývatn bedeutet »Mückensee«. Und diesen Namen hat er sich mehr als verdient. Denn in den Sommermonaten fallen gewaltige Mückenschwärme über ihn her. Die Gefahr, gestochen zu werden, ist relativ gering. Denn es handelt sich vor allem um Zuckmücken, die überhaupt nicht stechen können. Das Problem ist ein anderes: ihre Menge. Vor allem an Stellen, an denen durch vulkanische Aktivität Kohlendioxid aus dem Boden entweicht, können sich mitunter regelrechte Mückenvorhänge bilden. Es kursieren Erzählungen, nach denen am Mývatn schon Schafe und Pferde gestorben seien, weil Myriaden von Mücken ihnen die Atemwege verstopft hätten. Zum Glück beschränken sich derartige Invasionen auf ein paar Wochen im Jahr. Wir hatten es lediglich mit sehr, sehr vielen Mücken zu tun.

Das aber hinderte uns nicht daran, abermals eine Wanderung zu unternehmen. Unser erstes Ziel war die Stóragjá, ein unterirdischer Badesee. Die mit 38 bis 42 Grad Celsius warmem Wasser gefüllte Höhle ist Teil des hier deutlich erkennbaren Grabenbruchs zwischen der amerikanischen und der eurasischen Kontinentalplatte. Heute führt eine Aluminiumleiter in die Höhle hinab. Damals gab es lediglich ein Seil. An dem mussten wir uns langsam in die Dunkelheit hinablassen, ohne schon genau zu wissen, wie warm das Wasser tatsächlich war und wie es sich wohl anfühlen würde, unter der Erdoberfläche zu schwimmen. Nachdem wir uns an die Dunkelheit und die Wassertemperatur gewöhnt hatten, war es ein herrliches Vergnügen. Wir schwammen von einem Ende der Höhle zum anderen, ließen uns treiben und legten uns entspannt in ein etwas flacheres Becken am Rande des unterirdischen Sees.

Von der Stóragjá ging es weiter zum Hverfjall, einem riesigen Aschekrater. Der ist nicht durch eine Eruption entstanden, sondern durch eine gewaltige Wasserdampfexplosion. Ein glühend heißer Lavastrom ist über ein großes Grundwasser-Reservoir geflossen und hat es mit einem Mal zum Verdunsten gebracht. Dabei muss eine gigantische Wasserdampfsäule entstanden sein. Denn die von ihr in die Luft geschleuderten Sedimente bildeten einen Aschering mit einem Durchmesser von einem Kilometer und einer Höhe von 90 bis 150 Metern – den Hverfjall. Ganz in seiner Nähe liegen die Lavafelder von Dimmuborgier. »Dunkle Burgen« heißt das übersetzt. Und so sahen die Lava- und Tuffsteinformationen auch aus: wie verfallene Türme, Brücken und Burgen. Kein Wunder, dass man in Island glaubt, sie seien von Elfen und Trollen bewohnt.

Von den Lavafeldern war es nicht mehr weit bis zur Ringstraße, wo wir ein Auto anhalten konnten, das uns wieder zurück nach Reykjahlíð brachte. So hatten wir noch etwas Zeit, uns für ein Gitarrenkonzert in der kleinen Dorfkirche fein zu machen – oder sagen wir besser: nicht mehr ganz so dreckig und verschwitzt auszusehen. Kein Geringerer als Arnaldur Arnarson gab das Konzert. Der 1959 in Reykjavik geborene Künstler lebt mittlerweile in Barcelona und ist ein weltweit gefragter Konzertgitarrist. Es war ein wunderschöner Abend. Die leisen Klänge der Gitarre taten uns gut. Nach all dem Lärm, der an unsere Ohren gedrungen war – dem Pfeifen des Windes, dem Donnern des Wassers und dem lauten Zischen der heißen Quellen – legte sich die feine, sanfte Musik wie ein wohltuender Balsam in unsere Ohren.

Am nächsten Morgen lachte die Sonne. Nicht eine einzige Wolke war zu sehen. Selbst der Wind hatte sich zu einer kleinen Pause entschlossen. Wir schwangen uns auf die Räder und folgten dem Ufer des Mývatn. Kurz vor seiner Südspitze liegen zwei malerische Naturparks. Der erste mit dem Namen Höfði umfasst Islands einziges Waldgebiet (sofern man denn einen Birkenhain, dessen Baumwipfel von einem normal gewachsenen Menschen ohne Weiteres überblickt werden können, als »Waldgebiet« bezeichnen will). Der zweite Naturpark ganz in der Nähe heißt Skútustaðir und schützt eine Reihe von Pseudokratern. Ähnlich wie der Hverfjall haben auch sie keine Verbindung zu den Magmakammern im Erdinneren. Sie sind entstanden, als heiße Lava über ein Sumpfgebiet strömte und die Feuchtigkeit im Boden so stark erhitzte, dass es auch hier zu Wasserdampfexplosionen kam. Solche Pseudokrater gibt es auch auf dem Mars – für Wissenschaftler eines der schlagendsten Argumente dafür, dass es auch dort einmal Wasser gegeben haben muss.

Nur noch zwei Tagesetappen trennten uns nun von Akureyri, Islands »Metropole des Nordens«. Die Fahrt dorthin war recht abwechslungsreich. Ein erstes Highlight war die Laxá, ein Quellwasserfluss, der sich durch eine überraschend grüne Landschaft schlängelt. Das zweite Highlight: der Goðafoss, ein hufeisenförmiger Wasserfall. Einer alten Sage nach soll der Gode Þorgeir um das Jahr 1000, als das Christentum zur Staatsreligion wurde, die letzten heidnischen Götterbilder in ihm versenkt haben. Das dritte Highlight war die Vaðlaheiði, ein Höhenzug, der sich uns erst mal sperrig entgegenstellte, dann aber mit einer fantastischen Aussicht auf den 60 Kilometer langen Eyjafjörður belohnte – und mit einer Kuriosität: In der Nähe der Passhöhe stand mal ein Schuppen mit dem schönen Namen *Vaðlaheiðarvegavinnuverkfærageymsluskúr*, was so viel wie »Schwemmlandhochebenenwegarbeitswerkzeugaufbewahrungsschuppen« bedeutet. Es soll das längste Wort der isländischen Sprache sein.

Akureyri kündigte sich uns mit Motorenlärm an. Wir hatten unser Zelt auf einer Wiese in Sichtweite der Stadt aufgeschlagen. Ganz in der Nähe gab es einen Kreisverkehr. Dort frönten Jugendliche einem Hobby, das uns schon häufiger aufgefallen war und mir bis heute in keinem anderen Land der Welt begegnet ist: Sie fuhren mit ihren Autos im Kreis herum. Nicht zwei- oder dreimal. Auch nicht zwei bis drei Minuten. Nein, stundenlang, die ganze Nacht hindurch. Als Treibstoff kam dabei nicht nur Benzin zum Einsatz, sondern auch jede Menge Alkohol. Und Musik. Laute Musik. Dröhnende Musik! Vermutlich hat diese Art der Freizeitgestaltung ihren tieferen Sinn darin, böse Trolle zu vertreiben. Oder sie versucht, einfach Bedürfnisse zu erfüllen, die in anderen Ländern mit Autorennen, Konzerten und schrillen Partys befriedigt werden. Für uns jedenfalls stand sie in einem ziemlich krassen Kontrast zum ansonsten doch eher ruhigen und naturverbundenen Leben der Isländer.

Akureyri hatte zum Zeitpunkt unserer Reise etwa 14.000 Einwohner. Und dennoch wirkte es auf uns wie eine Großstadt. Denn es gab einen Hafen und ein Gewerbegebiet, eine Fußgängerzone und Verkehrsampeln. Und es gab »Sehenswürdigkeiten«. Die *Akureyrarkirkja* zum Beispiel, eine evangelisch-lutherische Kirche mit beeindruckenden Buntglasfenstern, auf denen wichtige Ereignisse der isländischen Kirchengeschichte dargestellt sind. Oder einen Botanischen Garten. Sehr ungewöhnlich, wenn man bedenkt, dass Akureyri nur 50 Kilometer südlich des Polarkreises liegt. Es gab ein Postamt, in dem wieder ein paar Briefe auf uns warteten; einen Supermarkt, in dem wir einkaufen konnten; und eine kleine katholische Kirche, die wir allerdings erst einmal suchen mussten. Denn es handelte sich um eine sogenannte »Wohnzimmerkirche«, einen kleinen Andachtsraum in einem ganz normalen Wohnhaus.

Als wir das Haus gefunden hatten, öffnete uns eine Ordensschwester und bat uns freundlich einzutreten. In ein paar Minuten beginne ein Abendgottesdienst, ob wir den mitfeiern wollten? Anschließend gebe es Kaffee und Kuchen. Was für eine schöne Fügung! So konnten wir einen kleinen Einblick in das Leben dieser besonderen Gemeinde bekommen. Also nahmen wir die Einladung an. Besonders war die Gemeinde schon allein aufgrund ihrer Mitgliederzahl. In Akureyri lebten damals gerade mal zwanzig Katholiken, im Umland waren es noch einmal zwanzig. Besonders war zudem, dass die meisten Gottesdienstbesucher Fremde waren. Reisende wie Alex und ich, Saisonarbeiter, Seeleute. Eine ziemlich bunte Mischung. Besonders war vor allem aber die Atmosphäre, die in dem kleinen Andachtsraum herrschte. Es war eine Atmosphäre, wie ich sie schon aus anderen Diaspora-Gemeinden kannte, aus Gemeinschaften, die »in der Zerstreuung« leben, also eine kleine gesellschaftliche Minderheit bilden. Es war eine ganz eigenartige Mischung aus Selbstbewusstsein und Offenheit.

Dass es den Versammelten nicht an Selbstbewusstsein mangelte, wurde schon an der Art ihres Betens deutlich. Es wurde einfach losgebetet. So wie es üblich ist, wie man es immer tut. Nicht mal im durch und durch katholischen Italien ist mir eine derartige Gebetsroutine begegnet. Der Gottesdienst dauerte gerade mal fünfzehn Minuten, weil alles so glatt ineinandergriff. Von einem starken Selbstbewusstsein zeugte auch das Glaubensverständnis, das die anschließenden Gespräche bestimmte. Eine katholische Dogmatik ohne jeden Abstrich. Vom Bemühen, sie mit dem Hier und Jetzt in Verbindung zu bringen oder sie Andersdenkenden zu erschließen, keine Spur. Es ist halt so. So glauben wir das hier. Gleichzeitig war die kleine Gemeinschaft durchaus offen. Man sprach uns an, interessierte sich für uns, ließ uns erzählen. Auch das habe ich in dieser Intensität in kaum einer anderen katholischen Gemeinde erlebt: der Gast nicht bloß als Randphänomen, sondern als konstitutives Element der Gemeinschaft. Beides, das Selbstbewusstsein und die Offenheit, verdichtete sich für uns in einem schönen kleinen Zeichen. Wir bekamen zum Abschied jeweils eine Christophorus-Plakette geschenkt. Der heilige Christophorus wird in der katholischen Kirche als Schutzpatron der Reisenden verehrt. Ganz klar: Für unsere Weiterfahrt brauchen wir eine solche Plakette. Aber auch: viel Offenheit und Herzlichkeit in der Art, wie sie uns überreicht wurde. Jeder hatte noch mal ein gutes Wort für uns, gab uns die Hand oder drückte uns. Wir waren nicht mal zwei Stunden vor Ort und hatten doch das Gefühl, Teil einer ganz lebendigen Gemeinschaft zu sein.

Noch am selben Abend verließen wir Akureyri. Denn es zog uns ins Hochland. Bislang waren wir ja vor allem der Ringstraße gefolgt. Nun wollten wir einmal quer über die Insel fahren. Auf der sogenannten Kjölur, einer 167 Kilometer langen Hochlandpiste. Wer sie heute befährt, wird kaum mehr nachvollziehen können, auf welches Abenteuer wir uns damals eingelassen haben. Denn die Kjölur ist 1995 neu trassiert worden. Als wir sie unter die Felgen genommen haben, war sie lediglich in trockenen Sommern passierbar und das auch nur für einige Wochen. Denn sie bestand aus einer geschotterten Lavamasse, die sich bei Regen sofort in Schlamm verwandelt. Außerdem wies sie wie schon die Piste nach Þórsmörk jede Menge Furten auf. Hinzu kamen kräftige Steigungen, ein 700 Meter hoher Pass, starke Winde und vor allem jede Menge Abgeschiedenheit. Das also wollten wir uns mit unseren schwerbepackten Drei-Gang-Jugendrädern antun.

An einem kühlen, regnerischen Morgen ging es los. Die zunächst noch recht gut befestigte Piste führte auf ein Plateau hinauf, das einen herrlichen Rundumblick bot. Ganz in der Nähe konnten wir eine Baustelle und ein Arbeitercamp erkennen. Die dienten dem sogenannten Blanda-Projekt, einem Stausee- und Kraftwerksbau, der drei Jahre nach unserer Tour vollendet wurde. Kaum war die Baustelle wieder außer Sicht, verschlechterte sich die Piste auf dramatische Weise. An ein zügiges Fahren war nun nicht mehr zu denken. Wir hatten alle Mühe, uns auf den Rädern zu halten, holperten dahin, bremsten und rissen an unseren Lenkern herum. Da auf einmal passierte es: Alex' Vorderrad rutschte weg. Wach wie er war, konnte er einen schlimmeren Sturz verhindern. Aber sein Lenker war angebrochen. Am oberen Ende des Vorbauschaftes, direkt unterhalb der Lenkerklemmung klaffte ein etwa zwei Zentimeter breiter Riss. Eine Bewegung noch und Alex hätte den Lenker in der Hand gehabt. So ein Mist! Was nun? Ans Weiterfahren war nicht zu denken. Auf ein Auto warten und mit dem Lenker zur nächsten Siedlung oder gar nach Akureyri zurück? Aber dazu müsste erst mal ein Auto kommen. Es blieb uns nichts anderes übrig, als zu warten.

Nach etwa zwei Stunden kam tatsächlich ein Auto. Ein Unimog. Darin zwei Männer, die von der erwähnten Baustelle zu einem Außenposten fuhren. Sie hielten an, sprangen zu uns heraus und schauten sich den Schaden an. Nach einem kurzen Wortwechsel bedeuteten sie uns, wir mögen noch eine Weile warten. Auf dem Rückweg würden sie uns mit zur Baustelle nehmen und dort dann schauen, ob und wie sie uns helfen können. Immerhin. So hatten wir eine Perspektive. Aber es blieben Zweifel. Lenker und Vorbauschaft bestanden aus einer Aluminiumlegierung. Die würde man nicht schweißen, sondern nur hartlöten können. Und ob es auf der Baustelle einen Hartlötkolben gibt? Außerdem würde es Zeit kosten, und die Arbeiter hatten ja schließlich anderes zu tun. Wir setzten uns an den Pistenrand, aßen ein paar Brote und warteten.

Es dauerte etwa anderthalb Stunden, bis der Unimog zurückkam. Wir luden unsere Räder und Packtaschen auf die Ladefläche und hockten uns daneben. Die beiden Männer schienen sich regelrecht auf ihren Sondereinsatz zu freuen. Kaum auf der Baustelle angekommen, verschwand einer von ihnen in einem Container und kam doch tatsächlich mit einem Hartlötkolben zurück. Der Vorbauschaft wurde in einen Schraubstock gespannt, und es ging los. Mit größter Sorgfalt und Präzision wurde der gebrochene Lenker zunächst wieder aufgerichtet und dann zu einem stabilen Ganzen zusammengelötet. Die beiden kümmerten sich so hingebungsvoll um unseren Schaden, dass es uns zu Tränen rührte. Vor ein paar Stunden noch die bange Frage, wie es wohl weitergehen wird. Und nun diese großartige Unterstützung! Die beiden machten ihre Arbeit so gut, dass die Lötnaht hielt – nicht nur bis zum Ende dieser Tour, sondern noch viele Jahre lang. Und sie wollten nicht einmal etwas dafür haben. Sie klopften uns einfach auf die Schultern und gingen wieder an ihre eigentliche Arbeit. Und wir konnten uns wieder auf die Räder schwingen.

Alle weiteren Herausforderungen erschienen uns nun vergleichsweise harmlos. Drei größere Furten, bei denen wir die Räder und das Gepäck wieder durchs Wasser tragen mussten. Ein Sturz, der mir ein paar kleinere Schürfwunden bescherte. Nieselregen, Gegenwind, durchgefrorene Finger. Alles überhaupt kein Problem. Wir waren einfach nur froh, dass wir wieder Rad fahren konnten. Am Abend gingen uns dann allerdings die Kräfte aus. Wir schlugen unser Zelt auf einer einigermaßen ebenen Fläche neben der Piste auf, aßen noch eine heiße Suppe und verschwanden in unseren Schlafsäcken.

Am nächsten Tag noch einmal das gleiche Spiel. Acht Stunden lang. Dann waren wir in Hveravellir, einem Geothermalgebiet, ganz ähnlich dem von Námafjall, nur dass es hier deutlich weniger stank. Inmitten dieser wiederum sehr unwirtlichen Gegend gab es eine Wetterstation, die von einem einzelnen Mann betreut wurde, der in einer kleinen Holzhütte gleich neben der Wetterstation hauste. Der Mann hatte uns schon von Weitem kommen sehen, begrüßte uns herzlich und wies uns auf einen geeigneten Platz für unser Zelt hin. Als wir uns etwas eingerichtet hatten, kam er nochmal zu uns heraus, um uns auf etwas aufmerksam zu machen, das uns noch gar nicht aufgefallen war: Gleich neben der Hütte gab es einen Swimmingpool. Der Mann hatte einfach einen Bach aufgestaut und Wasser aus einer heißen Quelle hinzugeleitet. Das Ergebnis konnte sich sehen lassen: ein ungefähr drei mal vier Meter großes Natursteinbecken, gefüllt mit etwa 40 Grad warmem Wasser.

Die Einladung, den Pool doch zu nutzen, musste nicht zweimal ausgesprochen werden. Schon fünf Minuten später waren wir drin. War das eine Wohltat! Nach all der Plackerei, die hinter uns lag, fühlte es sich wie der Himmel auf Erden an – zumal der Himmel tatsächlich aufriss. So lagen wir also in warmem Wasser und konnten ganz entspannt die vom abendlichen Sonnenlicht durchflutete Landschaft betrachten. Das sich über Sinterterrassen ergießende Wasser, die dazwischen wachsenden Gräser und Moose, die in den blauen Himmel aufsteigenden Dampfwolken und vor allem den unmittelbar vor uns aufragenden Hofsjökull, eine gigantische Eiskappe, die über der dunkelbraunen Lavalandschaft thronte wie eine Sahnehaube auf einem riesigen Schokoladenkuchen. Apropos ... »Hattest du nicht in Akureyri einen Schokoladenkuchen in den Einkaufswagen gelegt?« Alex schaute mich begeistert an. Wir hatten den Kuchen tatsächlich vergessen. Es dauerte nur zwei Minuten, und er lag am Beckenrand – etwas zerbröselt zwar, aber immer noch sehr lecker.

Auf die genussvolle Erholung folgte wieder eine enorme Anstrengung. Denn die Kjölur blieb eine ruppige Piste. Grober Schotter, Schlaglöcher, mal Asche, mal Lehm, weitere Furten ... dazu eine gute Portion Gegenwind und Regen. So pedalierten wir dahin. Eingepackt in unsere Regenkombi, mit Gamaschen und Handschuhen. Auf unserer Haut sammelte sich der Schweiß und auf der Kleidung eine immer dunkler werdende Dreckschicht. Gegen Mittag erreichten wir den höchsten Punkt der Kjölur, am Abend dann den Hvitarvatn, einen riesigen Gletschersee, von dessen Ufer man bei gutem Wetter einen herrlichen Blick auf die großen Inlandsgletscher und das schneebedeckte Kerlingarfjöll hat. Bei gutem Wetter ... Das hatten wir nur leider nicht. Also machten wir uns recht bald daran, unser Zelt aufzubauen, ein paar Nudeln zu kochen und wieder in unseren Schlafsäcken zu verschwinden.

Der vierte Tag und letzte Tag auf der Kjölur. An der Westflanke des Bláfells stieg die Piste noch einmal kräftig an, um sich kurz darauf ins Haukadalur hinabfallen zu lassen. An diesem Scheitelpunkt waren wir uns sicher: Wir haben es geschafft! Wir haben das isländische Hochland mit einfachen Drei-Gang-Rädern durchquert! Darauf gab es erst mal ein *High five*! Der Rest des Tages war ein Kinderspiel. Es ging vorwiegend bergab, und die Piste wurde nach und nach besser. Unsere Räder rollten nur so dahin. Die nächste Nacht verbrachten wir am Gullfoss, dem »Goldenen Wasserfall«. Er besteht aus zwei Fallstufen, die in einem rechten Winkel zueinander stehen und dadurch ein wunderschönes dreidimensionales Bild ergeben. Während sich das Wasser über die obere Stufe in ausladender Breite ergießt, stürzt es sich über die untere in einen engen Canyon hinab.

Wir waren gerade dabei, unser Zelt aufzubauen, da kam ein Wohnmobil angefahren, das uns irgendwie bekannt vorkam. Genau! Es war in Skogar, drei Wochen zuvor. Da hatte der Fahrer des Wohnmobils, ein älterer Herr aus Karlsruhe, mit Klopfzeichen auf sich aufmerksam gemacht. Denn die Tür seines Fahrzeugs war defekt, sodass man sie nur noch von außen öffnen konnte. Wir haben ihn damals aus seiner misslichen Lage befreit. Auch er erkannte uns gleich wieder und bedankte sich noch einmal für unsere Hilfe. Er sei nun auf dem Weg zurück nach Deutschland und habe noch einige Lebensmittel übrig. Ob wir die wohl brauchen könnten? Der Mann wartete unsere Antwort erst gar nicht ab, sondern verschwand in seinem Wohnmobil und kam mit einer Plastiktüte wieder heraus. Mit großen Augen packten wir aus: 500 Gramm Rheinisches Vollkornbrot, 250 Gramm Emmentaler Käse, ein Glas Bauernrotwurst, Butter, Frischkäse, zwei Dosen Bier ... Was für eine Bereicherung für unseren ansonsten doch sehr kärglichen Speiseplan!

Am nächsten Tag das nächste Highlight: der berühmte »Große Geysir«, von dem alle anderen Springquellen ihren Namen haben. Wie sie funktionieren, war lange Zeit ein Rätsel. Heute weiß man, dass Geysire dadurch entstehen, dass von Magma erhitztes Sickerwasser durch einen engen Eruptionskanal an die Erdoberfläche gelangt. Zu der explosionsartigen Entladung kommt es dadurch, dass das Wasser in der Tiefe eine Temperatur von über 120 Grad Celsius erreicht, durch den Druck des über ihm liegenden Wassers aber nicht kochen kann. Das höher liegende Wasser dagegen kann verdampfen. Dadurch verringert sich mit der Zeit der Druck. Ist ein bestimmter Schwellenwert erreicht, verwandelt sich das überhitzte Wasser in der Tiefe schlagartig in Wasserdampf und presst das über ihm liegende Wasser explosionsartig nach oben. Das Ergebnis ist eine Fontäne aus kochendem Wasser und Wasserdampf.

Wie oft diese Fontäne zu sehen ist und welche Höhe sie erreicht, hängt von Bedingungen ab, die sich im Laufe der Jahre und Jahrzehnte immer wieder verändern. Im Fall des Großen Geysirs gab es Zeiten, in denen seine Fontäne eine Höhe von 170 Metern erreichte. Zu anderen Zeiten spuckte er nur 60 Meter hoch, zu wieder anderen blieb er inaktiv. So war es auch, als wir ihn besuchten. Er gönnte sich einfach mal wieder eine Pause und dampfte nur etwas vor sich hin. In den 1970er-Jahren hatte man noch versucht, den Riesen wenigstens gelegentlich mal aus seinem Schlummer aufzuwecken. Das geschah jedoch auf eine äußerst bedenkliche Weise. Man schüttete nämlich literweise

Schmierseife in den Eruptionskanal, um den Wasserdruck dadurch zu verringern. So entstand dann zwar eine Fontäne, aber auch jede Menge schmieriger, giftiger Schaum. Eine riesige Umweltsauerei! Dann doch lieber ein schlummernder Riese – zumal gleich neben ihm eine andere Springquelle höchst aktiv ist: der Strokkur, das »Butterfass«. Seine Fontäne springt etwa alle acht Minuten in den Himmel und erreicht dabei eine Höhe von immerhin 20 Metern.

Ich habe mich nie sonderlich für Physik interessiert. In der Schule ist mir dieses Fach durch einen cholerisch veranlagten Lehrer und eine nicht enden wollende Flut von Formeln, deren Sinn sich mir einfach nicht erschließen wollte, vergällt worden. Mir war das alles zu abstrakt, zu weit weg von meiner Erfahrungswelt. Hier in Island war das plötzlich anders. Da begegnete uns fast jeden Tag ein Naturphänomen, das spannende Fragen aufwarf. Warum gibt es diese heißen Fontänen? Warum stinkt diese eine Quelle und die andere nicht? Warum ist dieses Wasser so grau und das andere so klar? Was verbirgt sich unter den riesigen Gletschern? Wann wird wohl der nächste Vulkan ausbrechen? Es gab damals noch keine Google-Suchmaschine, mit der man sich mal eben hätte informieren können. Also sprach ich viel mit Alex darüber. Wir tauschten uns fast jeden Abend über unsere Eindrücke aus und über die Fragen, die sie aufwarfen. Dabei trugen wir nicht nur Informationen zusammen, die wir hier und da aufgegabelt hatten, sondern teilten auch unser Staunen darüber, »wie wunderbar das alles gemacht ist« (Offenbarung, Kapitel 15, Vers 3).

Naturwissenschaft und Glaube widersprechen sich nicht, sie ergänzen einander. Wie zwei verschiedene Sichtweisen auf ein und dasselbe Phänomen. Die eine nimmt vor allem das Äußere wahr, will es verstehen und erklären, seine Gesetzmäßigkeiten erschließen und sie auf andere Zusammenhänge übertragen. Die andere Sichtweise nimmt das Phänomen eher »von innen her« wahr, registriert seine Wirkung auf die Seele und den Geist, kann sich an ihm erfreuen und es als Teil eines größeren Ganzen sehen. Nehmen wir als Beispiel eine rote Rose. Der Naturwissenschaftler wird genau erklären können, wann und warum sie so schön erblüht. Welche Nährstoffe sie dazu braucht, welche Art von Kapillarsystem und welche Witterungsbedingungen. Der Glaubende sieht in ihr eher ein Symbol – für eine Liebe zum Beispiel, die gerade entfacht ist und ihn bis ins Innerste ergreift. Beide haben ein und dieselbe Rose vor Augen und nehmen doch Verschiedenes wahr. Nicht Widersprüchliches, sondern Verschiedenes. Kein »Entweder – oder«, sondern ein »Sowohl – als auch«.

So habe ich es später während meines Studiums gelernt. Vor allem durch Pierre Teilhard de Chardin, einen französischen Jesuiten, der sich sowohl im Bereich der Theologie als auch Naturwissenschaft große Verdienste erworben hat. Hier in Island war es zunächst »nur« eine Erfahrung. Die Erfahrung, dass alles unter dem Himmel zwei Seiten hat und dass die eine so spannend wie die andere ist. Die eine ließ uns fragen und grübeln, die andere brachte uns zum Danken und Loben. »Preist den Herrn, ihr Berge und Hügel, / preist den Herrn, all ihr Gewächse auf Erden! / Preist den Herrn, ihr Meere und Flüsse; / preist den Herrn, ihr Quellen!« (vgl. Buch Daniel, Kapitel 3, Verse 74 bis 78).

Ein letztes Stück Wildnis lag noch vor uns: Landmannalaugar. Die auch »Das Tor zur Hölle« genannte Gegend ist derart entlegen, dass wieder nur eine äußerst ruppige Piste zu ihr führte. Ich muss es nicht noch einmal beschreiben, es war wieder eine ziemliche Strapaze. Zwei ganze Tage dauerte es, bis wir da waren. Aber dann verschlug es uns wieder die Sprache. Kein anderer Ort der Feuerinsel ist derart faszinierend und vielfältig. Da gibt es den

Bláhnúkur, einen aus graublauem Pechstein bestehenden Vulkan. Den Brennisteinsalda, einen Lavadom, dessen Hänge in den unterschiedlichsten Farben leuchten. Sein hoher Rhyolithgehalt sorgt für einen beigen Grundton. Hinzu kommen weiße Kalkausfällungen, gelber Schwefel, rotbraunes Eisen, schwarzer Basalt, grünes Moos, weiße Schneereste … Seine Farbenpracht ist schier unbeschreiblich. Dann das Laugahraun, ein riesiges Obsidian-Lavafeld. Solfataren, Fumarolen, Schlammtöpfe, heiße Quellen, dampfende Bäche …

Wir schlugen unser Zelt gleich für mehrere Tage auf, in der Nähe einer Wanderhütte, dem einzigen Gebäude weit und breit. Weil wir doch ziemlich erschöpft waren, erklärten wir den nächsten Tag zu einem Bade- und Erholungstag. Baden, das geht in Landmannarlaugar ganz vorzüglich. Denn es gibt eine 70 Grad heiße Quelle, die sich über einen kleinen Bach in einen flachen Kaltwassersee ergießt. Die Kunst des Badens besteht vor allem darin, die richtige Stelle im See zu finden. Denn direkt am Einlauf ist das Wasser viel zu heiß, und weiter entfernt ist es unangenehm kalt. Es gibt Ober- und Unterströmungen, bequemere und weniger bequeme Plätze. Es dauerte eine ganze Weile, bis wir die beste Position gefunden hatten. Dann aber war es herrlich. Der Wind zog über unsere Köpfe hinweg, hin und wieder regnete es, wir aber saßen in wohltemperiertem Wasser und konnten die herrliche Landschaft und das Spiel der Wolken in aller Ruhe auf uns wirken lassen.

Bei diesem Badevergnügen lernten wir Uri kennen. Uri kam aus der Schweiz und entsprach allen Klischees, die man mit einem Eidgenossen so verbindet. Er war von kräftiger Gestalt, trug einen leicht verfilzten Bart, dachte etwas langsam, sprach mit einem ausgeprägt gutturalen Akzent und trug ein Offiziersmesser am Gürtel. Uri war ebenfalls mit dem Rad unterwegs. So hatten wir eine Menge Gesprächsstoff. Erst beim Baden, dann bei einem Kaffee und schließlich auch beim Abendessen, einer schweizerisch-deutschen Koproduktion. Alex und ich steuerten Spaghetti mit Tomatensauce bei, und Uri backte Pfannkuchen – erst mit Honig, dann mit Marmelade und schließlich noch mit Zimt und Zucker. Da wir uns recht gut verstanden, verabredeten wir uns für den nächsten Tag zu einer Wanderung.

Wir wollten den gut 1.000 Meter hohen Skalli erklimmen, einen Berg, von dem man nicht nur Landmannarlaugar, sondern das halbe Hochland überblicken kann. Wege und Markierungen gab es nicht. Dafür eine handgefertigte Skizze und ein paar Erläuterungen des Hüttenwirts. Wir marschierten zunächst durch eine Schwemmlandebene, dann durch eine von kleinen Wasserläufen durchzogene Schlucht und schließlich die Ostflanke des Skalli hinauf. Überall gluckste, fauchte und blubberte es. Heißes Wasser rann uns über die Schuhe. Dazu der Wechsel von Sonne und Wolken, die verschiedenen Farben, die Einsamkeit. Das Ganze hatte etwas Surreales. Schließlich standen wir auf dem Gipfel. Der Rundumblick von dort oben war unbeschreiblich. Alle großen Gletscher Islands waren zu sehen: der Lang- und der Hofsjökull im Norden, der Vatnajökull im Osten und der Mýrdalsjökull im Süden. Direkt vor uns der Brennisteinsalda mit seinem beeindruckenden Farbenspiel. Und unter uns das Laugahraun mit seiner schwarz-blau schimmernden Obsidian-Lava. – »Herr, mein Gott, wie groß bist du!«

Am Abend knurrten unsere Mägen. Wieder Spaghetti und Pfannkuchen? Uri hatte eine bessere Idee. Er hatte mitbekommen, dass es in der Hütte himmlisch duftende Fleischgerichte gab. »Was meint ihr? Wenn wir den Hüttengästen ein paar frisch zubereitete Pfannkuchen als Nachtisch anbieten … Sie werden uns doch sicher im Gegenzug etwas von ihren Fleischgerichten abgeben – oder?« Was für eine famose Idee! Endlich mal wieder Fleisch auf dem Teller! Vielleicht sogar eine frische Lammkeule! Oder ein Wildragout! Uns lief das Wasser im Mund zusammen. Uri warf seinen Benzinkocher an und zauberte aus Milchpulver, Wasser und Mehl die schönsten Pfannkuchen seines Lebens. Ein wenig Honig und Marmelade noch. Dann ging's zur Hütte. Uri schritt voran, und wir folgten ihm.

Der entscheidende Augenblick: Uri öffnete die Hüttentür. Ganz behutsam und darauf bedacht, einen möglichst ausgezehrten und zugleich freundlichen, ja gewinnenden Eindruck zu machen, hob er seinen rechten Fuß über die hölzerne Türschwelle … und stolperte. Der Teller mit den Pfannkuchen flog in einem hohen Bogen durch den Raum und landete mit einem lauten Scheppern unter dem in der Mitte stehenden Tisch. »Oh, I am sorry, I am so sorry …« Die Hüttengäste wussten zunächst gar nicht, wie ihnen geschah. Erst als Uri unter den Tisch robbte, um die zerfetzten Pfannkuchen wieder aufzusammeln und das klebrige Honig-Marmelade-Gemisch vom Boden zu kratzen, fing der eine oder andere an zu lachen. Was für eine peinliche Geschichte! Wir entschuldigten uns, so gut es ging, und zogen uns zurück. Denn nach dem tatsächlich noch in großer Menge vorhandenen Fleisch zu fragen, das haben wir uns schließlich nicht mehr getraut. So gab es also wieder Spaghetti mit Tomatensauce – diesmal ohne Pfannkuchen.

In der folgenden Nacht fiel das Thermometer zum ersten Mal unter den Gefrierpunkt. Ein deutliches Zeichen, dass der Sommer zu Ende ging und damit auch die Reisesaison. Zeit also in Richtung Reykjavik aufzubrechen. Aus der Piste wurde wieder eine Straße und aus der Wildnis eine Kulturlandschaft. Das hatte den Vorteil, dass wir unser Zelt nun nicht mehr irgendwo im Nirgendwo aufbauen mussten, sondern bei Bauernhöfen vorsprechen konnten. Es hatte aber auch einen ganz entscheidenden

Nachteil: die Hofhunde. Eine besonders unangenehme Begegnung hatten wir in der Nähe von Laugarás.

Wir näherten uns einem abgeschiedenen Hof, und es war weit und breit kein Hund zu sehen. Das war mehr als ungewöhnlich. Denn in der Regel wurden wir schon beim Einbiegen in eine Hofeinfahrt von einem ganzen Hunderudel umstellt. Hier jedoch herrschte eine verdächtige Stille. Wohin wir auch schauten: Es regte sich nichts. Doch dann auf einmal entdeckten wir ihn. Es war nur ein einziger großer Hund. Er stand vor der Hoftür und rührte sich nicht. Seine kräftigen Muskeln waren von pechschwarzem Fell überzogen, aus seinen dunklen Lefzen rann ein zäher Speichel, und seine blutunterlaufenen Augen fixierten uns.

»Komm, lass uns besser abhauen«, raunte ich Alex noch zu. Da machte das Tier auch schon einen Satz auf uns zu. Wir rissen unsere Räder herum und versuchten aufzusteigen. Doch der Untergrund war derart rutschig, dass uns das nicht auf Anhieb gelang. Inzwischen hatte die Bestie uns erreicht und sich in Alex' Hinterradpacktasche verbissen. Da es vom Hof zur Straße glücklicherweise bergab ging, kamen wir trotzdem allmählich in Fahrt. Alex zog den Hund einfach hinter sich her. Der merkte, dass er uns so nicht zu kriegen bekam, ließ von der Packtasche ab und versuchte, nach meiner linken Wade zu schnappen. Die aber bewegte sich mittlerweile so schnell, dass ihm auch das nicht gelang. Wie gut, dass gerade kein Auto auf der Straße unterwegs war. Denn anhalten hätten wir jetzt nicht gekonnt. Wir schwenkten auf die Straße ein und gaben Gas. Nach etwa 200 Metern ließ das Tier endlich von uns ab. Wir aber brauchten noch eine ganze Weile, bis wir unseren Atem und unseren Puls wieder einigermaßen unter Kontrolle hatten. Was für eine Begegnung! Sie ist mit dem halb ernst, halb scherzhaft gemeinten Titel »Der Mörderhund von Laugarás« in unsere Tour-Annalen eingegangen.

Zwei Tage später waren wir in Reykjavik. Ob sich Séra Jakob wohl noch an uns erinnern wird? Der junge Priester, der uns ein paar Wochen zuvor so generös ein Gästezimmer im Bischofshaus in Aussicht gestellt hatte. Und ob! Wir waren zur katholischen Bischofskirche gefahren und hatten an der Abendmesse teilgenommen. Gleich nach dem Gottesdienst kam Séra Jakob auf uns zu, begrüßte uns aufs Freundlichste und löste sein Versprechen ein. Wir durften im Bischofshaus logieren. Der Bischof selbst war gerade auf einer Dienstreise, aber es gab noch andere Gäste im Haus. Einen niederländischen Missionar, der sage und schreibe 15 verschiedene Sprachen beherrschte, der koptisch-orthodoxe Bischof von Frankreich, drei Ordensschwestern aus dem westfälischen Gerleve und zwei isländische Jugendliche, die gerade ein Praktikum in der Domgemeinde absolvierten. Das Bischofs- oder Pfarrhaus als Treffpunkt ganz verschiedener Menschen: Das habe ich auf meinen Touren immer wieder erlebt.

Auf die Messe folgte ein üppiges Abendessen. Es gab Dinge, die wir seit Wochen nicht mal mehr gesehen hatten: Rouladen, Rotkohl, Kartoffeln, Schokoladenpudding, Kaffee, Wein … Und es gab ein ganz lebendiges Tischgespräch zu den unterschiedlichsten Themen und in ständig wechselnden Sprachen. Dann wurden wir zu unserem Zimmer geführt. Zwei Betten mit ausgesprochen bequemen Matratzen standen darin. Was für ein Luxus nach all den Nächten auf unseren harten Isomatten! Wir schliefen wie zwei Könige. Beim Frühstück dann die nächste Überraschung: Séra Jakob fragte uns, wann wir denn zum Flughafen müssten. Er wolle uns mit dem Auto hinbringen. Und wir hatten uns schon darauf eingestellt, die kommende Nacht in der Abfertigungshalle zu verbringen, weil unser Flieger am frühen Morgen ging. Auch das also war nun gut geregelt, sodass wir den letzten Tag unserer Reise noch einmal so richtig genießen konnten. Wir gaben unsere

Räder im Postamt auf, kauften uns einen Island-Pulli, besichtigten die moderne Hallgrímskirkja, von deren Turm man einen herrlichen Panoramablick über Reykjavik hat, und verbrachten den Rest des Tages ganz entspannt in einem städtischen Thermalbad.

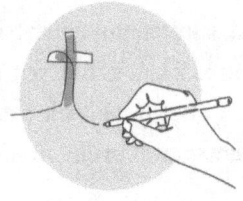

7

ER IST IN ALLEM

Die Island-Tour, von der ich so ausführlich erzählt habe, war für mich in mehrfacher Hinsicht ein Schlüsselerlebnis. Sie war die erste große Tour zu zweit. Sie war mein bis dahin schönstes Naturerlebnis. Und sie war die erste Reise, die vernehmbar zu mir »gesprochen« hat. Wie ich das meine? So wie ich es schon angedeutet habe: dass alle Dinge zwei Seiten haben. Eine äußere, die ich sehen und erklären kann. Und eine innere, die meinen Geist und meine Seele berührt – die zu mir »spricht«. Und damit meine ich nicht nur das Sonnenlicht und den Regenbogen, sondern alles, was mir auf dieser Tour begegnet und widerfahren ist. Die Abgeschiedenheit und das Zusammensein mit Alex. Der Lenkerbruch und die unverhoffte Hilfe. Die ruppigen Pisten und das wohlige Baden in einer heißen Quelle. Das alles hat zu mir gesprochen. Es war, als würde ich durch mein eigenes Leben fahren und es von innen betrachten können.

Denn auch in meinem Alltag erfahre ich ja Abgeschiedenheit und Zusammensein. Da geht schon mal was in die Brüche, und ich bekomme unerwartet Hilfe. Da ist etwas fürchterlich anstrengend, und dann auf einmal kann ich das Leben wieder genießen. In Island ist mir aufgegangen, dass das alles zusammengehört, ja dass der Reiz unseres Lebens gerade darin besteht, dass nicht immer alles glatt läuft, sondern dass es diesen Wechsel aus schönen und weniger schönen Dingen gibt. Ich habe das weniger Schöne neu einschätzen gelernt – als etwas, das geradezu nötig ist, um mich wieder auf Schönes freuen zu können. Das Baden in den heißen Quellen wäre längst nicht so genussvoll und erholsam gewesen, wenn wir uns nicht vorher über eine ruppige Piste gequält hätten. Die Hilfsbereitschaft der beiden Arbeiter wäre uns nicht so zu Herzen gegangen, wenn wir uns nicht vorher derart hilflos und ausgeliefert gefühlt hätten. Nicht ganz so intensiv, aber doch sehr ähnlich erlebe ich das auch im Alltag: Das abendliche Treffen mit einem Freund oder einer Freundin wird erst dann so richtig schön, wenn ich mich in den Stunden zuvor allein mit irgendeiner Aufgabe herumgeschlagen habe. Das feine Essen in einem guten Restaurant schmeckt nur deshalb so richtig gut, weil ich nicht fortwährend essen gehe, sondern mich zumeist mit recht einfachen Dingen zufrieden gebe. Die Freude über ein gelöstes Problem ist umso größer, je länger ich daran zu knacken hatte.

Es hat alles seinen eigenen Wert. Nicht nur das, was mir auf den ersten Blick als wertvoll erscheint. Oft stellt sich sogar das, von dem ich zunächst meinte, dass es überhaupt keinen Nutzen haben würde, als besonders wertvoll heraus. Mir ist bewusst, dass eine solche Sicht der Dinge heute längst nicht von jedem geteilt wird. Denn wir leben in einer Zeit, in der das, was keinen Nutzen zu haben scheint oder mit einer größeren Mühe verbunden ist, ganz schnell aussortiert und durch Leichteres ersetzt wird. Sie möchten beim Radfahren nicht mehr schwitzen? Dann kaufen Sie sich ein E-Bike! Sie wollen sich in Ihrem Urlaub um nichts kümmern müssen? Dann buchen Sie unsere All-inclusive-Anlage! Sie möchten die Ferien mit Gleichgesinnten verbringen? Dann werden Sie Mitglied in unserem Private Club! Das mag hie und da durchaus passend sein. Als gesellschaftlicher Trend erscheint es mir jedoch ziemlich fragwürdig. Denn es führt im Endeffekt zu einem halbierten Leben. Zu einem Leben, dem es an Kontrasten fehlt, an Spannung, an Überraschungen – an Sinnhaftigkeit.

»Gott ist in allen Dingen zu finden.« Das hat Ignatius von Loyola gesagt – und damit zu dem ermutigt, was ich gerade zu beschreiben versuche. Ignatius war ein bescheidener und sensibler Mann, der im 16. Jahrhundert gelebt hat. Er hat die »Gesellschaft Jesu« gegründet (den Jesuitenorden) und ein Buch geschrieben, dessen Wirkungsgeschichte bis in unsere Tage hinein reicht: das Exerzitienbuch. Exerzitien, das sind »Geistliche Übungen«. Das ist der Versuch, das eigene Leben zu deuten und ihm eine Richtung zu geben. Im Grunde geht all das, was es heute an christlichen Selbsterfahrungs- und Besinnungsangeboten gibt, auf den unscheinbaren Mann aus Spanien zurück – auch wenn dabei heute mitunter etwas andere Akzente gesetzt werden. Die »Geistlichen Übungen«, die Ignatius empfohlen hat, sind vor allem Wahrnehmungsübungen. Übungen, die helfen wollen, das Leben so zu sehen, wie es eigentlich ist. Es in seiner ganzen Breite und Vielfalt wahrzunehmen und nicht nur aus einem bestimmten Blickwinkel. Und darüber eben kommt Ignatius zu der Einsicht, dass das, was unser Leben ausmacht, was ihm Richtung und Sinn verleiht und es zu einem guten Ganzen werden lässt, in allen Dingen zu finden ist – oder mit seinen Worten: dass »Gott in allen Dingen« ist.

Eine besonders lohnende Übung besteht darin, den Dingen, die mir begegnen, und den Möglichkeiten, die ich habe, mit einer möglichst großen Offenheit entgegenzutreten. Ignatius spricht wörtlich von einer *indifferentia*, einer (vorläufigen) Unentschiedenheit. Dass das gar nicht so leicht ist, wie es klingt, wird deutlich, wenn man schaut, wie Ignatius diese Unentschiedenheit beschreibt: »Reichtum nicht mehr wollen als Armut, Gesundheit nicht mehr wollen als Krankheit, Erfolg nicht mehr wollen als Misserfolg.« Wer würde dem schon auf Anhieb zustimmen können? Und doch steckt eine große Weisheit darin. Denn wer sagt, dass Erfolg in jedem Fall besser ist als Misserfolg? Oder Gesundheit in jedem Fall besser als Krankheit? Ich habe als Seelsorger schon so manche Lebensgeschichte kennengelernt, die erst durch einen Misserfolg oder eine Krankheit eine gute Wendung genommen hat – so, dass die Betroffenen im Nachhinein sagen konnten: »Wie gut, dass mir das damals passiert ist. Denn ohne diese Erfahrung wäre ich nicht der geworden, der ich bin.«

Doch zurück zum Radreisen. Da würde Ignatius vermutlich raten, die Abfahrt nicht höher zu schätzen als den Anstieg, den Sonnenschein nicht mehr als den Regen und das große Hotelzimmer nicht mehr als das kleine Zelt. Alles kann von Nutzen sein. Alles hat seinen eigenen Wert. Begegne all dem, was du auf deiner Radtour erlebst, mit einer möglichst großen Offenheit. Rechne damit, dass auch das vermeintlich weniger Schöne oder Nützliche etwas Wertvolles in sich bergen kann. Steck nicht gleich den Kopf in den Sand, wenn es mal nicht so läuft, wie du es dir denkst. Die *indifferentia*, zu der Ignatius rät, kann mich vor einem allzu schnellen Urteil bewahren. Sie weitet meinen Blick und lässt mich Möglichkeiten sehen, die ich ohne diese Übung vielleicht nicht einmal erahnen würde.

Und wenn ich mich entscheiden muss? Wenn ich klar bekommen will, was ich tun und was ich lassen soll? Da kann eine zweite Übung hilfreich sein. Ignatius nennt sie die *ruminatio*, das »Wiederkäuen«. Heute würden wir vielleicht eher sagen, dass wir »mit etwas schwanger gehen«, uns also nicht gleich festlegen, sondern die Entscheidung wachsen und reifen lassen. Dabei geht es für Ignatius vor allem darum, den Regungen nachzuspüren, die die verschiedenen Möglichkeiten in uns hervorrufen. Womit fühle ich mich dauerhaft wohl? Was lässt mein Herz zur Ruhe kommen? Wo fühle ich mich gut aufgehoben? Um solche Fragen geht es dabei. Das sind keine Fragen, die sich mal so eben aus dem Stand beantworten lassen. Die brauchen ihre Zeit. Die brauchen dieses Wiederkäuen, dieses sorgsame Bedenken und Erspüren. Dann aber lassen sie sich klar beantworten und entfalten eine Tragfähigkeit, die sich auf anderem Wege kaum gewinnen lässt. Es passt dann einfach, es stimmt. Es ist eine gute Entscheidung geworden.

Solch eine Übung macht man natürlich nicht, wenn man sich schnell entscheiden muss. Nehme ich die Fähre, die gerade abfahren will, oder warte ich auf eine spätere? Wähle ich den längeren oder den kürzeren Weg? Fahre ich noch etwas oder mache ich eine Pause? Solche Entscheidungen trifft man am besten aus dem Bauch heraus. Die Übung eignet sich eher für grundlegendere Fragen. Bin ich lieber allein oder mit anderen unterwegs? Zieht es mich eher in die Fremde oder ins Vertraute? Suche ich eher das Bequeme, oder lasse ich mich schon auch gerne mal über meine Komfortzone hinauslocken? Bei solchen Fragen kann die *ruminatio* eine hilfreiche Übung sein – wie auch für alle anderen eher grundlegenden Fragen unseres Lebens. Für welchen Beruf soll ich mich entscheiden? Auf welche Beziehung mich einlassen? Welcher Partei meine Stimme geben? – Den Dingen mit einer möglichst großen Offenheit begegnen, sie in aller Ruhe abwägen und dann eine gute Entscheidung treffen.

Sie merken: Ignatius von Loyola hat es mir angetan. Ich bin diesem Mann und seinen Übungen zum ersten Mal während einer Exerzitienwoche in Innsbruck begegnet. Da war ich bereits Theologiestudent. Aber das Studium allein hatte mir noch keine Antwort gegeben auf die Frage, die mich bereits seit Längerem umtrieb: Welche Bedeutung hat der Glaube für mein Leben? Wie geht das zusammen, was ich am Sonntag in der Kirche und von Montag bis Samstag in meinem Alltag erlebe? – »Gott ist in allen Dingen zu finden.« Das war der entscheidende Satz. Denn durch ihn erst hat sich für mich das seltsame Nebeneinander von Glaube und Leben, Kirche und Gesellschaft, Religion und praktischer Lebensgestaltung, an dem ich mich als Jugendlicher so gerieben hatte, aufgelöst. Ich habe mit einem Mal begriffen, dass der Sonntagsgottesdienst mit all seinen Symbolen und Ritualen eigentlich nur sichtbar und erlebbar macht, was im Leben längst schon geschehen ist oder noch geschehen kann.

Gott ist in allem. Er ist in der Trauer und in der Freude, im Hoffen und im Zweifeln, im Erfolg und in der Niederlage. Er ist in der Gemeinschaft und im Alleinsein, im Vertrauten und im Fremden, im Schönen und im Schrecklichen. Und es gibt zwei Weisen, ihm zu begegnen. Die erste und wichtigste ist das Leben selbst. Die zweite ist das Ritual, der Gottesdienst. Denn der kann helfen – so er denn entsprechend gestaltet ist und nicht zu einem lebens- und weltfremden Schauspiel gerät –, das bereits Erlebte zu verdauen und den Blick für all das zu weiten, was das Leben noch bereithält. Seit ich das begriffen habe, erlebe ich Gottesdienste anders. Ich »fülle« sie mit dem, was meinen Alltag ausmacht, und verlasse sie nicht selten mit einer neuen Idee, einer Perspektive oder zumindest etwas mehr Kraft, meinen Alltag wieder in die Hand zu nehmen.

Ich werde Ihnen noch mehr von Ignatius und seinen Übungen erzählen. An dieser Stelle soll es erst einmal genügen. Nur eines noch: Der gute Mann aus Spanien hat dafür gesorgt, dass ich mein Studium in Rom fortgesetzt habe. Denn sowohl die Universität, an der ich dann fünf Jahre lang studiert habe, die »Päpstliche Universität Gregoriana«, als auch das Kolleg, in dem ich gewohnt und alle übrigen Ausbildungsinhalte vermittelt bekommen habe, das sogenannte Germanicum, waren und sind noch heute Einrichtungen des Jesuitenordens, jener Männer also, die im Geiste des Ignatius von Loyola zu leben versuchen. Alex hatte sich derweil für ein Studium der Heilpädagogik entschieden und war in der Heimat geblieben. Das aber sollte uns nicht daran hindern, weitere Radreisepläne zu schmieden.

8

MIT MEINEM GOTT
ÜBERSPRINGE ICH MAUERN

Norwegen

Seit wir die Island-Tour gemeistert hatten, gab es für Alex und mich kaum noch Grenzen. Wir wollten weiter hinaus in die Welt, noch Ungewöhnlicheres und Spannenderes erleben – und wir spürten, dass das möglich war. Wir hatten schon eine ganze Menge Erfahrungen gesammelt, waren mit den verschiedensten Herausforderungen klargekommen und hatten nicht zuletzt Gott an unserer Seite, von dem es schon in der Bibel heißt, dass man mit ihm Mauern überspringen kann (Psalm 18, Vers 30). Was also sollte uns daran hindern, uns auf ein nächstes, noch größeres Abenteuer einzulassen?

Mit dem Fahrrad zum Polarkreis! Jene magische Linie überqueren, die sich einmal um den gesamten Globus zieht und die gemäßigte von der polaren Zone scheidet. Jenen Punkt erreichen, an dem die Sonne einmal im Jahr nicht auf- und einmal nicht untergeht. In die Arktis vordringen. Polarluft atmen. Das war unser nächstes Ziel. In Island waren wir ihm schon recht nahegekommen. Da aber hätten wir übers Wasser fahren müssen. Denn der

Polarkreis verläuft etwas nördlich von Island im Meer. Wer ihn trockenen Fußes erreichen will, hat in Europa die Wahl zwischen Norwegen, Schweden, Finnland und Russland. Wir entschieden uns für Norwegen.

Wie aber das Ganze angehen? Wir wären am liebsten daheim gestartet. Doch von dort aus wären es schon auf direktem Weg, ohne jedes Abweichen nach links oder rechts, 2.600 Kilometer gewesen. Zu viel für die Zeit, die uns zur Verfügung stand. Denn wir wollten ja kein Rennen fahren. Aber irgendwo auf halber Strecke beginnen? Das wäre es auch nicht gewesen. Deshalb planten wir das Ganze so: mit dem Fahrrad von Gelsenkirchen nach Amsterdam, von dort per Schiff zur südnorwegischen Hafenstadt Bergen und ab da dann wieder mit dem Rad. Endpunkt sollte Narvik sein. Denn von dort gab es eine recht gute Zugverbindung zurück nach Deutschland. So kamen wir auf eine Radstrecke von knapp 2.000 Kilometern, inklusive einiger Schlenker. Dazu ein paar Wander- und Erholungstage. Für die viereinhalb Wochen, die wir hatten, schien uns das ganz passend zu sein.

An einem sonnigen Samstag im Juli 1990 ging es los. Die ersten Kilometer waren uns bereits vertraut. Wir fuhren an den Niederrhein und von dort in Richtung Holland. Bei einer Pause irgendwo kurz vor der Grenze kamen wir mit einem älteren Herrn ins Gespräch. Er fragte uns, wo wir denn mit unseren schwer bepackten Rädern hinwollten. »Zum Polarkreis«, gaben wir wahrheitsgemäß an. »Jungs, ihr wollt mich doch auf die Schippe nehmen!«, entgegnete er. »Wohin soll es denn nun wirklich gehen?« Der Mann konnte oder wollte es einfach nicht glauben. Am Ende wurde er sogar ärgerlich, weil er meinte, wir wollten ihm einen Bären aufbinden. Wir hätten wohl besser »nach Holland« gesagt …

Am nächsten Abend waren wir in Amsterdam. Unser Schiff, die MS *Venus* der *Norway Line*, lag bereits am Kai. Kurz vor Mitternacht legte es ab. Wir hatten aus Kostengründen nur Liegesessel gebucht. Die waren jedoch ziemlich unbequem, sodass wir kurzerhand unsere Matten und Schlafsäcke auspackten und uns auf den Boden legten. So konnten wir dann doch ganz ordentlich schlafen und von unserer Ankunft im Land der Fjorde und Trolle träumen.

Am frühen Morgen allerdings wurden wir unsanft geweckt. Denn über der Nordsee tobte sich ein Sturmtief aus, und wir befanden uns mittendrin. Das Schiff wälzte sich derart hin und her, dass wir uns kaum auf den Beinen halten konnten. Es folgte eine Ansage nach der anderen: »Bitte bleiben Sie nach Möglichkeit in Ihrer Kabine!« – »Achten Sie auf herumfliegende Gegenstände!« – »Betreten Sie nicht das Außendeck!« Es wurden Spuckbeutel und Tücher verteilt. Es war ein fürchterlicher Tag. Wir saßen nur da, starrten auf den Horizont und versuchten, unseren Brechreiz unter Kontrolle zu halten. Das üble Schlingern wollte und wollte kein Ende nehmen. Erst am späten Abend wurde es mit einem Mal ruhiger. Wir hatten Stavanger erreicht. Der kurze Zwischenstopp kam einer Erlösung gleich. Danach blieb das Schiff zum Glück in Küstennähe, sodass die Wellen ihm nicht mehr viel anhaben konnten. Dann endlich waren wir in Bergen.

Die regenreichste Stadt Europas empfing uns mit herrlichem Sonnenschein, als habe es nie ein Sturmtief gegeben. Noch etwas wackelig auf den Beinen schoben wir unsere Räder von Bord. In Bergen haben jahrhundertelang die norwegischen Könige residiert. Entsprechend viel gibt es zu sehen. Die wuchtige Håkonshalle, den ehemaligen Thronsaal. Den markanten Rosenkrantztårnet, einen aus grauem Bruchstein erbauten Wohn- und Festungsturm. Die Mariakirken, eine romanische Basilika, die dem Dom von Speyer ähnelt. Und die ebenfalls aus romanischer Zeit stammende Domkirke St. Olav, die heute dem evangelischlutherischen Bistum Bergen als Kathedrale dient. Am schönsten aber noch ist das von Kopfsteinpflastergassen durchzogene alte Hanseviertel Bryggen. Mit seinen eng beieinander stehenden Holzhäusern wirkt es wie aus der Zeit gefallen. Jedes Haus hat eine andere Farbe, und in fast jedem wird noch heute ein Handwerk gepflegt, das auch für die Hanse bedeutsam war. Eine Silberschmiede gibt es da, ein Pelzgeschäft, eine Kaffeerösterei, einen Strickwarenhandel …

Nachdem wir uns sattgesehen hatten, schwangen wir uns auf die Räder, um ins Landesinnere vorzudringen – auf einer Straße, die wir eigentlich gar nicht hätten nutzen dürfen. Denn sie führte durch eine Reihe unbeleuchteter Tunnel und war deshalb für Radfahrer gesperrt. Wir hätten eine Route weiter südlich nehmen müssen. Die aber hätte ihre eigenen Tücken gehabt: viele Höhenmeter und – wesentlich unangenehmer noch – einen starken LKW-Verkehr und keinen Seitenstreifen. Da erschien uns das Risiko einer Ermahnung oder eines Strafzettels dann doch vertretbarer als das einer unschönen Begegnung mit einem LKW. Manchmal muss man als Radfahrer Vorschriften eben eher als Richtlinien begreifen, um sich und andere zu schützen – sagten wir uns und fuhren los.

Die ersten Tunnel waren unproblematisch, denn sie waren relativ kurz. Dann aber kam ein drei Kilometer langes Exemplar. An seinem Eingang waren weder das Tunnelende noch irgendeine andere Lichtquelle zu sehen. Schon nach wenigen Metern wurde es so finster, dass wir nicht mal mehr die Hand vor unseren Augen sehen konnten. Was tun? Auf ein Auto warten und den Fahrer bitten, den Tunnel für uns auszuleuchten? Wer aber will schon drei Kilometer lang hinter zwei langsamen Rädern herfahren? Also versuchten wir es auf andere Weise. An den Tunnelwänden gab es reflektierende Fahrbahnmarkierungen. Wir bogen unsere

Fahrradlampen so, dass sie nicht mehr geradeaus, sondern auf eben diese Markierungen zielten. Und siehe da: Es funktionierte! Die Lichtreflexion reichte gerade so aus, um zumindest den Verlauf der finsteren Röhre erahnen zu können.

Bei zwei weiteren Tunneln klappte es ebenso. Kurz vor der kleinen Ortschaft Dale war es dann jedoch mit dieser Art des Vorankommens vorbei. Ein nicht zu übersehendes riesiges, neongelbes Schild mit leuchtend roten Lettern wies uns an, die Strecke nun endlich zu verlassen. »*Sykling strengt forbudt!*« stand da geschrieben. Nicht »verboten«, sondern »streng verboten«. Nach einem Blick auf die Karte leuchtete uns das Ganze ein. Denn da waren gleich mehrere kilometerlange Tunnel eingezeichnet. Noch dazu schien es in ihnen bergauf zu gehen. Deshalb nahmen wir die Warnung diesmal ernst – zumal es nun eine Alternative gab: eine kleine einsame Bergstraße. Die verlangte uns konditionell zwar einiges ab, war aber gewiss die sicherere Wahl. Man muss sein Unglück ja nicht gerade heraufbeschwören.

Die kleine Straße führte aufs Fjell hinauf. So nennt man die für Norwegen so typischen Hochebenen, die von den Gletschern der letzten Eiszeit geformt worden sind. Die größte von ihnen ist die Hardangervidda. Und genau da wollten wir hin. Nur: Es gab und gibt bis heute keine Straße, die auf das Hochplateau hinaufführt. Deshalb mussten wir ein paar Kilometer mit dem Zug fahren. Mit der berühmten »Bergenbahn«, die zwischen Bergen und Oslo verkehrt und dabei die Hardangervidda überquert. Berühmt ist sie vor allem wegen des immensen Aufwands, der betrieben werden musste, um in einer so entlegenen und unwirtlichen Gegend überhaupt eine Bahnlinie anlegen zu können. Sage und schreibe 300 Brücken waren nötig, 182 Tunnel und jede Menge Lawinenschutzbauten. Mit anderen Worten: Die Bergenbahn ist ein Meisterwerk der Ingenieurbaukunst. Wir hatten großes Glück: Ohne ihren Fahrplan zu kennen, kamen wir exakt fünf Minuten vor Abfahrt des Zuges an. Ein paar Minuten später, und wir hätten einen ganzen Tag auf den nächsten Zug warten müssen. Denn die Bergenbahn fuhr nur einmal pro Tag in jede Richtung.

Ich bin nicht gerade ein Eisenbahn-Enthusiast. Aber diese Bahnfahrt war außergewöhnlich. Hinter jeder Kurve eine spektakuläre Aussicht. Hinter jedem Tunnel ein neues Landschaftsbild. Erst dichter, sattgrüner Kiefernwald, dann Fichten, dann Birken, die in immer kleiner werdenden Hainen beieinander standen. Schließlich gab es überhaupt keine größeren Gewächse mehr, nur noch Moose, Flechten und blanken Fels. Dann auf einmal wurde es dunkel. Es ging durch den gut fünf Kilometer langen *Gravhalstunnelen*, den längsten Tunnel der Bergenbahn. Als er uns wieder ausspuckte, befanden wir uns in einer anderen Welt. Es war, als seien wir vom Sommer in den Winter gefahren. Bäche und Pfützen waren zugefroren. Riesige, langsam vor sich hin tropfende Eiszapfen hingen von den Felsen herab. Weiße, im Sonnenlicht glitzernde Schneefelder breiteten sich vor uns aus. Inmitten dieser Winterlandschaft hielt der Zug auf einmal an. Wir packten unsere Räder und stiegen aus. »Finse« stand da auf einem kleinen Schild. Darunter in etwas kleinerer Schrift: »H.o.h. 1.222 m«. Das ist der höchste Punkt der Bergenbahn. Finse bestand damals lediglich aus der Bahnstation, einer Wanderhütte und ein paar einfachen Unterkünften für die Saisonarbeiter, die sich während des kurzen nordischen Sommers um die Instandhaltung der Bahnstrecke kümmerten.

Wir stellten unser Zelt etwas außerhalb der Siedlung auf. Am Ufer eines kleinen zugefrorenen Sees, gleich unterhalb des Hardangerjøkulen. Auf dem riesigen Plateaugletscher haben sich Roald Amundsen und sein Rivale Robert Falcon Scott auf ihre Polarexpeditionen vorbereitet. Wir wären nur allzu gern hinaufgeklettert, doch dafür hätten wir Steigeisen und Sicherungsleinen gebraucht. Deshalb entschieden wir uns für eine andere Wanderung. Wir bestiegen den nicht weit entfernten, 1.790 Meter hohen Kyrkjedørnsnuten. Der Ausblick, der sich uns von dort oben bot, war grandios. Wir konnten fast die gesamte Hardangervidda überblicken. Überall leuchteten Altschneefelder, nirgends war eine Straße oder eine Ortschaft zu sehen. Die Wolken zogen über uns hinweg und rückten immer wieder andere Naturschönheiten ins Sonnenlicht. Ein unvergessliches Erlebnis! Als wir abends wieder zurück zu unserem Lagerplatz kamen, war unser Zelt von einer weißen Reifschicht überzogen. Denn die Temperatur war unter den Gefrierpunkt gefallen. Deshalb kochten wir nur noch schnell ein paar Nudeln und verschwanden in unseren warmen Schlafsäcken.

Am nächsten Morgen ging es dann wieder aufs Rad. Wir wollten Finse auf dem sogenannten Rallarvegen verlassen, einer Schotterpiste, die beim Bau der Bergenbahn als Versorgungsweg angelegt worden war und seitdem auch als Wander- und Radweg genutzt wird. In der Hütte hatte man uns gesagt, dass die Piste trotz der vielen Altschneefelder befahrbar sei. Wir sollten uns nur darauf einstellen, unsere Räder an der einen oder anderen Stelle schieben zu müssen. Also brachen wir auf. Die ersten Kilometer waren zwar anstrengend, aber durchaus machbar. Denn die Schneefelder, die den Rallarvegen tatsächlich immer wieder unter sich begruben, waren so hart gefroren, dass wir unsere Räder einfach über sie hinweg schieben konnten. Außerdem gab es eine ältere Fußspur, die uns Orientierung gab. Dann aber wurde es schwieriger. Denn der Schnee wurde sulzig und die Fußspur verschwand. Selbst die schneefreien Abschnitte des Rallarvegen waren auf einmal wie weggezaubert.

So standen wir auf einem großen Schneefeld und fragten uns, in welche Richtung es denn wohl weitergehen könnte. Da plötzlich tauchte eine Frau vor uns auf, die ebenfalls mit dem Rad unterwegs war. Sie musste auf einem anderen Weg gekommen sein, denn sie hatte uns weder überholt, noch hatten wir irgendwo eine Spur von ihr gesehen. Die Frau drehte sich um und rief uns zu: »*End of the road. No chance to get ahead!*« – »Ende des Weges. Keine Chance weiterzukommen!« Und tatsächlich: Links versperrte uns die Bahntrasse den Weg (sie war zum Schutz vor Wind und Schnee mit hohen Holzwänden eingeschalt, sodass wir sie nicht einfach überqueren konnten) und rechts reckte sich ein steiler, schneebedeckter Hang empor. Beide Hindernisse liefen in einem spitzen Winkel aufeinander zu und trafen sich an einer Stelle, an der die Bahntrasse in einem langen Tunnel verschwand.

Wir machten uns zunächst einmal miteinander bekannt. Die Frau hieß Therese, kam aus der Nähe von Oslo und war etwas älter als wir. Sie sei schon vor ein paar Jahren mal hier gewesen, erzählte sie uns, aber so viel Schnee wie in diesem Jahr habe es damals nicht gegeben. Ihrer Erinnerung nach müsste der Weg jenseits der Bahnlinie weitergehen. Wie aber dorthin kommen? Um das zu klären, schwärmten wir in verschiedene Richtungen aus. Therese schritt die Bahntrasse ab, um zu schauen, ob es möglicherweise eine Unterführung gab, die wir übersehen hatten. Ich prüfte, ob der Tunnel eine Option sein könnte. Und Alex stieg den steilen Schneehang hinauf, um zu erkunden, was sich hinter seiner Kuppe verbarg. Nach einer halben Stunde kamen wir wieder zusammen. Eine Unterführung gab es nicht, und der Tunnel war viel zu lang für eine gefahrlose Passage. Also mussten wir wohl oder übel den Schneehang hinauf. Immerhin hatte Alex von seiner Kuppe aus wieder die alte Fußspur erkennen können. Therese hatte also recht: Der Weg ging jenseits der Bahnlinie weiter.

Aus unserer sommerlichen Radtour wurde allmählich eine Winterexpedition. Denn der Schneehang hatte es in sich. Auf den ersten Metern konnte jeder sein Rad noch alleine schieben. Dann aber wurde es so rutschig und steil, dass wir für jedes Rad zwei Personen brauchten. Am Ende mussten jeweils drei anpacken. Wir stießen unsere Füße in den sulzigen Schnee, pressten das Rad um einen Meter nach oben, rückten nach und versuchten, das Rad wie auch uns selbst in der erreichten Position zu halten. Dann konnte der nächste Meter in Angriff genommen werden. Dummerweise bekam ich bei dieser Plackerei auf einmal heftige Bauchschmerzen. Wo auch immer die herkamen: Sie waren gerade mehr als überflüssig. Aber auch den anderen setzte das Ganze zu. Therese konnte ihre Hände vor Kälte kaum mehr bewegen, und Alex' Füße schwammen in Eiswasser. Aber wir haben es geschafft! Nach einer guten Stunde hatten wir alle drei Räder hinaufgewuchtet. Nun mussten wir sie »nur noch« auf der anderen Seite des Hanges wieder langsam hinabrutschen lassen.

Das allerdings war lediglich der erste Akt. Denn kurz darauf kamen wir zu einer zweiten kritischen Stelle. Die Fußspur, die wir wiedergefunden hatten, führte auf einen kleinen See zu und verlor sich an dessen Ufer. Erst auf der gegenüberliegenden Seite war sie wieder zu erkennen. Wahrscheinlich war der See noch vor Kurzem so fest zugefroren, dass der Spurenleger einfach über das Eis hinweglaufen konnte. Wir dagegen standen vor einem offenen Gewässer, auf dem lediglich ein paar Eisschollen schwammen. Welchen Weg also nehmen? Am linken Seeufer war zwar eine kleine Holzbrücke zu erahnen, die aber schien uns nicht erreichbar zu sein. Zu viele Felsen, zu viel Schnee. Also entschieden wir uns für das rechte Ufer. Auf dieser Seite gab es lediglich eine knifflige Stelle: ein mächtiges Schneebrett, das bis ans Ufer heranreichte und dort steil zum Wasser abfiel. Das Schneebrett war zwar nur fünfzig Meter breit, die aber galt es erst mal zu überwinden.

Wir versuchten es, indem wir zunächst zwei waagerechte Spuren in die Flanke des Schneebretts zogen. Eine für unsere Füße und eine für die Reifen unserer Fahrräder. Beide Spuren traten wir, so gut es ging, fest. Dann kam der entscheidende Augenblick. Unsere Taschen und Packsäcke hatten wir bereits hinübergetragen. Nun waren die Räder dran. Da bekam es Therese mit der Angst zu tun. »*I can never do that. I will certainly slip off!*« – »Ich schaffe das nicht. Ich rutsche sicher ab!« Sie war kurz davor, in Panik zu geraten. Daher nahmen wir uns erst einmal ihres Rades an. Alex packte sich den Lenker und ging voran. Ich nahm das Hinterteil und folgte ihm. Als die Reifen sicher auf der Schneespur standen, konnten wir uns vorsichtig seitwärts bewegen. Schritt für Schritt, ganz langsam, immer darauf bedacht, nicht ins eiskalte Wasser abzurutschen. Nach einer gefühlten Ewigkeit war es geschafft. Therese fiel ein Stein vom Herzen. Jetzt mussten »nur noch« die beiden anderen Räder hinübergeschafft werden.

Eine dritte und letzte Herausforderung. Wir hatten schon einiges an Höhe verloren und näherten uns einem schneefreien Tal. Das Ende unserer Winterexpedition war also bereits zum Greifen nahe. Nur noch wenige Meter trennten uns von einem trockenen, gut befahrbaren Weg. Der allerdings lag acht Meter unter uns. Denn wir befanden uns noch auf einem letzten Altschneefeld. Und das brach nahezu senkrecht zum trockenen Fjellgrund ab. Eine acht Meter hohe, steile Schneewand und darunter nichts, was uns im Falle eines Sturzes hätte auffangen können. Wir hätten vor unserer Tour einen Kletterkurs belegen sollen. Ein Seil und ein paar Steigeisen wären ebenfalls hilfreich gewesen. Aber all das hatten wir nicht. Wir konnten lediglich auf die kleine Erfahrung zurückgreifen, die wir an der letzten Schneewand gemacht hatten. Nur dass es nun eben nicht ums Queren, sondern ums Absteigen ging.

Alex hatte die robustesten Schuhe und das größte Klettertalent. Also machte er sich an die Arbeit. Während Therese und ich ihn an den Armen festhielten, schlug er seine Schuhspitzen so lange gegen die Schneewand, bis sich ein ausreichend tiefer Tritt gebildet hatte. Erst einer, dann zwei, dann drei ... bis schließlich eine Art Stiege entstanden war. Die erlaubte zwar immer noch kein sicheres Absteigen, war aber die einzige Chance, die wir hatten. Den Anfang machte wieder das Gepäck. Alex stieg etwa bis zur Hälfte ab, nahm ein Gepäckstück entgegen und ließ es so sanft wir möglich nach unten fallen. Dann die Räder. Dazu stellten wir uns zu zweit auf die Stiege, Alex und ich, einer über dem anderen. Therese gab die Räder von oben an, und wir ließen sie mit einer Hand weiter nach unten gleiten, während die andere Hand sich an einen eigens in den Schnee geschlagenen »Griff« klammerte. Was für ein Akt! Aber am Ende ist alles heil auf den Felsgrund gelangt. Das Gepäck, die Räder und auch wir.

Volle zwölf Stunden haben wir an diesem Tag gebraucht, um 29 Kilometer vorwärts zu kommen. Das entspricht einem Schnitt von sage und schreibe 2,4 Stundenkilometern. Eine Radtour war das nicht gerade. Auch keine Wanderung. Eher so etwas wie ein *Ninja Warrior Contest*, ein überdrehter Hindernislauf. Als wir die letzte Schneewand hinter uns hatten, waren wir derart entkräftet, dass wir unsere Räder nur noch schieben konnten. Dabei gluckste und schmatze es nur so, weil mittlerweile alle Schuhe voll Wasser waren. Unsere Hosen waren durchnässt, die Jacken verdreckt und unsere Hände blutig aufgekratzt. So erreichten wir unser Tagesziel: die Hallingskeidhytta. In der kleinen unbewirtschafteten Hütte hatten sich bereits zwei norwegische Wanderer eingerichtet, die auf einem anderen, wesentlich leichteren Weg hergekommen waren. Die beiden schauten uns ungläubig an. »*You come from Finse? On a bike?*« – »Ihr kommt aus Finse? Mit dem Fahrrad?« Wir lächelten sie nur freundlich an und ließen uns erschöpft auf den Hüttenboden gleiten.

Wenn ich bei meinen Vorträgen von diesem Erlebnis erzähle und die entsprechenden Bilder zeige, gehen sofort die Hände hoch. »Haben Sie nicht vorher gewusst, worauf Sie sich da einlassen?« – »Was hätten Sie gemacht, wenn Sie abgerutscht wären?« – »Macht denn so etwas überhaupt noch Spaß?« Natürlich: Unser Kampf mit dem Schnee war nicht gerade das, was man sich normalerweise unter einer Radtour vorstellt. Wir hätten ihn auch vermeiden können – ganz einfach, indem wir noch ein Stück mit dem Zug gefahren wären. Dann aber hätten wir uns um ein Erlebnis gebracht, an das ich mich heute noch gerne erinnere und – ja, auf das ich auch ein wenig stolz bin. Denn wir haben nicht den Weg des geringsten Widerstandes gewählt. Wir haben uns einer Herausforderung gestellt und sie gemeistert. Wir haben einer Belastungsprobe standgehalten und sind an ihr gewachsen. Ich brauche solche Abenteuer nicht regelmäßig, und es würde mir im Leben nicht einfallen, mich aktiv in Gefahr zu begeben. Hin und wieder aber haben solche Herausforderungen durchaus ihren Reiz. Und sei es nur, dass mir das Leben danach wieder ganz leicht und wunderschön vorkommt.

So war es auch hier. Als wir am nächsten Morgen erwachten, lachte die Sonne zur Hütte herein. Unsere Sachen waren wieder trocken und wir selbst in bester Stimmung. Wir setzen uns auf die hölzerne Terrasse vor der Hütte, kochten uns einen Kaffee und teilten unsere Vorräte miteinander. Die beiden Wanderer steuerten eine Rentierwurst bei, Therese hatte noch einen selbstgebackenen Kuchen im Gepäck und wir ein wenig Obst, das wir einige Tage zuvor gekauft hatten. So saßen wir da, streckten unsere Gesichter der Sonne entgegen und entspannten unsere durchwalkten Körper in einem angenehm milden Luftzug. Wir erzählten einander von unseren bisherigen Erlebnissen und von dem, was wir noch vorhatten. Therese wollte ganz in der Nähe in die Bergenbahn steigen und zurück nach Oslo fahren, die beiden Wanderer hatten noch zwei leichtere Tagesetappen vor sich, und wir Deutschen wollten ins Flåmsdalen hinab.

Das Flåmsdalen ist eines der schönsten Täler Norwegens. Es fällt von der Hardangervidda zum Aurlandsfjord ab und überwindet dabei auf einer Strecke von 18 Kilometern knapp 1.400 Höhenmeter. Der Rallarvegen (die einzige Möglichkeit, das nahezu unbesiedelte Tal zu durchqueren) kommt hier auf ein Gefälle von bis zu 18 Prozent. Eine Grenzerfahrung für unsere Bremsen. Wir fuhren an glasklaren Gebirgsbächen und rauschenden Wasserfällen vorbei, durch Birken-, Kiefer- und Fichtenwälder und schließlich über saftige Wiesen, auf denen Millionen von Blumen blühten. Kurzum: Wir fuhren wieder in den Sommer zurück. Das Thermometer kletterte binnen einer Stunde von sechs auf satte 25 Grad Celsius. Dann waren wir am Aurlandsfjord, einem Seitenarm des mächtigen Sognefjords. Hier ist Norwegen so wie man es aus Reiseprospekten und Bildbänden kennt. Mächtige Felswände, tiefblaues Wasser, glasklare Luft. Urige Holzhäuser, alte Stabkirchen und kleine Fischerboote, die lautlos vor sich hin schaukeln. Nach den kalten Tagen auf dem kargen Fjell wirkte das alles wie eine Märchenlandschaft auf uns. Wir fuhren langsam, hielten oft an und sogen die Schönheit der Natur mit allen Sinnen in uns auf.

Kurz hinter dem kleinen Weiler Urnes, in dem die älteste Stabkirche Norwegens steht, ein Meisterwerk der Wikingerkunst aus dem frühen 12. Jahrhundert, stießen wir wieder auf einen unbeleuchteten Tunnel. Das Besondere diesmal war, dass die reflektierende Fahrbahnmarkierung sich nicht seitlich an der Tunnelwand befand, sondern hoch oben unter der Tunneldecke. Ob das Licht unserer kleinen Fahrradlampen wohl bis da oben hinaufreichen wird? Es gab nur einen Weg, es herauszufinden: sie steil nach oben richten und dann möglichst schnell in die finstere Röhre hineinfahren. Denn die Lampen waren dynamogetrieben und funktionierten nur bei Fahrt. Je schneller wir waren, umso heller leuchteten sie. Ich machte den Anfang, und Alex folgte. Auf den ersten zweihundert Metern klappte das gut. Dann jedoch ging es im Tunnel bergauf, und wir wurden langsamer. Das Licht der Lampen wurde schwächer und schwächer, bis es auf einmal nicht mehr bis zur Decke reichte. Ich griff vor lauter Schreck in die Bremsen und kam, da ich den Lenker dabei etwas verzog, knapp vor der rechten Tunnelwand zum Stehen. Alex riss seinen Lenker nach links und stand vor der dortigen Tunnelwand.

Nun hatten wir nicht einmal mehr unser kleines Lampenlicht. Es war stockfinster. So finster, wie ich es noch nie erlebt hatte. Es war überhaupt nichts, ganz und gar nichts zu sehen. Wir lehnten unsere Räder an die Tunnelwand und versuchten, deren Verlauf zu ertasten, um vielleicht wenigstens schiebend vorwärtszukommen. Doch es stellte sich schnell heraus, dass das nicht funktionierte. So mussten wir also warten, bis ein Auto kommen und uns aus unserer misslichen Lage befreien würde. Nach einer knappen Viertelstunde war es soweit. Eine ältere Dame kam angefahren. Sie sah uns, hielt an und sagte mit einer freundlichen und verständnisvollen Stimme: »*That happens almost every day. Drive ahead! I'll light you up!*« – »Das passiert hier fast jeden Tag. Fahrt voran! Ich werde euch leuchten.« Die Dame fuhr so langsam hinter uns her, dass wir im Lichtkegel ihrer Autoscheinwerfer weiterfahren konnten. Nach einem guten Kilometer war es geschafft. »*Thank you very much! And have a good day!*« – »Vielen Dank! Und einen schönen Tag noch!«

Kurz darauf lernten wir Arne kennen. Er kam aus Elmshorn, war in unserem Alter und ebenfalls mit dem Rad unterwegs. Den unbeleuchteten Tunnel hatte er in gleicher Weise passiert wie wir. Nur war er so klug gewesen, es erst gar nicht ohne Hilfe zu versuchen. Er hatte gleich am Tunneleingang auf einen hilfsbereiten Autofahrer gewartet. Arne war ein netter Kerl. Deshalb taten wir uns zusammen. Wir fuhren gemeinsam weiter und schlugen später auch unsere Zelte nebeneinander auf. Und zwar am Eidsvatnet, einem kleinen See in der Nähe von Skjolden. Hier beginnt der berühmte Sognefjellvegen, eine der schönsten Hochgebirgsstraßen Europas. Das Sognefjell ist ganz anders als die Hardangervidda, denn es liegt so hoch, dass es nur teilweise von den eiszeitlichen Gletschern geschliffen wurde. Seine Gipfel ragen schroff empor. Mehr als 20 Zweitausender sind es. Darunter die beiden höchsten Gipfel Norwegens, der Glittertind (2.452 m) und der Galdhøpiggen (2.469 m). Das Sognefjell wird deshalb an dieser Stelle auch Jotunheimen genannt – zu Deutsch: Heim der Riesen. Dort wollten wir am nächsten Tag hinauf. Doch erst einmal wurde gekocht, erzählt und gefachsimpelt.

Arne war mit einem (damals noch recht seltenen) Mountainbike unterwegs, das bereits eine 21-Gang-Kettenschaltung besaß. Alex hatte es immerhin schon zu einer 5-Gang-Nabenschaltung gebracht. Nur ich fuhr noch immer mit einer schlichten 3-Gang-Schaltung. Entsprechend kamen wir auf dem Sognefjellvegen voran. Arne fuhr uns bereits auf den ersten Kilometern davon. Alex blieb zwar in meiner Nähe, tat sich aber doch um einiges leichter. Und dann kam ich. Schwitzend und schnaufend kämpfte ich mich von einer Haarnadelkurve zur nächsten vor. Als Alex sah, wie sehr ich mich mühte, rief er mir zu: »Lass uns mal die Räder tauschen. Mit meinem kommst du besser voran.« Das war das Tolle an unserem Miteinander. Es ging nie darum, schneller als der andere zu sein oder als Erster anzukommen. Wir haben uns gegenseitig unterstützt. Wenn es so etwas wie eine Konkurrenz zwischen uns gab, dann hatte sie stets etwas Spielerisches. Etwas, mit dem wir uns wechselseitig angespornt haben. Im Ernstfall konnten wir uns stets aufeinander verlassen.

Gegen Mittag erreichten wir die Turtagrø Fjellstue, ein Berghotel aus dem Jahr 1880. Arne saß bereits auf der Restaurant-Terrasse und winkte uns mit einer kühlen Cola zu. Nachdem auch Alex und ich uns eine kleine Pause gegönnt hatten, machten wir uns an die nächste Etappe. Auf dem Sognefjellvegen wird jeder hundertste Höhenmeter mit einem kleinen Schild angezeigt, sodass wir auch ohne Altimeter immer nachvollziehen konnten, wie viel Steigung noch vor uns lag. Am frühen Abend war es dann geschafft. Wir standen auf dem 1.434 m hohen Fantesteinen, dem höchsten Bergpass Skandinaviens. Beidseits der Straße ragten haushohe Schneewände auf. Überall waren Gletscher und schroffe Gipfel zu sehen. Ein atemberaubendes Panorama.

Nicht weit von der Passhöhe liegt die Krossbu Fjellstue, ein kleiner Berggasthof. Gleich daneben schlugen wir unsere Zelte auf – eigentlich nur, um in den Genuss einer warmen Dusche zu kommen. Doch beim Gang in den Gasthof erregte noch etwas anderes unsere Aufmerksamkeit. Da hing an einer Pinnwand der Hinweis, dass am nächsten Tag eine geführte Gletscherwanderung angeboten werde und dass noch zwei Plätze frei seien. Was für eine Gelegenheit! Nur waren wir ja gerade zu dritt. Deshalb besprachen wir die Sache zunächst mit Arne. »Geht ihr mal«, gab er relativ schnell zur Antwort. »Ich gönne mir derweil einen Pausentag. Den hab ich schon viel zu lang vor mir hergeschoben.« Damit war die Sache entschieden.

Am nächsten Morgen fanden sich zwölf Personen vor dem Gasthof ein. Ein Bergführer namens Helge, neun Norweger, Alex und ich. Die Norweger nutzten die geführte Tour als Einstieg in eine längere Wanderung und hatten entsprechend viel Gepäck dabei. Deshalb übernahmen Alex und ich die Seile. Denn Helge hatte schon an den Steigeisen genug zu tragen. Dann ging es los. Die Tour führte über den Gletscher Smørstabbreen zur Leirvassbu Fjellstue und dauerte sieben Stunden. Nach etwa einer Stunde Aufstieg hatten wir den Rand des Gletschers erreicht. Nun galt es, die Steigeisen anzulegen und uns zu einer Seilschaft zu formieren. Helge schritt mit seinem Eispickel voran und erkundete den Weg. Es ging zunächst über kleinere Risse und Spalten hinweg, die sich allesamt gut überspringen ließen. Dann die erste größere Spalte. Helge gab uns genaue Anweisungen, wie wir uns aufzustellen hatten. Die Spalte war nicht viel breiter als die bisherigen, nur mussten wir diesmal auf ein höheres Niveau hinaufspringen. Auch dazu gab uns Helge Tipps. Es klappte. Einer nach dem anderen sprang über die Spalte. Und damit war die größte Herausforderung auch schon gemeistert. Denn auf dem Gletscher lag noch so viel Altschnee, dass wir schon bald keine weiteren Spalten mehr zu sehen bekamen. Wir konnten die Steigeisen wieder ablegen und entspannt über das schneebedeckte Plateau marschieren.

Am höchsten Punkt, auf etwa 2.000 Metern Höhe, legten wir eine längere Pause ein. Der Schnee reflektierte die Sonne so stark, dass wir uns bis auf Shorts und T-Shirt ausziehen konnten. Wir aßen ein paar Brote, tranken etwas Tee und ließen die nahezu unberührte Natur auf uns wirken. Vor uns das gewaltige Hurrungane-Massiv mit seinen schroffen Gipfeln, hinter uns der mächtige Galdhøpiggen, der wie eine von Menschenhand errichtete Pyramide auf uns wirkte, in der Tiefe der mäandernde Sognefjellvegen und in der Ferne eine im Sonnenlicht funkelnde Seenlandschaft. Ein grandioses 360-Grad-Panorama. Wie schade, dass meine Kamera damals noch keine Panoramafunktion hatte. Aber vielleicht war das auch gut so. Denn so habe ich alles umso intensiver mit meinem inneren Auge aufgezeichnet – so wie ich es weder auf einem Kodachrome-Film noch auf einer digitalen Speicherkarte hätte festhalten können. Denn das innere Auge zeichnet nicht nur Farbpigmente und Pixel auf, sondern auch Gerüche, Gefühle und Stimmungen. Es fängt die gesamte Atmosphäre ein. Noch heute lege ich deshalb manchmal die Kamera ganz bewusst zur Seite, nur um einfach alles auf mich wirken zu lassen. Und gerade daraus entstehen dann oft die schönsten und nachhaltigsten Urlaubserinnerungen.

Nach der Pause ging es fast nur noch bergab. Wir marschierten noch eine ganze Weile über den Gletscher und dann in ein schneefreies Tal hinein, das uns direkt zur Leirvassbu-Fjellstue führte. Für die Norweger war die Tour hier zu Ende, denn sie hatten sich zur Übernachtung angemeldet. Alex und ich dagegen mussten wieder zurück zu unserem Lagerplatz. Da wir wussten, dass es einen Fahrweg von der Hütte zum Sognefjellvegen gibt, hatten wir kühn darauf spekuliert, dass da schon jemand mit dem Auto herfahren werde und uns mitnehmen würde. Und diese Rechnung ging tatsächlich auf. Schon wenige Minuten nach unserer Ankunft kam ein schwedisches Ehepaar aus der Hütte. Die beiden nahmen uns mit und brachten uns direkt zu unserem Zelt, wo Arne bereits mit einigen Vorbereitungen für das Abendessen beschäftigt war.

Am nächsten Tag stand Genussradeln auf dem Programm. Denn es ging 46 Kilometer nur bergab! Eine der längsten Downhill-Etappen, die ich je unter die Felgen genommen habe. Umso tiefer wir kamen, desto grüner und wärmer wurde es. In dem kleinen Ort Lom auf nur noch 380 Metern Höhe zeigte das Thermometer stattliche 33 Grad an. Wir ließen uns das kalte Wasser des Dorfbrunnens über die Köpfe laufen, stockten unsere Vorräte auf und bogen nach Nordwesten ab, um das zunächst sanft und dann kräftiger ansteigende Ottadalen hinaufzufahren. Die Otta ist eines der beliebtesten Kajakgewässer Norwegens. Beliebt vor allem deshalb, weil sie aus ruhigen seeartigen Passagen und stark verblockten Gefällstrecken besteht, die sich mit schöner Regelmäßigkeit abwechseln. Die verblockten Strecken sorgen für den Adrenalin-Kick, die ruhigeren Abschnitte für die nötige Entspannung. Wir hielten so manches Mal an, um uns das Spektakel anzusehen, wenn sich mal wieder ein kleines Kajak zwischen die mächtigen Felsbrocken wagte und sich den schäumenden Wassermassen überließ.

Das nächste Nachtlager war unser letztes mit Arne. Denn der wollte am folgenden Tag zur Küste abbiegen, während es uns weiter in Richtung Norden zog. Wir frühstückten ein letztes Mal gemeinsam, tauschten unsere Adressen aus und verabschiedeten uns aufs Herzlichste voneinander. Für Alex und mich ging es als nächstes zum Geiranger, dem schönsten Fjord Norwegens. Eigentlich wollten wir ihn vom Dalsnibba aus betrachten, einem 1.476 Meter hohen Aussichtsberg. Doch dazu fehlte es uns an Kraft. Die Plackerei auf der Hardangervidda, der Aufstieg nach Jotunheimen, die Tageswanderung über den Smørstabbreen und der erneute Anstieg im Ottadalen: Das alles war dann doch etwas viel. So entschieden wir uns schweren Herzens, den Dalsnibba rechts liegen zu lassen und zu einem anderen, tiefer gelegenen Aussichtspunkt zu fahren, zum Flydalsjuvet.

Und da lag er nun: der Geiranger. Ein gerade mal 600 Meter breites, mit Meerwasser gefülltes Trogtal, dessen steile Hänge bis zu 1.700 Meter in die Höhe ragen. Vor 2,5 Millionen Jahren geformt von einem Fluss, dessen Bett heute bis zu 260 Meter tief unter der Wasseroberfläche liegt. Aber was sagen schon Zahlen? Keine von ihnen vermag auch nur annähernd zu beschreiben, was uns da vor die Augen trat. Eine tiefblaue, mitunter smaragdfarben schimmernde Wasseroberfläche, auf der winzige Lichter tanzten. Darüber steile dunkelgraue Felsen, die teils von sattem Grün, teils von strahlend-weißem Schnee überzogen waren. Da stürzten sich Wasserfälle in die Tiefe, denen man so schöne Namen wie »Freier«, »Brautschleier« und »Sieben Schwestern« gegeben hat. Da waren Einödhöfe zu erkennen, bei denen wir uns fragten, wie sie sich wohl in einer derart schwindelerregenden Höhe halten konnten und wie sie überhaupt erreichbar waren. Da war der kleine Ort Geiranger zu sehen, in dem damals gerade mal 150 Menschen lebten, und nur ein einziges Schiff, das ganz ruhig auf der noch ruhigeren Wasseroberfläche lag. Es war ein Schiff der berühmten *Hurtigruten*, jener traditionsreichen Postschifflinie, die die gesamte norwegische Küste abfährt und mit den verschiedensten Gütern versorgt und dabei auch Passagiere mitnimmt.

Wenn ich schreibe, dass wir die Einzigen waren, die auf dem Flydalsjuvet standen, und dass der Geiranger eine wunderbare Ruhe ausstrahlte, wird das heute kaum noch jemand nachvollziehen können. Denn der Flydalsjuvet hat sich mittlerweile zu einem Instagram-Hotspot entwickelt und der Geiranger zu Norwegens meistbesuchter Touristenattraktion. Allein 380.000 Kreuzfahrtpassagiere kommen Jahr für Jahr in den kleinen Fjord – auf Schiffen, die bis zu 20 Stockwerke hoch sind und mehr als 5.000 Menschen fassen. Die meisten von ihnen fahren mit Schweröl und pusten so viele Abgase in die Luft, dass sich eine dicke braune Wolkendecke am Himmel bildet. Sie entleeren ihre Abwassertanks in den Fjord, verbrauchen so viel Strom wie eine Kleinstadt und spülen innerhalb weniger Stunden Tausende von Passagieren an Land, die dann – auf Hunderte von Bussen und Autos verteilt – zu den diversen Hotspots fahren, um zu erfüllen, was ihnen aufgetragen worden ist: schöne Bilder mitzubringen.

Ich bin eigentlich niemand, der Vergangenem nachtrauert. Aber diese Entwicklung hin zu einem völlig rücksichtslosen Massentourismus tut mir schon weh. Wenn ich darüber klage, wird mir bisweilen entgegengehalten, dass ich doch auch an die älteren Menschen denken müsse, für die das die einzige Chance sei, ein Naturschauspiel wie den Geiranger zu erleben. Kurioserweise wird das Kreuzfahrtpublikum aber von Jahr zu Jahr jünger. Es ist in meinen Augen eher die junge Generation, die sich mit einem vor allem auf Masse und Wiederholbarkeit zielenden Urlaubsangebot zufrieden gibt – und oft gar nicht merkt, was ihr dadurch verloren geht. Dabei gäbe es so viele Alternativen – auch für Menschen, die keinen Aktivurlaub machen, sondern sich einfach nur erholen wollen. Der springende Punkt scheint mir zu sein, wieder ein Gespür dafür zu entwickeln, was denn eigentlich Erholung ist und wie man eine Naturschönheit genießen kann, ohne dass sie Schaden leidet.

Ein wunderschönes Beispiel dafür ist uns noch am selben Tag auf der anderen Seite des Geiranger begegnet. Wir waren vom Flydalsjuvet hinunter zum Fjord gefahren, hatten uns dort etwas aufgehalten und dann die nächste Passstraße in Angriff genommen, den Ørnevegen, die »Adlerstraße«. Ihren Namen verdankt die schmale Bergstraße einem spektakulär gelegenen Adlerbrutgebiet, zu dem sie sich in zahlreichen Serpentinen hinaufwindet. Bei einer kurzen Rast auf etwa 600 Metern Höhe, unmittelbar vor der letzten Serpentine, lernten wir Elisabeth und Karl kennen, ein älteres Ehepaar aus Deutschland. Nach dem bei einem solchen Zusammentreffen üblichen Austausch über das Woher und Wohin fragte uns Karl, ob wir Lust auf eine kleine Überraschung hätten. Dabei leuchteten seine Augen in einer Weise, dass wir nicht lange überlegen mussten. Wir ließen unsere Räder am Straßenrand stehen und folgten dem alten Ehepaar auf einem schmalen Pfad in den Wald hinein. Nach etwa 300 Metern lichtete sich der Wald und gab den Blick auf einen Felsvorsprung frei, auf dem ein

Zelt stand. Davor zwei Campingstühle und ein Tisch. Die beiden baten uns, Platz zu nehmen und die Aussicht zu genießen.

Nun war uns klar, warum sie uns hergeführt hatten. Es war ein traumhaft schöner Platz. Weder die Straße, noch der Ort waren zu sehen. Stattdessen eine scheinbar unberührte Naturlandschaft. Tief unter uns das smaragdfarben schimmernde Wasser des Fjordes, gleich gegenüber ein Wasserfall und hoch über uns ein großer Adler, der lautlos seine Kreise zog. Die Überraschung war gelungen. Noch mehr aber als die herrliche Aussicht berührte uns die Geschichte, die Karl uns schließlich erzählte. »Ich habe diesen Platz auf einer Radtour entdeckt. Ich war damals etwa so alt wie ihr und auch mit einem Freund unterwegs. Als wir mit unseren Rädern hier oben angekommen sind, dämmerte es bereits, sodass wir uns nach einem Zeltplatz umsehen mussten. Wir haben diesen kleinen Pfad entdeckt, sind ihm gefolgt und standen auf einmal an diesem Ort. Dass es ein derart schöner Platz ist, haben wir natürlich nicht voraussehen können. Manchmal hat man eben einfach Glück.«

»Jahre später habe ich dann Elisabeth kennengelernt. Wir haben geheiratet und unseren ersten gemeinsamen Urlaub in Norwegen verbracht. Ich wollte ihr unbedingt zeigen, was ich dort entdeckt hatte. Und es gab ihn tatsächlich immer noch, diesen kleinen Pfad und den unberührten Felsvorsprung mit seiner grandiosen Aussicht. Wir haben unser Auto in einer Parkbucht abgestellt und all unsere Sachen hierher getragen: das Zelt, den Tisch, die Stühle und alles, was ihr hier seht. Das machen wir jetzt seit 50 Jahren so. Nicht jedes Jahr, aber doch ganz häufig. Früher sind wir immer mit dem Auto hergekommen. Dann ist uns die weite Fahrt zu beschwerlich geworden, und wir haben das Hurtigboot genommen. Da musste uns dann immer jemand aus Geiranger hier hochfahren. Seitdem wissen die Leute im Ort um unser kleines Geheimnis. Aber sie lassen es uns. Wir haben noch nie erlebt, dass der Platz belegt oder gar mit Müll verschmutzt war. Wir machen heute auch anderswo Urlaub, aber das ist ein Ort, zu dem es uns immer wieder hinzieht. Denn hier sind wir ganz bei uns selbst und beieinander.«

Erholung geschieht da, wo man ganz bei sich selbst und beieinander ist. Die beiden haben mich mit ihrer Geschichte so beeindruckt, dass mir dieser Satz bis heute in Erinnerung geblieben ist. Man muss sich mitunter nur ein wenig abseits der Hauptstraße bewegen – im wörtlichen wie im übertragenen Sinn –, um zu finden, wonach man sich sehnt. Man muss sich dafür nicht in die Hände professioneller Urlaubsgestalter geben, die alle möglichen Interessen verfolgen, nur nicht das, was der eigenen Seele guttut. Es waren Begegnungen wie die mit Elisabeth und Karl, die mir die Augen geöffnet haben für das, was einen Urlaub eigentlich ausmacht, was ein Abenteuer ist und wie ich Erholung finde.

An diesem Tag folgten nur noch ein kleiner Anstieg, eine lange Abfahrt und eine kurze Fährpassage. Dann waren wir im Valldalen. Das langgestreckte liebliche Tal ist die Obstkammer Norwegens. Vor allem Beeren wachsen hier. Erdbeeren, Blaubeeren, Himbeeren, aber auch die bei uns weniger bekannten Kran und Moltebeeren. Wir konnten der Versuchung nicht widerstehen: ein paar Erdbeeren als Pausensnack! Doch der kleine Genuss wurde uns schnell verleidet. Kaum hatten wir unsere Räder am Rande eines großen Erdbeerfeldes abgestellt und die ersten Früchte gepflückt, erhob sich ein unüberhörbares Gekeife. Wir konnten nicht ein Wort verstehen, aber es klang wie: »Schert euch zum Teufel, ihr Schmarotzer, und lasst unsere Erdbeeren in Ruhe!« Fix auf die Räder und weiter.

Am Ende des Tales fanden wir einen kleinen Bach, dessen flaches Ufer sich als Lagerplatz anbot. Das Wasser des Baches war bitterkalt. Aber wir brauchten dringend eine Ganzkörperwäsche. Zwei Techniken haben sich dafür bewährt, beide haben ihre Vor- und Nachteile: Die erste besteht darin, dass man sich (je nachdem wie einsehbar die Badestelle ist) nackt oder mit Badehose bekleidet an den Rand des Gewässers stellt und sich mithilfe eines Waschlappens von oben bis unten abschrubbt. Das ist die softere Variante. Sie hat allerdings den Nachteil, dass man sein frisches Körpergefühl in der Regel mit einer Reihe von Insektenstichen bezahlt. Die andere Variante ist etwas taffer. Sich einmal der Länge nach ins Bachbett legen, wieder aufstehen, einseifen (mit einer biologisch abbaubaren Seife natürlich) und dann noch einmal komplett untertauchen. Das kann ziemlich schmerzhaft sein, bewahrt einen aber vor Insektenstichen und geht wesentlich schneller vonstatten als die andere Variante. Wir entschieden uns diesmal für Variante zwei.

Eine andere Herausforderung ist die Waldtoilette. Sie wartete am nächsten Morgen auf uns. An sich ist das Ganze kein Problem: ein kleines Loch in den Waldboden graben, sich hinhocken und die Stelle wieder mit Erde auffüllen. Zu einer Herausforderung wird die Sache erst auf einer Radtour. Denn da ist die Oberschenkelmuskulatur (vor allem frühmorgens) derart übersäuert, dass sie schon nach wenigen Sekunden zu brennen beginnt. Kommen dann noch Regen und Mücken hinzu, kann einem schon mal ein Fluchwort über die Lippen kommen. Und genauso war es an diesem Morgen. Es regnete in Strömen, und die Mücken waren froh, ein trockenes Plätzchen an unseren vor Schwäche zitternden Oberschenkeln zu finden. Weh dem, der dann noch unter einer Verdauungsstörung leidet! Das war glücklicherweise nicht der Fall.

Was könnte es noch für ein Ungemach geben? Richtig: Das Erklimmen einer Passstraße bei strömendem Regen. Das war die nächste Herausforderung. Heute besitze ich eine atmungsaktive Regenjacke, deren Belüftungsschlitze ich so weit öffnen kann, dass sich auch eine solche Etappe relativ angenehm überwinden lässt. Damals jedoch waren unsere Jacken gummiert und ließen nicht das kleinste Lüftchen hindurch, sodass wir schon nach wenigen Höhenmetern im eigenen Saft zu schmoren begannen. Und wir mussten auf 853 Meter hinauf. Kein besonders schönes Gefühl! Zum Glück gab es auf der Passhöhe einen Berggasthof, in dem wir uns abtrocknen und aufwärmen konnten.

Dann ging es den Trollstigen, die »Leiter der Trolle« hinab. Die weltbekannte Panoramastraße besteht aus elf Haarnadelkurven und stürzt sich mit einem Gefälle von bis zu 18 Prozent in die Tiefe hinab. Wir haben sie noch in ihrer ursprünglichen Form erlebt: einspurig, steil und ohne Haltebuchten. Seit dem Sommer 2005 sieht sie anders aus. Denn damals hat ein Felssturz große Teile der Straße zerstört. Bei ihrer Instandsetzung wurde sie an vielen Stellen erweitert, begradigt und entschärft. Für uns war das Hinabfahren noch ziemlich abenteuerlich, zumal unsere Bremsen nicht gerade die stärksten waren. Nach einer halben Stunde hatten wir es geschafft. Wir fuhren noch bis nach Åndalsnes und entschieden uns, aufgrund des schlechten Wetters ausnahmsweise mal nicht im Zelt, sondern in einer Jugendherberge zu übernachten.

Und das war eine richtig gute Wahl. Denn als wir am nächsten Morgen den Speisesaal betraten, glaubten wir unseren Augen nicht zu trauen. Da stand kein gewöhnliches »Jugendherbergsfrühstück« vor uns, sondern ein Buffet, wie es auch in einem Viersternehotel hätte stehen können: Müsli, Cornflakes, Porridge, Rührei, Spiegeleier, Pfannkuchen, Wurst und Käse, gebratener und eingelegter Fisch, Garnelen, Rohkost und Salate, Marmelade, Honig und andere Aufstriche, dazu die verschiedensten Brotsorten und Getränke. Ich kann mich nicht erinnern, jemals so gut in einer Jugendherberge gefrühstückt zu haben. Wir aßen wie die Scheunendrescher und füllten unsere Mägen, als ginge es darum, Energie für eine ganze Woche zu speichern. Dann schwangen, nein: hoben wir uns mühsam auf die Räder, um uns an die nächsten, eher harmlosen Etappen zu machen. Zwei Tage später waren wir in Trondheim.

Die drittgrößte Stadt Norwegens stellte einen Wendepunkt dar. Wir hatten kurz zuvor die 1.000-Kilometer-Marke erreicht und damit etwa die Hälfte der Reise hinter uns. Höchste Zeit für eine Zwischenbilanz und einen Blick auf die weitere Strecke. Wir setzten uns auf eine Parkbank, breiteten die Landkarte aus und überlegten. Vor uns lagen noch das langgestreckte Mittelnorwegen und die landschaftlich besonders reizvollen Lofoten, für die wir uns etwas mehr Zeit nehmen wollten. Aber würde sich das überhaupt noch ausgehen? Was, wenn wir kurz vor einem der schönsten Streckenabschnitte auf einmal in Zeitnot geraten? Wie wir die Sache auch betrachteten und berechneten: Wir kamen zu der Einsicht, dass wir ein kleines Stück Mittelnorwegen opfern mussten, um die Lofoten dann so richtig genießen zu können. Mit anderen Worten: Wir entschieden uns, die nächsten, landschaftlich eher unspektakulären 200 Kilometer mit einer Bahnfahrt zu überwinden.

Da es in Trondheim keinen Campingplatz gab und die Jugendherberge ziemlich weit außerhalb lag, übernachteten wir kurzerhand hinter dem Dom. Wir mussten dazu nicht mal unser Zelt aufbauen, denn das altehrwürdige Gebäude bot uns hinreichend Schutz vor Wind und Regen. Wäre da nicht jener »Troll« gewesen, der zwischen zwei und drei Uhr nachts meinte, unsere Fahrradklingeln ausprobieren zu müssen, wäre es eine ausgesprochen ruhige Nacht gewesen. Denn ansonsten scherte sich niemand darum, dass da zwei Schlafsäcke hinter der Kirche lagen – zumal wir uns schon in aller Herrgottsfrühe wieder auf den Weg machen mussten, um unseren Zug nicht zu verpassen.

Die nächsten fünf Tage sind schnell beschrieben. Denn es regnete nahezu ununterbrochen. Wir fuhren von einer Pfütze zur nächsten, wurden von überholenden Autos nassgespritzt und konnten selbst unsere Pausen meist nicht an einem trockenen Ort verbringen. Von unserer Stimmung in diesen Tagen schreibe ich mal besser nicht. Doch selbst auf diesem insgesamt eher unerquicklichen Abschnitt gab es den einen oder anderen Lichtblick. Einen besonders schönen erlebten wir am letzten Regentag, kurz vor Mosjøen. Unsere Ausrüstung war mittlerweile so durchnässt, dass wir abends ein Haus ansteuerten – in der Hoffnung, unser Zelt nicht wieder an einem nebligen Bachlauf oder auf einer morastigen Wiese aufstellen zu müssen, sondern einen gemähten Rasen nutzen zu können. Wir stellten unsere Räder ab und klingelten.

Es öffnete eine junge Frau, die sogleich ihren Mann an ihre Seite rief. Wir müssen einen ziemlich gespenstischen Eindruck auf sie gemacht haben mit unserer tropfnassen Regenkleidung und der hellbraunen Schlammschicht, die sich auf alles und jedes gelegt hatte. Trotzdem wurden wir hereingebeten. Die Frau reichte uns zwei Handtücher, während der Mann schnell einen Kaffee kochte. Dann mussten wir erst einmal erzählen: Wo wir herkommen, wo wir hinwollen, was wir erlebt haben … Die beiden hörten uns aufmerksam zu. Danach erst konnten wir unsere Frage loswerden, ob wir unser Zelt wohl auf dem Rasen neben dem Haus aufstellen dürften. »Ich habe da eine bessere Idee«, entgegnete der Mann. »Wir haben ein kleines Blockhaus im Garten. Das habe ich mal für unsere Tochter gebaut. Es ist recht klein, aber es ist trocken. Da könnt ihr gerne übernachten.«

Was für ein Angebot! Wir tranken unseren Kaffee aus, bedankten uns überschwänglich und machten uns auf den Weg zum

Blockhaus. Es wirkte wie eine Puppenstube auf uns. Denn alles war tatsächlich auf die Maße und Bedürfnisse eines kleinen Mädchens abgestimmt. Zwei kleine Stühle und ein Tischchen, eine winzige Herdplatte und etwas Kindergeschirr, eine Lampe und ein – natürlich viel zu kurzes, aber erstaunlich bequemes – Bett. Dennoch fühlten wir uns wie die Könige. Wir losten aus, wer im Bett und wer auf dem Boden schläft, verstauten unsere Sachen und warfen die kleine Herdplatte an, um ein typisch norwegisches Abendessen zuzubereiten. Es gab *Rømmegrøt med Lomper* (Rahmgrütze mit Kartoffelfladen), ein fürchterlich fettiges, aber durchaus leckeres Gericht.

Am nächsten Morgen wurden wir von unseren Gastgebern zum Frühstück eingeladen. Dabei eröffneten uns die beiden, dass auch sie nun in Urlaub fahren wollten. »Das soll euch aber nicht daran hindern, hier zu bleiben. Ihr könnt auch gerne ins Haus umziehen. Da habt ihr dann eine richtige Küche, zwei ordentliche Betten und im Keller eine Sauna. Wir erklären euch, wie sie funktioniert. Solltet ihr Hilfe brauchen, könnt ihr unseren Nachbarn anrufen. Dem könnt ihr dann auch den Schlüssel geben, wenn ihr weiterfahren wollt.« – Man stelle sich das einmal bei uns in Deutschland vor: Eine Familie fährt in Urlaub und überlässt ihr gesamtes Haus zwei jungen Männern, mit denen sie erst ein paar Stunden zuvor Bekanntschaft gemacht hat.

Der Polarkreis scheint auch so etwas wie ein Moralkreis zu sein. Denn je weiter wir in Richtung Norden vordrangen, umso freundlicher und hilfsbereiter wurden die Menschen. Auch schienen sie uns wesentlich sorgloser zu sein als ihre Landsleute im Süden. Vor dem *Dagligvarer*, dem kleinen Lebensmittelladen, bei dem die Landbevölkerung ihre täglichen Besorgungen macht, hatten wir schon mehrmals Autos gesehen, deren Türen einfach offenstanden. Manchmal steckte sogar noch der Zündschlüssel. Auch die Haustüren standen in der Regel offen – selbst wenn gerade niemand zu Hause war. Und nun also dieses offenherzige Angebot. Wir hätten es uns ein zwei Tage so richtig gut gehen lassen können. Aber wir mussten und wollten weiter. Es gab daher keine Schlüsselübergabe, sondern nur ein dickes Dankeschön und eine herzliche Verabschiedung.

Zwei Tage später kam dann die ersehnte Polarkreis-Etappe. In der Nacht zuvor hatte der Wind von Südwest auf Nordost gedreht. Das ließ uns auf besseres Wetter hoffen. Und tatsächlich: Am nächsten Morgen war es trocken. Dafür blies uns ein kalter Wind entgegen. Ungünstig. Denn um den Polarkreis zu erreichen, mussten wir auf das Saltfjellet hinauf, eine karge Hochebene, über die der Wind ganz ungehindert hinwegfegen kann. Entsprechend anstrengend war der Aufstieg. Für die 20 Kilometer und 700 Höhenmeter, die uns noch von der magischen Linie trennten, brauchten wir mehr als drei Stunden. Dann war es geschafft. Wir befanden uns auf 66 ° 33' 55' nördlicher Breite. Am Polarkreis.

Bis zu einem halben Jahr vor unserer Ankunft hatte es an dieser Stelle nicht mehr als einen schlichten Meilenstein mit der Aufschrift »Polacircel« gegeben. Nun stand ein *Polarsirkelsenteret* da, ein »Polarkreis-Zentrum«. Ein großer igluförmiger Bau mit einem kleinen Museum, einem Kino, einer Poststelle und einem Souvenirladen. Davor ein riesiger Busparkplatz. Zum Glück waren noch nicht allzu viele Touristen vor Ort. Die wenigen, die es trotz des kalten Windes im Freien aushielten, schauten uns ungläubig an. Einige bildeten spontan ein Spalier und begannen zu applaudieren. Es war eine Gruppe deutscher Bustouristen, die gerade von einer »Polarkreistaufe« kamen und noch ihre Urkunden in Händen hielten. »Eigentlich müsstet ihr eine Urkunde bekommen«, rief uns einer von ihnen zu und hielt uns eine Piccolo-Flasche entgegen. »Nehmt das, damit könnt ihr wenigstens auf eure Leistung anstoßen!« Doch uns war gerade weder nach einer Urkunde noch nach einem Glas Sekt zumute. Wir wollten einfach nur in Ruhe gelassen werden.

Seltsam: Es kam überhaupt keine Freude auf. Da hatten wir seit Monaten von diesem Augenblick geträumt, waren ihm wochenlang entgegengefahren, hatten eine Anstrengung nach der anderen auf uns genommen, und dann das: Wir wollten am liebsten sofort wieder weg. So geht es mir oft mit Zielen, denen ich entgegenfiebere. Sobald ich sie erreiche, ist die Vorfreude weg, und es stellt sich eine gähnende Leere ein. Manchmal sogar ein richtiger Frust, wenn sich das Ziel ganz anders anfühlt, als ich es mir in meinen Träumen ausgemalt habe. Alex ging es ganz ähnlich. Wir hatten von einem Polarkreis geträumt, an dem uns eine unendliche Weite umfängt. Eine Landschaft, die unsere Seele berührt. Vielleicht mit einem Rentier, das in der Ferne vorbeizieht. Stattdessen standen wir auf einem riesigen Parkplatz und waren von einer Horde angeheiterter Bustouristen umgeben. Ich weiß: Ich tue diesen Menschen unrecht. Sie haben sich einfach nur gefreut, zwei Landsleute zu treffen, und wollten ihnen zu einer Leistung gratulieren, zu der sie sich selber nicht imstande sahen. Aber für uns war es in diesem Moment eben einfach zu viel.

Deshalb schnappten wir uns unsere Räder und brachen schon nach wenigen Minuten wieder auf. Zurück auf die Straße, in den vertrauten Rhythmus, in die Stille der nun tatsächlich unendlichen Weite. Wir waren bereits seit Tagen auf der Europastraße 6 unterwegs. Weiter südlich wäre das eine Autobahn oder zumindest eine Autostraße gewesen. Hier oben nördlich des Polarkreises jedoch war sie eher eine verträumte Landstraße. Nur ab und zu mal kam ein Auto vorbei. Ein Pick-up der zum nächsten Bauernhof fuhr, ein Wohnmobil, das auf dem Weg zum Nordkap war oder eben ein Reisebus. Es war ein entspanntes und ruhiges Fahren, auch ohne jede radtouristische Infrastruktur.

Am Abend unserer eher enttäuschenden Polarkreis-Etappe kam es noch zu einer eindrucksvollen Begegnung. Wir hatten an einer Haustür geklingelt, um wieder nach einem Zeltplatz zu fragen, und ein älterer Herr hatte uns geöffnet. Woher wir kämen, fragte er. *»We are from Germany.«* – *»Uhh, fra Tyskland …«* Der alte Mann verzog sein Gesicht. Irgendetwas schien ihm nicht zu behagen. Dennoch bot er uns ein Stück Rasen gleich neben seinem kleinen Holzhaus an. Nach einer Weile brachte er uns sogar ein paar frisch geerntete Möhren. Was ihm durch den Kopf gegangen war, als er hörte, woher wir kamen, erfuhren wir erst am nächsten Morgen. Da lud uns der Mann auf einen Kaffee ein. »Wisst ihr, unsere Familie hat keine guten Erfahrungen mit euch Deutschen gemacht. Im Zweiten Weltkrieg, als die Wehrmacht hier alles überrannt hat. Sie haben meinen Vater umgebracht, einen Onkel und noch andere aus unserer Familie. Meine Mutter musste dann schauen, wo sie mit uns Kindern bleibt …« Der alte Mann erzählte uns in großer Ausführlichkeit davon. Dann hielt er inne, griff zu seiner Kaffeetasse, schwieg einen Augenblick und sagte dann: »Aber ihr … ihr seid eine andere Generation.« Was für ein Satz! Trotz des unsäglichen Leids, das seiner Familie von Deutschen zugefügt worden war, vermochte er zwischen den Tätern und der nachgeborenen Generation zu unterscheiden. Selten hat mich eine flüchtige Begegnung so berührt. Selten habe ich derart greifbar erlebt, was Versöhnung bedeutet und welcher Anstrengung es dazu bedarf. Wir verabschiedeten uns aufs Herzlichste von dem alten Mann und bedankten uns nicht nur für seine Gastfreundschaft, sondern auch für das, was er uns anvertraut hatte.

Am nächsten Tag bogen wir zur Küste ab, um mit einer Fähre zu den Lofoten überzusetzen. Das kleine Schiff lag bereits am Kai, aber wir konnten überraschenderweise keine Tickets kaufen. »Es ist ein Sturmtief angesagt. Wir wissen noch nicht, ob das Schiff ablegen kann«, wurde uns am Schalter mitgeteilt. Wir mussten warten. Dann auf einmal hieß es: »Schnell an Bord! Dieses Schiff wird für heute das letzte sein. Die Tickets können während der Fahrt gelöst werden.« Zehn Minuten später ging es los. Die Überfahrt dauerte dreieinhalb Stunden. Die erste Stunde war noch recht angenehm. Dann aber brach tatsächlich ein Sturm los. Und was für einer! Wie aus dem Nichts stellte sich der aufbrausende Wind dem Schifflein entgegen. Was dann passierte, kannten wir bereits. Es wurden Spuckbeutel verteilt, es gab Ansagen über den Bordlautsprecher … Nur die Schiffsbewegungen waren ganz andere als auf der großen Nordseefähre. Das kleine Lofotenschiff schlingerte nicht langsam hin und her, sondern wälzte sich in kurzen, ruppigen Bewegungen von der einen auf die andere Seite.

Es war ein Höllenritt. Einige versuchten, sich an der Reling zu übergeben. Aber der Wind wirbelte das Erbrochene so in der Luft herum, dass es entweder auf sie selbst zurückfiel oder andere Passagiere traf. Alex und ich versuchten es deshalb mit einer anderen Methode. Wir setzten uns breitbeinig auf einen Stuhl auf dem Oberdeck und klemmten uns den Spuckbeutel eng vor den Mund. Das funktionierte. Aber die Bewegungen des Schiffes waren derart stark, dass wir uns kaum auf den Stühlen halten konnten. Mal rutschten sie in die eine, mal in die andere Richtung. Richtig kompliziert wurde es, wenn der Spukbeutel voll war. Dann hieß es vorsichtig aufstehen, den Stuhl sichern, nicht umfallen, den Beutel entsorgen und schnell wieder an einen neuen kommen. Erst nach einer gefühlten Ewigkeit war der Spuk vorbei, und das Schiff näherte sich dem kleinen Ort Moskenes. Nach einem abenteuerlichen Anlegemanöver, das sich über mehr als eine halbe Stunde hinzog, hatten wir wieder festen Grund unter den Füßen. Wir fuhren noch ein kurzes Stück bis zum Ortsrand von Reine, stellten unser Zelt auf und waren froh, endlich auf den Lofoten zu sein – mit festem Inselboden unter den Füßen.

Die Lofoten sind eine außergewöhnliche Inselgruppe. Auf Satellitenaufnahmen sehen sie wie ein versteinerter Drachenschwanz aus, dessen Knochen halb aus dem Wasser ragen. Vom Festland wirken sie wie der mit scharfen Zähnen besetzte Unterkiefer eines riesigen Krokodils. Der größte dieser Zähne ist der Higravstinden. Er ist 1.146 Meter hoch. Die anderen Zähne sind nicht viel kleiner. Da sie dicht an dicht nebeneinanderstehen und nahezu senkrecht aus dem Nordmeer ragen, wirken sie wie eine Wetterscheide. Sie fangen die von Westen heranziehenden Winde und Wolken ab. So kann es sein, dass auf dem Festland bestes Wetter herrscht, während es auf den Lofoten stürmt und regnet. Fjorde gibt es hier oben auch. Sie sind nur wesentlich kürzer und schroffer als ihre Verwandten im Süden. Wie tiefe Risse und dunkle Schrunden sehen sie von oben aus. Die Lofoten sind ein ungemütliches, raues, ja bizarres Stück Erde. Genau deshalb aber wollten wir sie kennenlernen.

Am besten erschließt sich die Inselgruppe dem, der es schafft, auf einen der Berge zu steigen. Warum »schafft«? Weil das Wandern und Bergsteigen auf den Lofoten etwas völlig anderes ist als in den Alpen oder in einem deutschen Mittelgebirge. Es gibt so gut wie keine Wanderwege, die Berge sind steil und das Gestein ist brüchig. Die größte Herausforderung aber ist das Wetter. Denn das kann binnen weniger Minuten komplett umschlagen, sodass es zu einer ernsten Gefahr wird. Trotzdem wollten wir auf einen der Gipfel hinauf.

Wie aber das Ganze angehen? Wir besaßen weder eine Wanderkarte noch ein Navigationsgerät. Auch Wegweiser und Markierungen gab es nicht. Also marschierten wir zunächst mal ein Stück auf der Straße, auf der wir am Vortag gekommen waren.

Nach einem guten Kilometer zweigte ein kleiner Pfad ins Busch-werk ab. Den nahmen wir, denn er schien nach oben zu führen. Und so war es auch. Schon nach wenigen Metern wurde der Pfad so steil, dass wir unsere Hände zu Hilfe nehmen mussten. Noch dazu war er ziemlich rutschig. Es ging über nasses Gras hinweg, über feuchten Torf und schlammige Erde. Unsere Füße versanken teils knöcheltief im Morast.

Dann wurde es allmählich trockener. Denn wir hatten die von Moosen und Flechten bewachsene Felsregion erreicht, die hier auf den Lofoten bereits in einer Höhe von 600 Metern beginnt. Nun mussten wir nur noch auf lose Steine und brüchige Felskanten achten. Nach etwa zwei Stunden standen wir auf einem Grat, über den wir recht mühelos zu einem der Gipfel aufsteigen konnten. Um welchen genau es sich handelte, vermag ich heute nicht mehr zu sagen. Vielleicht hat er auch überhaupt keinen Namen. In je-dem Fall bot er eine traumhafte Aussicht. Tief unter uns das dun-kelblaue Wasser des Nordmeers, vor uns die anderen »Zähne« der Lofoten und ganz in der Ferne das norwegische Festland. Reine konnten wir erkennen, das viel kleinere Moskenes und dazwi-schen einen Fjord, über dessen schmale Mündung sich eine im-posante Brücke spannt. Zu dieser Brücke wollten wir absteigen. Denn von dort aus war es dann nicht mehr weit bis zu unserem Zeltplatz.

Das war jedoch leichter gesagt als getan. Denn es war partout kein Pfad zu finden, der in diese Richtung ging. Also versuchten wir es auf einer Linie, die uns von oben betrachtet machbar er-schien. Das ging auch soweit gut. Nur auf dem letzten Stück be-kamen wir noch ein kleines Problem. Wir müssen einen Bienen-schwarm aufgescheucht haben, denn von jetzt auf gleich fiel eine Heerschar äußerst angriffslustiger Bienen über uns her. Die ersten Stiche fing ich mir ein. Zwei in den Hals und einen in den Arm.

Dann war Alex dran. Bei ihm griffen sie gleich das Gesicht an. Die Lippen, die Stirn, ein Augenlid … Wir mussten weg! Einfach nur weg. Also stürzten wir uns in einem Schweinsgalopp den steilen, rutschigen Hang hinunter. Dass wir uns dabei nichts gebrochen haben, kommt mir heute wie ein Wunder vor. Am Ende waren wir lediglich ein wenig entstellt. Alex hatte eine dicke Lippe und ein geschwollenes Augenlid. Und bei mir sah der Hals nicht mehr ganz so schlank wie vorher aus …

Nach dieser Aufregung mussten wir uns etwas Gutes gönnen. Deshalb ließen wir unsere Wanderung in einem Rorbu-Gasthaus ausklingen. Rorbuer nennt man in Norwegen die saisonal genutzten Fischerhütten. Auf den Lofoten sind sie wegen des winterlichen Dorschfangs besonders verbreitet. In den Sommermonaten werden sie entweder an Touristen vermietet oder eben als Gasthaus genutzt. Das Rorbu, in dem wir einkehrten, war ziemlich urig. Unter der Decke hingen Netze, Reusen und Kescher, an den Wänden alte Tranlampen und dazwischen jede Menge Bilder und Zeitungsausschnitte aus der Hochzeit des Lofotfischfangs um das Jahr 1900 herum. Aus dieser Zeit stammt auch Johan Bojers berühmter Roman *De siste Viking* (Der letzte Wikinger), der im Deutschen unter dem Titel *Die Lofotfischer* erschienen ist. Er lag in mehreren Übersetzungen auf dem Wirtshaustresen aus. Wir schnappten uns zwei deutschsprachige Exemplare, bestellten uns je einen großen Kaffee und versanken für eine ganze Weile in der rauen, aber irgendwie doch auch heimeligen Welt der Lofotfischer.

Wer sich einen plastischen Eindruck von dieser Welt verschaffen will, muss nach Nusfjord fahren. Das kleine Fischerdorf liegt an einem natürlichen Hafen und ist von einer beeindruckenden Bergkulisse umgeben. Es besteht aus etwa 50 Robuer, die allesamt unter Denkmalschutz stehen und seit 1975 gar als Weltkulturerbe gelten. Einige von ihnen werden noch genutzt, andere vermietet, wieder andere bilden eine Art Freilichtmuseum. So oder so: Man hat den Eindruck, in Nusfjord sei die Zeit stehen geblieben. Vor den Hütten liegen noch Taue und Netze, als seien sie gerade erst dem Meer entronnen. Es gibt einen alten Kolonialwarenladen, eine Tranfabrik und ein Sägewerk.

Am nächsten Mittag waren wir dort. Nusfjord liegt etwas abseits des *Lofotveien*, aber der kleine Abstecher lohnt. Der *Lofotveien* ist die Hauptstraße der Lofoten und allein schon eine Reise wert. Denn er windet sich wie eine Schlange durch die bizarre Inselwelt. Damals war er noch nicht durchgängig befahrbar. Wir mussten immer wieder anhalten und auf eine Fähre warten, um von einer Insel zur nächsten zu kommen. Heute kommt man wesentlich zügiger voran. Denn aus dem *Lofotveien* ist der *Lofast* geworden, die aus zahlreichen Brücken und Tunneln bestehende »Lofotenfestlandverbindung«. Doch wir wollten auf den Lofoten gar nicht so zügig vorankommen. Wir wollten die Landschaft in Ruhe auf uns wirken lassen und hielten deshalb immer wieder an, um Fotos zu machen oder einfach nur die Aussicht zu genießen.

Von Svolvær ging es dann wieder zurück aufs Festland. Dabei zeigte sich das Nordmeer von einer ganz anderen Seite als bei der Hinfahrt. Wir waren schon auf alles gefasst, aber diesmal schien die Sonne, und das Meer war ruhig. Wir fuhren noch ein paar Kilometer mit dem Rad, bevor wir unser Zelt aufschlugen. Nicht weit von unserem Lager entfernt lag der *Hamsund gård*, ein kleiner, abgelegener Hof, auf dem kein Geringerer als der norwegische Literaturnobelpreisträger Knut Hamsun (1859–1952) seine Kindheit verbracht hat. Der als Knut Pederson geborene Schriftsteller hat später den Namen des Hofes (der zu seiner Zeit noch ohne »d« geschrieben wurde) angenommen. Ich erwähne das, weil zwei seiner Werke bei der Vorbereitung auf unsere Polarkreis-Tour eine große Rolle gespielt haben. Der Roman *Segen der Erde*, für den er 1920 den Nobelpreis bekommen hat, und die nicht minder großartige frühe Erzählung *Hunger*. Wir haben beide Werke regelrecht verschlungen, uns so manches Mal über sie unterhalten und vor allem ein Gespür dafür bekommen, wie das Leben hier oben, weit nördlich des Polarkreises einmal ausgesehen haben muss.

Anderthalb Tage später waren wir in Narvik. Die Jugendherberge lag ausnahmsweise mal direkt im Zentrum, sodass wir relativ schnell ein Zimmer und das Bahnticket für die Heimfahrt hatten. So blieb uns noch Zeit für einen kleinen Rundgang. Die Stadt an sich ist nicht besonders sehenswert. Sie besteht vor allem aus einem großen Hafen, einem Bahnhof und einer Reihe von Arbeiterhäusern. Unbedingt lohnend aber ist ein Besuch des kleinen *Narvik Krigsmuseums*, das den Überfall der Deutschen Wehrmacht auf Norwegen und die anschließende Besatzungszeit dokumentiert. Mit alten Fotografien, Landkarten und anderen Ausstellungstücken wird einem das ganze Grauen dieser Zeit vor Augen geführt. Für einen Deutschen ist das nur schwer erträglich. Wie gut, dass wir einige Tage zuvor jenem alten Mann begegnet waren, der uns so versöhnlich zugerufen hatte: »Ihr aber seid eine andere Generation.« Hier im Museum wurde mir dieser Zuruf mit einem Mal zu einer Verpflichtung, die ich bis auf den heutigen Tag verspüre: Von deutschem Boden darf nie wieder ein Krieg ausgehen – schon gar nicht verursacht und vorangetrieben von nationalsozialistischem Gedankengut.

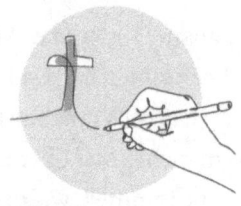

9

AGERE CONTRA – GEGENSTEUERN

Wer liest, dass ich 2.000 Kilometer lange Radreisen mache, mein Fahrrad über Schneefelder schiebe und einen Pass nach dem anderen erklimme, könnte meinen, ich sei ein ziemlich taffer Kerl. Wagemutig, ausdauernd und athletisch. Wer das denkt, irrt. Bereits ein ärztliches Attest aus dem Jahr 1986 bescheinigt mir, »ein neunzehnjähriger, altersgemäß aussehender junger Mann von asthenischer Konstitution« zu sein. Asthenisch bedeutet nichts anderes als schwach, kraftlos, matt. Der asthenische Konstitutionstyp hat relativ dünne Arme und Beine, gilt als körperlich und geistig empfindsam und verfügt in untrainiertem Zustand über wenig Kraft und Ausdauer. Sein Muskelaufbau geht nur langsam vonstatten, und sein Regenerationsbedarf ist überdurchschnittlich groß. So steht es in einem medizinischen Handbuch geschrieben.

Das Attest wurde mir im Anschluss an eine Bandscheibenoperation ausgestellt. Tatsächlich: Bereits im Alter von 19 Jahren hatte ich einen Bandscheibenschaden, der so gravierend war, dass es eines operativen Eingriffs bedurfte. Schon als Neunjähriger bin ich an der Niere operiert worden. Später zweimal an der Schulter. Dann hat das Herz mir Probleme bereitet. Dann noch einmal die Bandscheibe. Und jetzt gerade, da ich diese Zeilen schreibe, habe ich wieder mal eine OP hinter mir. Diesmal an der linken Hand. Als schwach und kränklich könnte man mich also bezeichnen. Aber auch das gilt nur auf den ersten Blick. Denn ich habe im Laufe der Jahre gelernt, meine Schwächen zu akzeptieren und das Beste aus ihnen zu machen.

Eine wertvolle Anregung dazu hat mir Professor Laumann gegeben. Jener Arzt, der mich zum zweiten Mal an der Schulter operiert hat. Ich war unglücklich auf meinen linken Arm gestürzt, sodass der Oberarmkopf zersprungen war und wieder zusammengeschraubt werden musste. Da die erste Operation »suboptimal« verlaufen war (man hatte mir schlichtweg zu lange Schrauben in den Knochen gedreht), ist die Schulter steif geworden. Trotz mehrerer Dehnungsversuche unter Narkose konnte ich das Gelenk nur noch marginal bewegen. Ans Radfahren war in dieser Zeit überhaupt nicht zu denken. Denn ich bekam den linken Arm nicht mal an den Lenker herangeführt. Da nahm Professor Laumann sich meiner an. Er operierte mich ein zweites Mal, gab mir ein paar Tipps für die Nachbehandlung und erzählte mir, als ich ihn fragte, ob ich denn wohl je wieder Rad fahren könne, eine äußerst hilfreiche Geschichte.

Es war die Geschichte des Demósthenes. Der lebte von 384 bis 322 vor Christus, war ein griechischer Staatsmann und einer der begabtesten Rhetoren seiner Zeit. Das aber war ihm alles andere als in die Wiege gelegt. Denn er war von äußerst schwächlicher Konstitution. Seine Stimme war so leise, dass man ihn kaum verstehen konnte. Er lispelte und war kurzatmig. Trotzdem wollte er Rhetor werden. Denn die politische Rede und das rhetorische Ringen mit anderen faszinierten ihn mehr als alles andere. Also begann er, an seinen Schwächen zu arbeiten. Und zwar so, dass er für jede von ihnen eine passende Herausforderung suchte. Um seine leise Stimme zu trainieren, ging er ans Meer und schrie gegen die tosende Brandung an. An seinem Lispeln arbeitete er, indem er beim Sprechen Kieselsteine in den Mund nahm. Und um seine Kurzatmigkeit zu überwinden, redete er, während er einen Hügel erklomm.

Ich habe gleich verstanden, worauf der Professor hinauswollte. Wer eine Schwäche oder Einschränkung überwinden will, braucht zweierlei: ein Ziel und einen passenden Widerstand. Über das Ziel musste ich mir keine Gedanken machen. Ich wollte wieder Radfahren können. Den Widerstand fand ich in einer Physiotherapeutin, die meinen Arm immer dann, wenn ich meinte, nicht mehr zu können und ausweichen zu müssen, noch einmal, ganz behutsam, aber doch sehr bestimmt, in die entgegengesetzte Richtung zog. Das war eine ziemlich schmerzhafte Angelegenheit. Aber: Das Wunder des Demósthenes wiederholte sich! Erst konnte ich meinen Arm wieder auf den Lenker legen, dann eine kleine Runde im Garagenhof drehen und schließlich die erste Ausfahrt unternehmen. Nach einem guten Jahr war die Schulter wieder so beweglich, dass ich die nächste Radreise in den Blick nehmen konnte.

Agere contra nennt man das im Lateinischen: Gegensteuern. Sich nicht einfach mit einer Schwäche oder Einschränkung abfinden, sondern an ihr arbeiten. Ihr einen passenden Widerstand entgegensetzen. Das ist – Sie ahnen es – wieder eine Übung, die auch Ignatius von Loyola empfiehlt. Nicht im Sinne einer bloßen Leistungssteigerung oder der heute so populären Selbstoptimierung, sondern um das Leben in seiner ganzen Weite und Tiefe erleben und – ja auch – genießen zu können. Es geht um ein *magis*, um ein »Mehr«. Mehr Möglichkeiten haben und mehr bewirken können. Mehr voneinander und vom eigenen Leben haben. Um ein Gegensteuern also, das lohnt. Das nicht bloß eine Anstrengung ist, sondern auch ein Gewinn, etwas Erfüllendes und Beglückendes.

Dazu muss man nicht vor einer so großen Herausforderung stehen wie Demósthenes mit seinem Berufswunsch oder ich mit meiner steifen Schulter. Es ist auch bei viel kleineren, alltäglicheren Herausforderungen erlebbar. Bleiben wir bei der Radreise. Da hat man plötzlich eine Panne. Da spielt einem das Wetter einen Streich. Da muss man einen Umweg fahren. Solche Dinge passieren ständig. Sie gehören zu einer Radtour einfach dazu. Es läuft nicht immer glatt und rund. Und dann? Ich kann mich fürchterlich darüber aufregen, dass das gerade jetzt passiert, wo ich es am wenigsten gebrauchen kann. Ich kann mein Rad in den Graben werfen oder erst gar nicht mehr losfahren, weil ja doch immer wieder so etwas Blödes passiert. Ich kann dieses »Blöde« aber auch als festen Bestandteil einer Radtour begreifen und eine Herausforderung darin sehen. Die Herausforderung zum *Agere contra*, zu einem kreativen und gewinnbringenden Gegensteuern.

Es ist wirklich etwas dran: Die meisten Widrigkeiten werden paradoxerweise kleiner, wenn man den Widerstand erhöht. Wer schon mal versucht hat, eine festgerostete Schraube zu lösen, wird das bestätigen können. Die Schraube lässt sich leichter lösen, wenn man sie zunächst noch ein wenig anzieht und dann erst lockert. Etwas ganz Ähnliches geschieht beim Kurvenfahren. Ist Ihnen das schon mal aufgefallen? Eine Rechtskurve lässt sich leichter nehmen, wenn man zunächst ein Stück nach links ausbricht. Wir machen diese kleine Gegenbewegung ganz unwillkürlich, weil sie uns hilft, in die eigentlich gewünschte Richtung zu fahren. Ein schwerer Bergpass lässt sich oft besser überwinden als ein leichter. Ganz einfach, weil man ihm mit mehr Respekt begegnet und eine größere Widerstandskraft aufbaut. Die übelsten Durchhänger habe ich nicht auf schwierigen Etappen erlebt, sondern auf solchen, die ich leichtfertig unterschätzt habe.

Es scheint so etwas wie ein Grundgesetz zu geben, nach dem wir Einschränkungen und Hindernisse brauchen, um an ihnen wachsen zu können. Wer immer nur den Weg des geringsten Widerstandes geht, seine Schwächen für unüberwindbar hält und jede größere Herausforderung meidet, bringt es in aller Regel nicht weit. Wer sich dagegen im *Agere contra* übt, dem eröffnen sich Möglichkeiten, von denen er vorher nicht mal zu träumen gewagt hat. Aber noch einmal: Es geht dabei nicht darum, das Letzte aus sich herauszuholen und Höchstleistungen zu vollbringen. Es geht darum, in neue Handlungs- und Erlebnisspielräume vorzudringen, das Leben weiter und reicher werden zu lassen.

Hätte ich das ärztliche Attest, das mir als Jugendlicher ausgestellt worden ist, zum Maß aller Dinge gemacht, mich von meinen Unfällen und Erkrankungen einschränken lassen oder auch nur auf meine besorgte Tante gehört, die mir, wann immer das Gespräch auf meine Radreisen kam, einzureden versuchte, dass das doch viel zu gefährlich sei ... ich hätte all die Dinge nicht erlebt, die mir zu einem wunderbaren Erinnerungsschatz geworden sind. All die Begegnungen und Erlebnisse, von denen ich hier schreibe, verdanke ich vor allem einem beständigen *Agere contra* – im Vertrauen darauf, dass da noch etwas kommt im Leben.

10

NEHMT UND ESST!

Ungarn und Rumänien

Sommer 1991. Alex war mittlerweile nach Bayern gezogen, und ich war immer noch in Rom. Für unsere nächste Tour bot sich daher ein Ziel irgendwo in Südeuropa an. Dass es Ungarn und Rumänien geworden sind, dafür war ich verantwortlich. Denn das römische Kolleg, in dem ich damals lebte, war ein deutsch-ungarisches Kolleg, das *Collegium Germanicum et Hungaricum*.

Das Germanicum (wie es kurz gekannt wird) hat den Ruf, eine Kaderschmiede der katholischen Kirche zu sein, denn es hat schon viele Bischöfe und Hochschullehrer hervorgebracht. Für mich standen jedoch zwei ganz andere Dinge im Vordergrund: die Internationalität des Kollegs (wie auch der Universität, an der ich studierte) und die Spiritualität des Ignatius von Loyola. Beides hat miteinander zu tun. Denn Ignatius hat das Kolleg für zwei Regionen gegründet, in denen es zu seiner Zeit sowohl politisch als auch kirchlich drunter und drüber ging: für das Heilige Römische Reich Deutscher Nation und die Donaumonarchie. In beiden Gebieten wurden dringend gut ausgebildete Priester gebraucht, die sich nicht blindlings vor diesen oder jenen Karren spannen lassen, sondern über eine solide theologische Ausbildung und einen klaren Blick für die aktuellen gesellschaftlichen Herausforderungen verfügen. Und dabei eben spielte die geerdete und weltoffene Spiritualität des Ignatius eine große Rolle.

Die etwa 80 Stipendiaten, die das Kolleg aufnehmen kann, kommen auch heute noch aus den Ländern des ursprünglichen Stiftungsgebietes: aus Deutschland, Österreich und der Schweiz sowie aus Ungarn, Rumänien, Slowenien und Kroatien. Ich hatte also Zimmernachbarn, die aus ziemlich unterschiedlichen Kulturkreisen kamen. Das war hochinteressant, aber nicht immer nur leicht. Denn vieles von dem, was meine Mitstudenten sagten und dachten, konnte ich einfach nicht nachvollziehen. Die Art, wie sie ihren Glauben lebten, wie sie Kirche und Priesteramt verstanden, wie sie gesellschaftliche Entwicklungen einschätzten, wie sie untereinander Gemeinschaft pflegten und über andere urteilten – all das blieb mir erst einmal ziemlich fremd. Aber ich wollte es verstehen lernen. Denn meine Mitstudenten waren ganz feine Kerle, sie waren halt nur völlig anders sozialisiert als ich. Und das wollte ich zumindest in Ansätzen nachvollziehen können.

Da die Kommilitonen, die mir am nächsten standen, aus Ungarn und Rumänien kamen, schlug ich Alex vor, doch mal eine Radtour durch diese Länder zu machen, und er ließ sich gleich dafür begeistern. Die meisten meiner Mitstudenten verbrachten die Sommerferien in ihrer Heimat, sodass wir nicht nur ihre Familien, sondern teils auch sie selbst besuchen konnten. Startpunkt sollte das Elternhaus von György sein. Der kam aus der gleich hinter der österreichisch-ungarischen Grenze gelegenen Kleinstadt Sopron. Dort wollten wir losfahren. Doch zunächst einmal galt es, einen Grundkurs in ungarischer Gastfreundschaft zu absolvieren. Und das bedeutete vor allem, dass wir essen mussten. »Nehmt und esst!« Das sind die ersten Worte, die mir von dieser

Radtour in Erinnerung sind. Wir haben sie immer wieder gehört. Denn das gemeinsame Essen hat in Ungarn wie auch in Rumänien einen wesentlich höheren Stellenwert als bei uns.

»Wir beginnen mit einem kleinen Mittagessen«, sagte Györgys Mutter in einem überaus liebevoll klingenden ungarischen Dialekt und tischte auf: *Csipetke leves* (eine klare Suppe mit Gemüse und Zupfnudeln), *Főtt bordák* (gekochte Rippchen), *Burgonya* (Kartoffeln), *Lecsó* (ein Eintopf aus Paprika, Zwiebeln und Tomaten) und als Nachtisch *Meggyes palacsinta* (ein süßer Pfannkuchen mit Sauerkirschen). Für die Verdauung gab es einen *Unicum*. Der Kräuterschnaps aus dem Hause Zwack darf bei keinem ungarischen Essen fehlen. Sein Name geht auf Kaiser Josef II. (1741–1790) zurück, der den Magenbitter von seinem Hofarzt Dr. Zwack verordnet bekommen hatte. Nachdem er ihn verkostet hat, soll er voll Begeisterung ausgerufen haben: »Das ist ein Unicum!«

Nach dem »kleinen Mittagessen« zeigte uns György Sopron. Den Hauptplatz mit der großen Dreifaltigkeitssäule, das mächtige denkmalgeschützte Rathaus, den aus dem 13. Jahrhundert stammenden Feuerturm … Das alles waren ohne Zweifel beeindruckende Bauten. Und dennoch ging von ihnen eine düstere, fast schon depressive Stimmung aus. Denn die Gebäude waren verschmutzt und von Moos bewachsen. Aus ihren Dächern wuchsen Büsche empor. Alles Hervorragende war von Vogelkot und anderen Exkrementen überzogen. Man konnte ihren Verfall förmlich riechen. Noch trostloser wurde es, als wir in eine Nebenstraße abbogen. Aufgerissenes Kopfsteinpflaster, heruntergefallene Dachschindeln, ausgebrochene Fensterstürze. Dazu der Lärm und Gestank von Zweitaktmotoren, verbaut in klapprigen Fahrzeugen der Marken Dacia, Wartburg und Trabant.

»Verstehst du jetzt, warum wir nichts vom Kommunismus halten?«, sagte György zu mir. »Sopron war mal eine wunderschöne

Stadt. Meine Eltern haben das noch erlebt. Doch dann kam eine Katastrophe nach der anderen. Erst der Zweite Weltkrieg und dann der real ruinierende Sozialismus.« Ich kannte bis dahin nur den »real existierenden« Sozialismus und den auch nur aus der Literatur. Hier nun führte uns György vor Augen, was diese Ideologie in seiner Heimat angerichtet hat. »Hier in der Straße wohnen vor allem Katholiken«, erklärte uns György. »Deshalb ist sie besonders verwahrlost. Man hat denen, die nicht auf der Parteilinie lagen, selten etwas anhaben können. Aber sich nicht um sie kümmern und ihnen den Zugang zu staatlichen Hilfen verwehren, das konnte man schon.«

Im Sommer 1991 lag der Fall des Eisernen Vorhangs gerade mal anderthalb Jahre zurück. In den Gebieten der ehemaligen DDR war seitdem schon einiges geschehen. Hier aber, im Südosten Europas, ging der Wiederaufbau wesentlich schleppender voran. Ob wir uns nicht vielleicht doch etwas verschätzt hatten? Ob es nicht vielleicht doch ein etwas zu kühner Plan war, mit dem Fahrrad durch zwei Länder zu fahren, die wirtschaftlich völlig am Boden lagen? Andererseits hatten wir ja Bekannte und Freunde in beiden Ländern. Also ließen wir uns von unserem ersten Eindruck nicht entmutigen, sondern blieben neugierig auf das, was uns in den nächsten Wochen erwartete.

Nach unserem kleinen Stadtrundgang hieß es erst einmal wieder: »Nehmt und esst!« Es gab *Pogácsa* (mit Schafskäse gefüllte Teigtaschen), *Paprikás szalámi* (Paprika-Salami), *Véres hurka* (Blutwurst), *Májas hurka* (Leberwurst), *Savanyúság* (in Salzlake eingelegtes Gemüse), *Paradicsom* (Tomaten), *Paprika* … und natürlich wieder einen *Unicum*. Wie gut, dass wir schon die wichtigsten ungarischen Phrasen kannten: *Köszönöm szépen!* (Vielen Dank!), *Jó étvágyat!* (Guten Appetit!) und vor allem *Köszönöm, tele vagyok!* (Danke, ich bin wirklich satt!). Vor allem diesen Satz haben wir immer wieder gebraucht. Denn ohne ihn wären wir sicher irgendwann einmal geplatzt.

Als wir am nächsten Morgen aufbrechen wollten – natürlich erst nachdem wir ein üppiges Frühstück zu uns genommen hatten – drückte uns Györgys Mutter noch »einen kleinen Imbiss« in die Hand: ein großes Brot, eine dicke Salami, eine Tüte mit etwa 40 (!) Tomaten und eine zweite Tüte, randvoll gefüllt mit Paprika. »*Egy kicsit, egy kicsit!*« – »Ein wenig nur, ein wenig nur!« Während wir noch damit beschäftigt waren, das Ganze in unseren Packtaschen zu verstauen, kam Györgys Vater mit seinem Trabant vorgefahren. Er war noch schnell in die Stadt geflitzt, um uns eine Flasche *Unicum* zu besorgen. »*Az emésztéshez!*« – »Für die Verdauung!« Dann aber ging es wirklich los. Unsere Gastgeber eskortierten uns noch ein ganzes Stück mit ihrem Auto, hupten noch einmal kräftig und überließen uns dann der Puszta.

Die ungarische Puszta beginnt unmittelbar südlich des Neusiedler Sees und zieht sich bis zur rumänischen Grenze hin. Wir fuhren in den ersten Tagen also durch eine steppenartige Landschaft mit ausgeprägt kontinentalem Klima. Mit anderen Worten: Es war trocken und heiß. Drei Dinge fielen uns sofort auf. Das erste waren die für die ungarische Puszta so typischen Ziehbrunnen, die aus der Ferne wie langgestreckte Galgen wirken. Das zweite waren die Storchennester. Auf den Telegrafenmasten am Rande der Straße, auf den Dächern der Häuser oder auf eigens aufgestellten Nisthilfen: Überall hockte Meister Adebar und kümmerte sich um seinen Nachwuchs. Das dritte waren die Paprikafelder. Überall wuchsen Paprikapflanzen: Spitzpaprika, Gewürzpaprika, Apfelpaprika, Kirschpaprika, Tomatenpaprika … morgens, mittags, abends, nachts: Paprika! Es gibt kaum ein ungarisches Gericht, in dem das vitaminreiche Gemüse keine Verwendung findet, und sei es nur als pikantes Gewürz.

Gegen Mittag des ersten Tages kamen wir zu einem kleinen Bahnhof, der dem von Hódmezővásárhelykutasipuszta glich. Sie erinnern sich? In dem Filmklassiker *Ich denke oft an Piroschka* mit Liselotte Pulver spielt dieser Bahnhof eine wichtige Rolle. Den Ort gibt es tatsächlich. Man hat ihn aus verständlichen Gründen nur in Székkutas umbenannt. Eine solche Namensänderung hätte auch anderen Orten, die an unserer Strecke lagen, gutgetan: Szolgagyőrerdésház, Ostffyasszonyfa, Kemenesmihályfa … Wir konnten keinen dieser Namen richtig aussprechen, hatten aber einen Heidenspaß daran, es immer wieder zu versuchen.

An etwas anderem übten wir uns dagegen ernsthaft. An einem Satz, den György uns aufgeschrieben hat: *»Németországból jővünk, biciklitúrán vagyunk. Megengedné-e, hogy egy éiszakára itt sátorozzunk?«* – »Wir kommen aus Deutschland und sind auf einer Radtour. Können wir wohl für eine Nacht hier zelten?« Bei den ersten zwei Übernachtungsanfragen mussten wir noch Györgys Zettel vorzeigen. Dann konnten wir den Satz tatsächlich auswendig. Das Problem nur war, dass unser Gegenüber daraus schloss, wir würden fließend ungarisch sprechen. Deshalb mussten wir immer gleich mit ein paar Gesten hinterhersetzen, dass dem nicht so war. Überraschenderweise reagierten nicht wenige mit ein paar Brocken Deutsch darauf. Bei den Älteren lag das an den vielfältigen Beziehungen zwischen Österreich und Ungarn seit den Jahren der Donaumonarchie, bei den Jüngeren lag es schlichtweg daran, dass sie Deutsch als Unterrichtsfach in der Schule hatten.

Gleich am ersten Abend hatten wir Glück. Der Mann, den wir auf einen Zeltplatz angesprochen hatten, sprach etwas Deutsch und bot uns sogleich die Wiese hinter seinem Haus an. Nachdem wir unser Zelt dort aufgestellt hatten, kam er noch einmal zu uns heraus. »Bitt scheen, kleines Abendessen!« Auf dem Tablett in seinen Händen stapelten sich zwei randvolle Suppenschüsseln, zwei flache Teller mit Reis und Geschnetzeltem und zwei große Stücke Honigmelone. »Wir hätten unseren Kocher zu Hause lassen sollen«, raunte ich Alex zu, derweil der sich aufs Höflichste bei unserem Gastgeber bedankte. Warum macht der das? Das fragten wir uns beide. Er kennt uns gar nicht, wir sind nur wenige Stunden hier und werden morgen weiterfahren. Es hätte doch völlig ausgereicht, uns auf der Wiese zelten zu lassen. Wir haben uns diese Fragen immer wieder gestellt und erst einmal keine Antwort gefunden – außer der, dass die Ungarn offenbar ein äußerst gastfreundliches Volk sind.

Während wir aßen, kamen auch die beiden Söhne des Mannes zu uns heraus, elf und dreizehn Jahre alt. Die beiden sprachen ebenfalls etwas Deutsch und zeigten uns stolz ihre Unterrichtsbücher. Das wiederum veranlasste den Vater, uns eine deutschsprachige Lutherbibel und ein ebenfalls deutschsprachiges Gesangbuch aus dem Jahr 1904 zu zeigen. Er sei ein frommer Lutheraner und lese jeden Tag in der Bibel, erklärte er uns. Seine Frau sprach leider nur Ungarisch, kam aber ebenfalls zu uns heraus und freute sich sichtlich darüber, zwei Jungs aus Deutschland verköstigen zu können. »*Egyél! Egyél többet!*« – »Essen! Mehr essen!«, rief sie uns immer wieder zu. Immerhin konnten wir uns diesmal mit einer kleinen Gegengabe bedanken. Richtig: mit einem *Unicum*. Das aber war keineswegs der letzte Akt. Denn am nächsten Morgen lud uns die Familie selbstverständlich zu einem »kleinen Kaffee« ein. Gemeint war: zu einem außerordentlich üppigen Frühstück.

Erst am späten Vormittag, als sich das Thermometer bereits der 30-Grad-Marke näherte, kamen wir wieder auf unsere Räder. Zunächst konnten wir auf verkehrsarmen Landstraßen fahren. Dann mussten wir auf die berüchtigte F 84 wechseln, die sogenannte Balaton-Rennstrecke. Die verbindet Wien mit dem Plattensee und ist für ihre zahlreichen Verkehrsunfälle bekannt. Aber es war halb so schlimm. Denn zum einen waren wir nicht am Wochenende, sondern an einem Werktag unterwegs. Und zum anderen hatten wir Rückenwind. Der trieb uns so schnell über die gefährlichen 40 Kilometer hinweg, dass wir bereits gegen Mittag am Balaton waren. Wir steuerten den kleinen Ort Badacsony an und ließen uns auf dem dortigen Campingplatz nieder.

Badacsony ist nicht nur für sein schönes Ortsbild und seine traumhafte Lage am See bekannt, sondern auch für seinen guten Wein. An den Hängen oberhalb des Ortes wächst vor allem die autochthone Szürkebarát-Rebe, aus der der berühmte »Graue Mönch« gekeltert wird, ein dem Grauburgunder ähnlicher Weißwein. Außerdem werden der Grüne Veltliner und der Muskateller angebaut. Damit stand unser Programm für den Rest des Tages fest: erst ein Nickerchen am Seeufer, dann ein Gang durch den Ort und schließlich hinauf in die Weinberge. Dort fanden wir ein kleines Restaurant, von dessen Terrasse wir nahezu den gesamten Balaton überblicken konnten. Also kehrten wir ein. »Zweimal die Wildschweinkeule bitte und eine große Karaffe ›Grauer Mönch‹!« Das Ganze kostete nicht einmal sechs Mark pro Person, so preiswert war Ungarn damals noch. Die Sonne ging unter, der Mond erschien, und ein Streichquartett spielte auf. Hätte es uns besser gehen können? Wir bestellten uns noch einen Grünen Veltliner, lauschten der leicht melancholischen Musik und ließen den Tag so ganz allmählich ausklingen.

Am nächsten Morgen hatten wir einen Brummschädel. Das hinderte uns jedoch nicht daran, gleich wieder auf die Räder zu steigen. Etwas Bewegung und ganz viel Wasser: Damit bekommt man einen kleinen Kater schnell in Griff. Wir folgten dem Nordufer des Balaton gen Osten und erreichten gegen Mittag die Halbinsel Tihany. Hier schlägt das touristische Herz des Plattensees. Denn die weit in den See hineinragende Halbinsel ist nicht nur landschaftlich schön, sie wartet auch mit einem schmucken Dorf und einer traditionsreichen Benediktinerabtei auf. Der Reiz des Dorfes besteht darin, dass fast alle Häuser aus schweren Basaltsteinen bestehen und ein mächtiges Schilfdach haben. Die Benediktinerabtei ist eines der ältesten Klöster des Landes. Sie wurde bereits im Jahr 1055 gegründet. Kurz bevor wir sie besuchten, waren die ersten Mönche zurückgekehrt. Das kommunistische Regime hatte sie 1950 vertrieben und aus dem Kloster ein Museum gemacht. Heute birgt das Gebäude beides: ein Museum und ein Kloster, in dem wieder neun Benediktinermönche leben. Die Kühle des Kirchenraumes tat uns gut. Wir blieben eine ganze Weile dort, bevor wir die Fähre zum anderen Ufer des Balatons nahmen.

Was für ein Kontrast! Keine herausgeputzten Dörfer mehr, keine Touristen und Ausflugsangebote, sondern fahrendes Volk. Auf den ersten Blick entsprach alles den Klischees, die man damals von einem »lustigen Zigeunerleben« so hatte. Schon nach wenigen Kilometern kam uns ein hölzernes Pferdegespann entgegen. Auf dem Kutschbock stehend der Vater, auf der Pritsche dahinter ein Haufen Maiskolben und der Rest der Familie. Während die Kinder müde an einem der Maiskolben knabberten, sangen die Erwachsenen leise vor sich hin. Das Ganze wirkte wie aus einer Operette auf uns. Dass das Leben der in Ungarn beheimateten Roma alles andere als operettenhaft war, zeigte sich jedoch schon im nächsten Dorf. Die Straßen waren nicht befestigt, die Häuser fast alle baufällig, die Menschen zwar durchaus freundlich, aber doch sehr von ihrer Armut gezeichnet.

Wir fuhren durch mehrere solcher Dörfer und hielten schließlich in einem an, um uns nach einer Übernachtungsmöglichkeit umzusehen. Sofort hatten wir einen jungen Mann an unserer Seite, der uns dabei helfen wollte. Er führte uns zu einem leerstehenden Haus. Als wir uns das Haus näher ansehen wollten, merkten wir, dass die Haustür verschlossen war. »Kein Problem!«, bedeutete uns der Mann und verschwand für einen Augenblick. Wir dachten, er würde einen Schlüssel besorgen. Doch er kam mit einer langen Eisenstange wieder und brach die Haustür kurzerhand auf. Das war uns dann doch etwas suspekt. Der Mann war freundlich und wollte uns sicher nur helfen. Aber wir durchschauten das Ganze nicht. Was, wenn der rechtmäßige Besitzer gekommen wäre und uns in seinem Wohnzimmer angetroffen hätte? Das Risiko wollten wir nicht auf uns nehmen. Also mussten wir den guten Mann enttäuschen. Der konnte unsere Skepsis zwar nicht verstehen, ließ uns aber in Frieden gehen. Nur ein paar Kilometer weiter fanden wir dann eine Wiese, auf der wir zelten konnten.

Am nächsten Tag kamen wir zügig voran. Ein kräftiger Westwind schob uns förmlich vor sich her. Wir überquerten die Donau und erreichten Soltvadkert. Hier war Mitstudent Sandor zu Hause. Der war zwar gerade nicht vor Ort, sondern bei einem Sprachkurs in London, hatte uns aber ausdrücklich gebeten, seine Eltern zu besuchen. In der Meinung, wir könnten doch einfach mal auf einen Kaffee bei ihnen vorbeischauen, lösten wir unser Versprechen ein. An einen solchen Kurzbesuch war aber natürlich überhaupt nicht zu denken. Denn selbstverständlich mussten wir über Nacht bleiben und – viel wichtiger noch: wieder eine ganze Menge essen.

Ich besitze noch ein Foto von dieser Begegnung. Es ist schier unglaublich, was uns da alles aufgetischt wurde: gebratene Schnitzel mit Kartoffelsalat, verschiedene Würste und Schinkenspeck, Brot und Käse, Tomaten, Gurken, Paprika, Mohnschnecken und Nussrollen ... Sandors Eltern sprachen kein einziges Wort Deutsch, und dennoch sind wir bestens miteinander klargekommen. Mitunter genügte eine kleine Geste oder auch nur ein Blick, und wir wussten, was der andere meint. Es wurde ein langer und lustiger Abend. Wir stellten unsere Flasche *Unicum* auf den Tisch und mussten im Gegenzug so manchen *Pálinka* trinken. So nennt man in Ungarn die klaren Schnäpse, die zumeist aus Obst gebrannt werden. Soweit ich mich erinnern kann, haben wir einen Apfel-, einen Zwetschgen-, einen Quitten-, einen Schlehen- und einen Vogelbeerenbrand probiert und zu jedem Schnaps einen anderen ungarischen Trinkspruch gelernt.

Mit einem dieser Sprüche wurden wir am nächsten Morgen geweckt: »*Pálinkás jó reggelt kívánok e háznak!*« – »Dem ganzen Haus einen guten Morgen mit Schnaps!« So sagt man in Ungarn, während man noch auf der Bettkante sitzt und den ersten Klaren trinkt. Erst danach geht man ins Bad und an den Frühstückstisch. Was uns dort erwartete, muss ich nun nicht mehr beschreiben. Es war wieder viel zu viel. Deshalb gab es nach dem Frühstück auch gleich noch einen Verdauungsschnaps. Und ein Lunchpaket für die Weiterfahrt. Erst dann durften wir unsere Sachen packen und uns wieder auf die Reise machen.

Die nächste Etappe wurde zu einer ziemlich anstrengenden. Das lag nicht nur an unseren gefüllten Bäuchen und dem nicht ganz geringen Restalkohol, sondern auch an der ziemlich gleichförmigen Landschaft. Trockenes Gras zur Linken, trockenes Gras zur Rechten und in der Mitte eine kaum befahrene Landstraße. Auf der schleppten wir uns mühsam in einer immer drückender werdenden Hitze voran. So sehr wir uns auch anstrengten: Wir hatten den Eindruck, kaum vorwärts zu kommen. Ganz selten mal kam uns ein Fuhrwerk entgegen, beladen mit Mais, Melonen oder Schafen. Dann saß mal eine Frau am Straßenrand, um ein paar Paprika und Tomaten zu verkaufen. Das war es auch schon. Ansonsten sah alles ziemlich gleich aus. Vom frühen Morgen bis zum späten Abend.

Dann waren wir in Szeged, einer 160.000-Einwohner-Stadt. Dort gab es dann wieder stinkende Zweitakter, rappelnde Straßenbahnen und jede Menge Menschen. Als Quartier hatten wir uns einen kleinen Campingplatz unweit der Innenstadt ausgeguckt. Er lag recht schön am Ufer der Theiß, gleich neben einem großen Thermalbad. Auf das hatten wir uns besonders gefreut. Denn die Hitze und der sandige Pusztawind hatten unsere Haut mit einem recht unangenehmen Schmutzfilm überzogen. Doch was für eine Enttäuschung! Das Thermalbad war noch schmutziger als wir. Auf dem trüben Wasser schwammen schleimige Algen, und der Beckenrand war von Schimmel, Rost und Dreck überzogen. Wir duschten uns daher nur gründlich ab und verließen die Badeanstalt schnell wieder.

In der Meinung, in Szeged müsse man unbedingt ein Szegediner Gulasch essen, machten wir uns auf die Suche nach einem passenden Restaurant. Doch auf welche Speisekarte wir auch schauten: Nirgends gab es das berühmte Gericht. Seltsam ... Schließlich kehrten wir irgendwo ein und wurden aufgeklärt. Der Name Székely gulyás habe überhaupt nichts mit der Stadt Szeged zu tun. Er gehe auf den ungarischen Dichter József Székely zurück, der einen Budapester Koch zu diesem Klassiker inspiriert haben soll. Wenn ein Gericht typisch für Szeged sei, dann sei das die Szegediner Fischsuppe. »Also gut, dann bitte diese!«

Für noch etwas anderes ist die Stadt an der Theiß bekannt: für die in jedem Sommer stattfindenden Szegediner Freilichtspiele. Dazu wird der Domplatz, der in seinen Abmessungen übrigens exakt dem Markusplatz in Venedig gleicht, zu einem riesigen Freilichttheater umgebaut. Die Fassade des Domes dient dann als Bühnenbild. An jedem Abend gibt es eine Aufführung. Mal eine Oper, mal ein klassisches Konzert, mal einen bunten Folkloreabend. Wir waren allerdings viel zu müde für eine derart große

Portion Kultur und machten uns daher recht bald wieder auf den Weg zum Campingplatz.

Am nächsten Tag kamen wir nach Makó. Hier war Ferenc, Studienfreund Nummer drei, zu Hause. Da wir die kleine Stadt bereits am Mittag erreichten, schworen wir einander, diesmal wirklich nur vorbeizuschauen und uns nicht zu einem längeren Aufenthalt überreden zu lassen. Denn wir wollten an diesem Tag unbedingt noch die rumänische Grenze erreichen. So kam es uns fast gelegen, dass Ferenc für zwei Tage nach Budapest gefahren war. Wir trafen nur seinen Vater an, einen griechisch-katholischen Pfarrer. Tatsächlich, in der griechisch-katholischen Kirche können Pfarrer auch Väter sein. Das Besondere an dieser kleinen kirchlichen Gemeinschaft (sie hat gerade mal 6.000 Mitglieder) ist, dass sie durch ihre ostkirchliche Liturgie der Orthodoxie nahesteht, zugleich aber mit der römisch-katholischen Kirche uniert ist. Deshalb konnte Ferenc auch in einem römisch-katholischen Kolleg studieren.

Sein Vater sah uns schon von Weitem kommen. Er trug eine schwarze Soutane und eine *Skufia*, jene kleine schwarze Kappe, an der man einen ostkirchlichen Priester erkennt. Obwohl er nicht ein einziges Wort Deutsch sprach, verstand der freundlich dreinblickende Mann sofort, dass wir Studienfreunde seines Sohnes waren. Er ließ uns kurz mit Ferenc telefonieren und stellte derweil eine Flasche *Pálinka* auf den Tisch. Weil ich schon ahnte, was nun kommt, bat ich Ferenc inständig, doch Einfluss auf seinen Vater zu nehmen und ihm darzulegen, dass wir noch Fahrrad fahren müssten und daher weder größere Mengen Alkohol, noch einen üppigen Imbiss zu uns nehmen könnten. Es scheint ihm irgendwie gelungen zu sein. Denn wir mussten uns nur noch die gleich neben dem Haus gelegene Kirche anschauen, einen frisch geernteten Apfel essen und zwei Schnäpse trinken, dann durften wir

tatsächlich weiterfahren. Ganz ohne Völlegefühl und Brummschädel.

Eine gute Stunde später waren wir an der rumänischen Grenze.
Durch eine holländische Familie, die wir auf dem Campingplatz
von Szeged kennengelernt hatten, waren wir bereits vorgewarnt:
Der Grenzübertritt kann mehrere Stunden dauern! Bei den Hol-
ländern sind es ganze zwölf gewesen. Das allerdings schien nur
für motorisierte Fahrzeuge zu gelten, die sich tatsächlich kilome-
terlang vor der Grenzstation aufstauten. Mit unseren Fahrrädern
konnten wir ohne Weiteres an ihnen vorbeifahren. Die Autofahrer ermutigten uns sogar dazu, indem sie uns mit wilden Gesten anfeuerten. Vermutlich waren wir für sie nur eine willkommene Abwechslung. Für uns jedenfalls war es ein großes Glück.
Denn so mussten wir nur noch die schleppend langsame Abferti-
gung durch die rumänischen Grenzbeamten ertragen. Nach einer
Stunde waren wir drin – in einem neuen Land und in einer völlig
anderen Welt.

Unsere Uhren konnten wir zwar um eine Stunde vorstellen, die
erlebte Zeit aber schien von jetzt auf gleich um etwa 100 Jahre zu-
rückzuschnellen. So fühlte es sich an. Wie eine Zeitreise. Wie die
Rückkehr in eine längst vergangene Epoche, die wir lediglich aus
den Fotoalben unserer Urgroßeltern kannten. Unbefestigte Straßen, auf denen sich mehr Gänse als Autos bewegen. Ärmlich aus-
schauende Bauernhäuser, deren Lehmfassaden langsam vor sich
hin bröckeln. Mehr schlecht als recht bestellte Felder. Das waren
unsere ersten Eindrücke. Die Menschen, die uns auf der Straße
entgegenkamen, sahen abgearbeitet und resigniert aus. Wir müssen mit unseren Rädern und unserer modernen Sportkleidung
wie Außerirdische auf sie gewirkt haben. Die meisten warfen uns
nur einen scheuen Blick zu. Lediglich ein paar Jugendliche trau-
ten sich etwas näher heran – um nach einer Zigarette zu fragen.

Kurz vor Einbruch der Dämmerung waren wir in Pecica. In der kleinen grenznahen Stadt wohnten noch relativ viele Ungarn. Deshalb sprachen wir den ersten Mann an, von dem wir vermuteten, dass er uns eine Wiese zum Zelten anbieten könne, mit unserem auswendig gelernten Satz: *Németországból jövünk* ... Und tatsächlich: Der Mann gehörte der ungarischen Volksgruppe an und verstand sogleich, was wir wollten. Er bat uns, unsere Räder abzustellen und ihm in sein Haus zu folgen. Dort wurden wir erst einmal vorgestellt: seiner Frau, der älteren Tochter, dem jüngeren Sohn und der Oma der beiden, die offenbar gerade zu Besuch war. Sie alle sprangen von ihren Plätzen auf, begrüßten uns mit einer kleinen Verneigung und quetschten sich dann allesamt auf ein kleines Sofa, um uns die beiden Stühle am Tisch zu überlassen. Denn es war Zeit fürs Abendessen.

Wir hatten mittlerweile gelernt, dass es sich verbietet, ein solches Angebot zurückzuweisen. Also nahmen wir die Einladung an und ließen uns auftischen, was eigentlich für eine viel kleinere Tischgemeinschaft gedacht war. Es gab ein paar Kartoffeln und ein kleines Stück Wurst, mehr nicht. Das meiste davon landete auf unseren Tellern. Die Oma könne nicht mehr viel essen, den Kindern genüge eine Kartoffel, und die Eheleute hätten bereits mittags etwas Warmes gegessen – so wurde es uns verkauft. Ich weiß bis heute nicht, wie man sich in einer solchen Situation richtig verhält. Wahrscheinlich kann man sich ihr nur überlassen und sich möglichst erfreut und dankbar zeigen. Das versuchten wir wieder mit unserem *Unicum*. Und der kam tatsächlich bestens an. Denn in Rumänien bekam man damals nur schwarz Gebranntes. Einen ungarischen Kräuterlikör, den konnte sich niemand leisten.

So wurde es wieder ein heiterer Abend. Die *Unicum*-Flasche zog ihre Kreise, und der Fernseher wurde eingeschaltet. Es dauerte eine ganze Weile, bis die Zimmerantenne ausgerichtet war und das Rauschen auf dem kleinen Bildschirm verschwand. Dann aber konnte es losgehen. Wir sahen uns eine Folge der US-amerikanischen Fernsehserie *Dallas* an. »Das machen wir an jedem Dienstagabend so«, erklärte uns der Vater mit zwei einfachen Gesten in Richtung Kalender und Fernsehgerät. Wir wohnten also einem Familienritual bei. Einmal pro Woche der Armut entfliehen. Einmal pro Woche in eine Welt eintauchen, in der es andere Probleme gibt als die Sorge um das tägliche Auskommen. Sich einmal pro Woche an einem niemals erreichbaren Luxus ergötzen. Was für ein seltsames Ritual!

Als die Sendung vorbei war, legten wir unsere gefalteten Hände an die Schläfe, um der Familie zu bedeuten, dass wir ziemlich müde seien und gerne unser Zelt aufbauen würden. Das aber kam überhaupt nicht infrage. Wir mussten im Haus übernachten. Und zwar nicht irgendwo, sondern im eigens frisch bezogenen Ehebett. »Nein! Das geht auf keinen Fall! Wir haben Matratzen und Schlafsäcke dabei!« Wir riefen es aus, wir fügten die entsprechenden Gesten hinzu … aber es war zwecklos. Das Ehebett war schon hergerichtet, also mussten wir es auch nutzen. Die Kinder seien es gewohnt, auf dem Boden zu schlafen, und für die Oma gebe es ja das Sofa. Damit war die Sache klar.

In der Nacht ging ein kräftiges Gewitter nieder, und wir hatten etwas Sorge wegen unserer Räder, die noch im Freien standen. Nicht wegen der Räder allgemein, sondern wegen unserer Ledersättel, die einen solchen Regenguss nicht gut vertragen. Das Leder quillt auf, verformt sich und wird, sobald es wieder trocknet, brüchig. Als ich mich leise aus dem Zimmer schleichen wollte, um nach unseren Rädern zu sehen, kam mir bereits unser Gastgeber entgegen – in triefend nasser Unterwäsche. Er war längst zu unseren Rädern hinausgegangen und hatte sie mit einer großen Plastikplane abgedeckt. Unfassbar!

Am nächsten Morgen galt es Abschied zu nehmen. Es war ein Abschied, wie ich ihn selten erlebt habe. Wir kannten unsere Gastgeber gerade mal seit ein paar Stunden, hatten mit ihnen zu Abend gegessen, einen Schnaps getrunken und eine Fernsehsendung angeschaut. Und dennoch fühlte es sich an, als würden wir alte Bekannte verlassen. Die Oma nahm uns in den Arm und wollte uns gar nicht mehr loslassen. Die Mutter drückte uns ebenfalls, der Vater klopfte uns auf den Rücken, und die Kinder winkten uns noch lange hinterher. Ich bin dieser Familie nie wieder begegnet und werde sie doch bis an mein Lebensende nicht vergessen, denn sie hat mich das Staunen darüber gelehrt, was Gastfreundschaft bedeuten kann.

Der herzliche Abschied tat auch insofern gut, als wir schon nach wenigen Kilometern wieder mit der bitteren Armut des Landes konfrontiert wurden. Wir kamen nach Arad, in eine Stadt, die etwa so groß wie Szeged war. Das aber war auch schon die einzige Gemeinsamkeit. Wir fuhren von einem Elendsquartier zum anderen. An halbfertigen Plattenbauten vorbei, die schon wieder verfallen waren. An Baustellen, auf denen niemand arbeitete. Und an Geschäften, in deren Auslagen nichts, aber auch gar nichts zu sehen war. So langsam dämmerte uns, wie schwierig die Lage in Rumänien tatsächlich war. Nach dem gewaltsamen Sturz des Diktators Nicolae Ceaușescu muss auch das gesellschaftliche Leben regelrecht abgestürzt sein. Es herrschte jedenfalls bitterste Armut im Land. Meine ungarischen Freunde hatten mich zwar gewarnt, dass es zu Versorgungsengpässen kommen könne. Dass das Land aber derart am Boden lag, darauf waren wir nicht vorbereitet.

Was wir zunächst einmal brauchten, war rumänisches Geld. Der offizielle Wechselkurs des Leu zur D-Mark lag bei etwa 1:30. Der aber hatte rein gar nichts mit der tatsächlichen Kaufkraft zu tun. Deshalb hatte man uns geraten, unser Geld auf dem Schwarzmarkt zu tauschen. Das sei in Rumänien allgemein üblich. Wir würden auf diese Weise nicht nur einen realistischeren Kurs bekommen, sondern auch den Rumänen Gutes tun. Denn alles, was auch nur ein bisschen über die Grundversorgung hinausgehe, müsse mit westlichen Devisen bezahlt werden. Also machten wir uns auf den Weg zu einem kleinen Markt. Es dauerte nicht eine Minute, da stand ein junger Mann bei uns. Er holte einen Zettel und einen Bleistift aus der Hosentasche und schrieb 1:120 darauf. 120 Lei für eine D-Mark? Das wäre das Vierfache des offiziellen Wechselkurses. Der junge Mann nickte und zeigte uns ein paar Scheine, die so abgegriffen waren, dass sie echt sein mussten. Also gut: 12.000 Lei für 100 D-Mark. Ein Handschlag und der Deal war perfekt. Die Scheine wurden vor unseren Augen abgezählt und uns in Form eines dicken Bündels übergeben. Nun waren wir in der Lage einzukaufen.

Da es auf dem kleinen Markt nur Gemüse gab, Kartoffeln, Weißkohl und Zuckerrüben, machten wir uns auf die Suche nach einem Lebensmittelladen. Die ersten zwei Läden, die wir fanden, waren geschlossen. Ein dritter war zwar geöffnet, aber es gab nichts zu kaufen. Der Inhaber erklärte uns, dass wir schlichtweg zu spät seien. Nur ganz früh am Morgen habe man überhaupt eine Chance, etwas zu bekommen. Danach sei alles weg. Aber es gebe gleich in der Nähe ein Restaurant. Dort würden wir sicher noch etwas zu essen bekommen. Als wir uns dem Restaurant näherten, kam uns sogleich ein livrierter Kellner entgegen und bat uns mitsamt der Räder herein. Mit unseren Rädern ins Restaurant? Das war tatsächlich kein Problem. Denn wir waren die einzigen Gäste. Außer uns war niemand da. Also stellten wir unsere Räder im Gastraum ab und setzten uns an einen Tisch gleich neben sie.

Der Livrierte gab sich alle Mühe, die etwas merkwürdige Situation zu überspielen. Da er uns keine Speisekarte anbieten konnte,

versuchte er, uns gestenreich von einer »Spezialität des Hauses«
zu überzeugen. Wir nickten ihm freundlich zu. Nach einer Weile
kam er mit zwei Tellern, auf denen sich ein paar Kartoffeln und
ein gekochtes Stück Fleisch befanden. Dazu offerierte er uns eine
Karaffe Leitungswasser. Wir bedankten uns höflich und begannen zu essen. Das heißt: Wir versuchten es. Denn das kleine Stück
Kochfleisch war derart zäh und von Sehnen durchzogen, dass wir
es weder geschnitten noch kleingekaut bekamen. Die Kartoffeln
schmeckten so, als wäre ihnen nicht ein einziges Körnchen Salz
begegnet, und das Wasser, als ob es … nein, das beschreibe ich
besser nicht. Zum Glück verschwand der Kellner bald wieder in
der Küche. Wir nutzten die Gelegenheit, um die durchgekauten
Fleischreste zunächst in einer Papierserviette und dann in unserer
Hosentasche verschwinden zu lassen. Die Kartoffeln und einen
Teil des Wassers konnten wir ganz dezent unter den großen Blät-
tern einer gleich neben dem Tisch stehenden Topfpflanze verschwinden lassen. In einem deutschen Restaurant hätten wir uns
natürlich beschwert. Hier aber kam es uns irgendwie unangemes-
sen vor. Wir bezahlten die überschaubare Rechnung, gaben dem
Kellner noch ein großzügiges Trinkgeld und machten uns wieder
auf den Weg.

Wir verließen Arad und folgten dem ruhig vor sich hin mäan-
dernden Fluss Mureș in Richtung Osten. Die Mureș entspringt
in den Ostkarpaten, fließt einmal quer durch Siebenbürgen und
mündet bei Szeged in die Theiß. Für uns die ideale Verbindungs-
linie, um ohne größere Steigungen in das sagenumwobene Transsilvanien vorzudringen. Transsilvanien, das ist im Grunde nur ein
anderer Name für Siebenbürgen und bedeutet so viel wie »Land
hinter den Wäldern«. Die deutsche Bezeichnung geht vermutlich
auf sieben Städte zurück, die von den sogenannten Siebenbürger Sachsen gegründet wurden, einer deutschsprachigen Minder-

heit, die seit dem 12. Jahrhundert in dieser Gegend ansässig ist. Sagenumwoben ist der Landstrich vor allem wegen des mit ihm in Verbindung gebrachten Grafen Dracula. Interessant ist er aber auch aufgrund seiner wechselvollen Geschichte und seines bunten Völkergemischs.

Auch wenn sich die Zusammensetzung der Bevölkerung seit der Eingliederung Siebenbürgens in den rumänischen Staat stark verschoben hat, leben noch über eine Million Ungarn in der Region. Das entspricht einem Bevölkerungsanteil von immerhin zwanzig Prozent. Etwa 270.000 gehören der Volksgruppe der Roma an, 60.000 sind deutschstämmig. Das Miteinander dieser verschiedenen Gruppen gestaltet sich vor allem aus zwei Gründen nicht ganz einfach. Der erste ist ihre Religionszugehörigkeit. Während die Rumänen mehrheitlich orthodox sind, gehören die anderen Volksgruppen der katholischen oder einer protestantischen Kirche an. Der zweite, wichtigere Grund ist das kommunistische Regime, das die Minderheiten systematisch benachteiligt und durch eine entsprechende Siedlungspolitik aus ihren angestammten Regionen verdrängt hat, um Platz für das rumänische Volk zu schaffen. Wir fuhren daher mit einer gewissen Anspannung nach Transsilvanien hinein.

Auf unserer Karte war kurz hinter Căpruţa ein Campingplatz eingezeichnet. Dort wollten wir übernachten. Doch, oh weh: Wir fanden einen riesigen Schrottplatz vor! Überall lagen Autowracks. Auf dem Boden riesige Öllachen. Schweine und Ziegen liefen frei herum. Aber es schien tatsächlich ein Campingplatz zu sein. Denn es kam ein Mann auf uns zu, um uns mit Gesten klarzumachen, dass wir unser Zelt aufstellen dürften, wo wir wollten. Dann war er auch schon wieder verschwunden. Da wir ziemlich durchgeschwitzt und müde waren, fügten wir uns dem Schicksal. Wir ließen uns an einer einigermaßen dreckfreien Stelle nieder und machten uns auf die Suche nach einer Dusche. Die gab es tatsächlich, war aber natürlich ebenfalls fürchterlich verdreckt. Der Boden, die Wände, die Armaturen: Alles war von einem dunkelbraunen Schmierfilm überzogen. Alex überwand sich, griff nach einem herumliegenden Wasserschlauch und spritzte den Raum, so gut es ging, aus.

Da die Armaturen nicht funktionierten, spritzten wir uns kurzerhand gegenseitig mit dem Wasserschlauch ab. Dabei geschah etwas ziemlich Merkwürdiges. Während ich mir noch den Schaum aus den Augen rieb, nahm ich eine seltsame Berührung wahr. Es fühlte sich wie ein ziemlich behaarter Körper an, der mich mehrfach an meinem linken Unterschenkel streifte. Ich riss die Augen auf und sprang ganz unwillkürlich einen Meter zurück. Da hatte sich ein dickes, fettes Borstenschwein zwischen Alex und mich gedrängt. Das von einer dicken Schlammkruste überzogene Tier machte keinerlei Anstalten, den Raum wieder zu verlassen. Ganz im Gegenteil, es schien das gemeinsame Duschen mit uns zu genießen. Also zogen wir uns lieber zurück. Doch es blieb ungemütlich. Erst wurden wir von einem Mückenheer heimgesucht. Dann rissen die Schweine fast unser Zelt zu Boden, weil sie laufend über die Abspannleinen stolperten. Und zu guter Letzt nervte uns noch die Dorfjugend, die bis tief in die Nacht hinein laute Musik hörte und dazu grölte.

Erst am nächsten Morgen war wieder alles gut. Denn es war weit und breit niemand zu sehen. Keine Dorfjugend, kein Schwein, keine Mücke. Nicht einmal jemand, der Geld von uns haben wollte. Also packten wir unsere sieben Sachen und brachen auf. Als wir allmählich Hunger bekamen, war es leider schon wieder zu spät: Alle Läden waren geschlossen. Unsere gewohnte Strategie, erst dann einzukaufen, wenn wir etwas brauchen, um nicht unnötige Kilos mit uns herumzuschleppen, war in Rumänien eindeutig fehl am Platz. Wenn wir kein ernsthaftes Problem bekommen wollten, mussten wir uns ab sofort gewissenhafter um unsere Verpflegung kümmern. Wie aber werden wir heute satt?

Nach einigen Kilometern erspähten wir einen Obstgarten. Darin eine Frau, die gerade nach dem Rechten sah. Wir winkten ihr freundlich zu und fragten sie, ob wir ihr wohl ein paar Pflaumen abkaufen könnten, indem wir zunächst auf den Baum und dann auf unsere Geldbörse zeigten. Die Frau aber hatte eine bessere Idee. Sie öffnete das Gartentörchen und bat uns, in ihr Haus zu kommen. Wir mussten uns an den Küchentisch setzen. Die Frau hatte Kohlrouladen und Kartoffeln auf dem Herdfeuer stehen und servierte sie uns. Für jeden eine große Roulade und eine Handvoll richtig gut schmeckender Salzkartoffeln. Was tat das gut! Was war das lecker! Wir aßen unsere Teller leer, ohne groß darüber nachzudenken, für wen das Essen eigentlich bestimmt war. Das aber wurde uns dann mit einem Mal klar. Denn als wir gerade aufgegessen hatten, betrat ein Mann den Raum, der erkennbar von einer ziemlich anstrengenden Feldarbeit kam. Es war der Ehemann der Frau. Für ihn war das Essen eigentlich bestimmt. Die Frau hat es kurzerhand an zwei wildfremde Jungs aus Deutschland abgegeben.

Wie peinlich! Doch für den Mann schien das überhaupt kein Problem zu sein. Er bat uns, noch etwas sitzen zu bleiben und von unserer Reise zu erzählen. Das funktionierte insofern ganz gut, als der Mann ein wenig Italienisch sprach und ich das aufgrund meines Studiums in Rom ebenfalls konnte. Wir blieben also noch eine Weile zusammen und unterhielten uns miteinander – zunächst über unsere Reise und dann auch über die Lage im Land. Besonders daran war, dass wir erstmals nicht mit einem Angehörigen der ungarischen Volksgruppe, sondern mit einem Rumänen sprachen. Der würde die Situation jetzt sicher ganz anders bewerten, dachte ich. Aber das Gegenteil war der Fall. Der Mann wetterte in gleicher Weise wie unsere bisherigen Gesprächspartner gegen das kommunistische Regime und das, was noch von ihm übrig war. Auch die Verantwortung für die Hakeleien zwischen den verschiedenen Volksgruppen schrieb er vor allem der Regierung zu. Wie hieß es schon im römischen Reich: »Divide et impera!« – »Teile und regiere!« Das scheint auch hier funktioniert zu haben.

Nach einer guten Stunde brachen wir wieder auf. Die Landschaft wurde nun immer schöner. Von Norden rückte das Apuseni-Gebirge näher an die Mureş heran und von Süden das Poiana-Ruscă-Gebirge. Beide zusammen bilden die Westkarpaten, ein überaus waldreiches Gebirge, das uns den Namen Transsilvanien erst so richtig verstehen ließ. Am späten Nachmittag kamen wir nach Deva (zu Deutsch: Diemrich). Hier gab es doch tatsächlich einen Laden, der noch geöffnet war und ein paar Dinge zum Verkauf anbot. Drei Rotkohl-Konserven mit dem Verfallsdatum »Okt 1989«, ein paar verstaubte Mayonnaise-Gläser, deren Deckel sich bereits wölbten, und ein einsam dastehendes Glas mit der Aufschrift *spanac frunze*, das eine nicht identifizierbare schwarze Masse enthielt. Wie wir später erfuhren, handelte es sich wohl um Spinatblätter.

Angesichts dieser Auswahl zogen wir es vor, noch einmal essen zu gehen – diesmal in einem sogenannten *Hotelul First Class*. Das kulinarische Erlebnis war allerdings in etwa vergleichbar mit unserem Restaurantbesuch in Arad. Da das *Hotelul* trotz seines Namens keine Zimmer anbot, fuhren wir gleich nach dem Essen wieder zur Stadt hinaus, um unser Zelt schließlich bei einem Bauern aufzuschlagen, der uns dafür eine ziemlich schlammige Wiese zur Verfügung stellte. Die Nacht war wieder fürchterlich.

Gleich drei Parteien bemühten sich, uns um den dringend benötigten Schlaf zu bringen. Erst ein bellender Hofhund, dann eine grunzende Schweineherde und schließlich, in den frühen Morgenstunden, ein paar endlos schnatternde Gänse. Wie gerädert schälten wir uns wieder aus unseren klammen Schlafsäcken. Die Luftfeuchtigkeit muss bei annähernd 100 Prozent gelegen haben, denn vor unseren Augen tanzten feinste Wassertropfen in der Luft. Alles, aber auch alles war nass: die Kleidung, das Zelt, die Fahrräder ...

Immerhin hatten wir an diesem Tag Aussicht auf ein deutlich komfortableres Quartier: auf das Priesterseminar von Alba Iulia (Karlsburg). Das ist die zentrale Ausbildungsstätte für die römisch-katholischen Minderheiten in Rumänien. Einige meiner Kommilitonen hatten hier studiert, bevor sie nach Rom gekommen waren. Andere waren nach ihrem Studium als Dozenten dorthin zurückgekehrt. Es gab also eine Reihe von Anknüpfungspunkten. Am frühen Nachmittag waren wir da. Wir wurden freundlich empfangen und bekamen sofort zwei Gästezimmer. Obwohl sie nur mit einem Bett, einem Schreibtisch, einem Regal und einem schmalen Schrank ausgestattet waren, kamen uns die Zimmer wie Luxus-Suiten vor. Denn sie waren sauber und ruhig gelegen. Wir legten unsere Sachen ab, duschten kurz und machten uns auf den Weg in die Stadt.

Alba Iulia hat eine recht schöne Altstadt, die von einer riesigen Zitadelle umgeben ist. Viele der historischen Bauwerke stammen noch aus der Habsburger Zeit. Besonders sehenswert sind die römisch-katholische Kathedrale St. Michael aus dem 13. Jahrhundert und die gleich danebenstehende rumänisch-orthodoxe Krönungskathedrale, die 1922 für die Krönung des ersten großrumänischen Königspaars errichtet wurde. Beide Kirchen stehen heute wie ein Mahnmal da. Auf der einen Seite das alte romanische Gebäude, das an die lange Geschichte der heutigen Minderheiten erinnert. Auf der anderen Seite der imposante neo-byzantinische Bau, der die Stärke des rumänischen Staates verkörpert. Wie sehr die ursprünglich von Ungarn und Siebenbürger Sachsen bewohnte Stadt in den Jahrzehnten der kommunistischen Herrschaft umgeprägt worden ist, wird vor allem jenseits der Altstadt sichtbar. Hier hat Ceauşescu in den Sechzigerjahren Industriebetriebe und Plattenbausiedlungen für Gastarbeiter aus der Walachei errichten lassen. Während deren Zuzug gefördert wurde, wurden die alteingesessenen Bürger verdrängt. Kein Wunder, dass sich die verschiedenen Volksgruppen bald misstrauisch oder gar feindselig gegenüberstanden.

Am Abend trafen wir einen, mit dem wir ausführlicher darüber sprechen konnten: Bischof György Jakubinyi. Ich kannte ihn bereits aus Rom, denn er war häufig im Germanicum zu Gast. Nur ein Jahr nach unserer Begegnung in Alba Iulia hat er mich (das wusste ich damals allerdings noch nicht) zum Diakon geweiht. Wir trafen ihn beim Abendessen im Priesterseminar, und er lud uns spontan auf ein Glas Wein und eine Tafel Schokolade ein. Dabei konnten wir all die Fragen loswerden, die sich mittlerweile in unseren Köpfen angesammelt hatten. Das war ein außerordentlich angenehmes und informatives Gespräch. Denn Bischof Jakubinyi sprach nicht nur hervorragend Deutsch, er kannte sich auch bestens mit der Geschichte und der Politik seines Landes aus. Zum Abschied, weit nach Mitternacht, gab er uns noch eine Landkarte mit, mit der wir die vor uns liegende Strecke wesentlich genauer planen konnten, als mit der groben Übersichtskarte, die wir bislang verwendet hatten.

Wir fuhren weiter in Richtung Ostkarpaten. Dort wartete bereits der nächste Gastgeber auf uns: Denes. Der hatte das Kolleg im Jahr zuvor verlassen und war nun als Kaplan in einer kleinen Stadt namens Morăreni tätig. Diese Stadt sollte eigentlich der Wendepunkt unserer Radtour sein, von dem aus wir wieder nach Ungarn zurückfahren wollten. Aber da wir in den vergangenen Tagen trotz der nicht ganz so erholsamen Nächte erstaunlich gut vorangekommen waren, hatte sich ein kühner Gedanke in unseren Köpfen festgesetzt, nämlich noch über die Ostkarpaten hinaus bis ans Schwarze Meer zu fahren und erst dort wieder umzukehren. Die ersten Kilometer des neuen Tages ließen diesen Wunsch noch mächtiger werden. Denn es war angenehme 24 Grad warm, die Sonne schien, und wir hatten Rückenwind. Wir fuhren auf einer recht ruhigen Landstraße dahin und konnten uns immer wieder mal von einem langsam fahrenden Traktor ziehen lassen. Was sollte uns da noch hindern, bis ans Schwarze Meer zu fahren?

Am späten Nachmittag kamen wir nach Copşa Mică (Kleinkopisch). Die Stadt bestand im Wesentlichen aus einem riesigen Buntstahlwerk und einer alten Rußfabrik. Was wir nicht wussten, wohl aber erahnen konnten: Copşa Mică war und ist vermutlich immer noch der am stärksten mit Umweltgiften belastete Ort Europas. Die Böden der beiden Fabrikanlagen waren von Ölen, Säuren und Schwermetallen durchtränkt, die Häuser und Werkshallen von einer dicken Rußschicht überzogen und die Menschen erkennbar von einem Leben unter solchen Bedingungen gezeichnet. Kein Ort, an dem wir länger bleiben wollten. Also fuhren wir noch ein ganzes Stück weiter, bis uns nach über einhundert Kilometern dann allmählich die Kraft ausging.

Wir schafften es noch bis Dumbrăveni (Elisabethstadt) und stellten unsere Räder eher zufällig vor einem Haus ab, an dessen Eingang ein mehrsprachiges Schild befestigt war: »*Serviciul parohial catolic – Katolikus plébánia hivatal – Katholisches Stadtpfarramt*«. Na, wenn das mal keine Fügung war! Wir klopften an, und es wurde uns geöffnet. Der Pfarrer war gerade außer Haus, aber ein Hausmeister nahm sich unserer an. Er ließ uns im Garten des Pfarrhauses zelten und machte uns mit einem Mann bekannt, der ein wenig Deutsch sprechen konnte. Der wiederum führte uns zu einem Restaurant, in das wir ihn dann selbstverständlich mit einluden. Es gab mal wieder durchwachsenes Fleisch, Salzkartoffeln und Leitungswasser. Als wir die drei Gerichte bezahlen wollten und dafür umgerechnet etwa 5 D-Mark auf den Tisch legten, schaute uns der Mann staunend an und sagte: »Das ist aber eine Menge Geld. Dafür muss ich mindestens fünf Tage arbeiten.«

Die Armut der Rumänen ging uns zunehmend an die Nieren. Obwohl wir nun schon seit einigen Tagen im Land waren, konnten wir immer noch nicht so richtig begreifen, dass das Elend, dem wir uns ausgesetzt sahen, nicht irgendwo in der Ferne herrschte, sondern mitten in Europa. So ganz viel Kraft, darüber nachzudenken, hatten wir allerdings nicht. Denn als wir am nächsten Morgen wach wurden, fühlten wir uns wie gerädert. Und das schien nicht nur an der langen Etappe zu liegen, die wir am Vortag zurückgelegt hatten, sondern auch am Abendessen. Alex hatte Durchfall. Und auch in meinem Verdauungstrakt rumorte es. Wir wären am liebsten auf unseren Matratzen liegen geblieben. Aber weil uns nur noch eine Tagesetappe von Denes trennte und wir uns bei ihm sicher besser erholen würden, rissen wir uns zusammen und brachen auf.

Nachdem wir uns eine ganze Weile müde über die Landstraße geschleppt hatten, erreichten wir Sighişoara (Schäßburg), eine Stadt, die wir uns unbedingt anschauen wollten, weil sie als Heimat des Grafen Dracula gilt. Der soll um das Jahr 1413 in Schäßburg geboren worden und später ein ziemlich brutaler Herrscher in der Walachei gewesen sein. Seinen Beinamen *Drăculea* (Sohn des Teufels) soll er vor allem wegen seiner Vorliebe für Hinrichtungsmethoden wie die Pfählung erhalten haben. Diese Grausamkeit wiederum hat den irischen Schriftsteller Bram Stoker zu seiner Romanfigur *Dracula* inspiriert. Wir hätten uns gerne das Geburtshaus des Grafen angesehen, doch die Suche nach einer Toilette war vordringlicher und die erste, die wir fanden, lag schon wieder außerhalb der Stadt.

Wir kämpften uns weiter in Richtung Osten vor und gelangten bald in das Gebiet der Szkeler. Das war relativ leicht zu erkennen, denn es waren auf einmal überall die berühmten Seklertore zu sehen: riesige, mit aufwendigen Holzschnitzereien verzierte und von einem kunstvoll gedeckten Schindeldach gekrönte Holztore mit einem großen Durchlass für Fuhrwerke und einem kleineren für Fußgänger. An manchen von ihnen hing zudem die traditionelle Flagge der Szekler: eine gelbe Sonne und ein weißer Halbmond auf hellblau leuchtendem Untergrund. Woher die Szekler ursprünglich kommen, ist bis heute ungeklärt. Vermutlich stammen sie von den noch weiter im Osten beheimateten Turkvölkern ab. Ich erwähne das, weil Denes, zu dem wir unterwegs waren, mit vollem Namen Sékely Denes hieß: Denes, der Szekler. Es konnte also nicht mehr allzu weit sein.

Doch die letzten Kilometer zogen sich. Aus der asphaltierten Nationalstraße wurde erst ein mit Schlaglöchern überzogener Wirtschaftsweg und dann eine kaum noch befestigte Piste. Die wand sich von Hügel zu Hügel dahin und kletterte zu guter Letzt noch auf ein 700 Meter hohes Plateau hinauf. Dann endlich waren wir in Morăreni – völlig erschöpft und dehydriert. Wir konnten unseren Freund überhaupt nicht richtig begrüßen, sondern mussten erst einmal wieder zur Toilette. Denes erkannte sofort, was mit uns los war, und bat seine Haushälterin, die er liebevoll *Magdus Mama* nannte, etwas Haferschleim zu kochen. Das würde unsere Mägen sicher beruhigen und uns wieder kräftigen. Wir nahmen das Angebot dankbar an und baten unsere Gastgeber, danach sofort in unserem Gästezimmer verschwinden zu dürfen.

Die Nacht verlief im Schichtbetrieb. Während der eine auf der Toilette saß, lag der andere im Bett, und kurz darauf war es umgekehrt. Es war ein ständiges Hin und Her, ohne dass der Durchfall ein Ende nehmen wollte. Wie gut, dass Denes uns mit einer Extrarolle Toilettenpapier versorgt hatte. Am nächsten Morgen waren wir fix und fertig. Deshalb ließ Denes den Dorfarzt kommen. Der gab uns eine Schachtel Penicillin und eine Handvoll Kaliumtabletten. Danach versorgte uns *Magdus Mama* mit einem geriebenen Apfel, etwas geröstetem Brot und einer großen Kanne Fencheltee. So kamen wir ganz allmählich wieder auf die Beine. Aber es dauerte noch einen ganzen Tag und eine ganze Nacht, bis wir ohne eine nahe gelegene Toilette auskamen.

»Meint ihr, dass wir schon einen kleinen Ausflug mit dem Auto wagen können?«, fragte uns Denes am nächsten Tag. »Lass es uns versuchen!«, war unsere Antwort. Und so fuhren wir zunächst mit einem ziemlich klapprigen Dacia in die etwa 50 Kilometer entfernte Stadt Gheorgheni (Niklasmarkt). Denn für das, was Denes mit uns vorhatte, brauchten wir ein etwas robusteres Fahrzeug. Und das konnte er bei einem befreundeten Pfarrer in Gheorgheni ausleihen. Der klapprige Dacia blieb also dort, und wir fuhren in einem – sagen wir – etwas besseren Dacia weiter. »So geht das bei uns«, erklärte uns Denes. »Wenn einem was fehlt, dann leiht ein anderer ihm das aus. Ohne diese gegenseitige Hilfe würden wir Szekler nicht weit kommen.«

Dann ging es in Richtung Ostkarpaten. Als wir sie zum ersten Mal erblickten, schlugen unsere Herzen höher. Denn die Ostkarpaten sind der Inbegriff dessen, was man sich unter den Karpaten allgemein vorstellt: eine wilde, nahezu unberührte Berglandschaft, in der sich Bären, Wölfe und Luchse tummeln. Ihre Gipfel ragen bis zu 2.300 Meter hoch auf, ihre Wälder scheinen undurchdringbar zu sein, und ihre Schluchten zählen zu den schönsten Europas. Eine dieser Schluchten war unser Ziel: die Bicaz-Klamm. Ihre Felswände ragen mehr als einhundert Meter senkrecht empor und das auf einer Strecke von nahezu zehn Kilometern. Wir fuhren die gesamte Strecke ab und kamen nicht mehr aus dem Staunen heraus, wie schön es doch in dieser so armen Gegend Europas ist!

Das aber war erst der Anfang. Nachdem wir die Bicaz-Klamm durchfahren hatten, quälte Denes unseren kleinen Dacia eine steile Bergstraße hinauf, die berühmte 155 F. Das ist heute eine gut asphaltierte Panoramastraße, damals war es eine von spitzem Schotter, groben Steinen und riesigen Schlammlöchern überzogene Piste. Ein Wunder, dass der Dacia nicht auseinanderfiel! Der Motor röhrte, die Kupplung knirschte, die ganze Karosse klapperte … doch wir kamen auf dem 1.060 Meter hoch gelegenen Pass an! Hier durfte sich der Dacia ausruhen. Denn in der Nähe der Passhöhe gibt es einen Aussichtspunkt, von dem man nicht nur einen großen Teil der Ostkarpaten überblicken, sondern auch weit in das moldawische Tiefland hinunterschauen kann. Wir setzten uns auf eine schöne Wiese und ließen uns von der traumhaften Aussicht gefangen nehmen.

Da war sie wieder: diese Sehnsucht nach dem, was hinter dem schon Bekannten liegt. Wie mag es wohl dort unten in Moldawien aussehen? Wie mögen die Menschen dort wohl leben? Wie wird es an den Stränden des Schwarzen Meeres zugehen? Wie gerne wären wir mit dem Rad dorthin gefahren. Doch so geschwächt, wie wir immer noch waren, mussten wir uns von diesem Gedanken verabschieden. Wir hätten es weder zeitlich noch kräftemäßig geschafft. Also warfen wir der unter uns liegenden Landschaft noch einen letzten sehnsuchtsvollen Blick zu und kehrten wieder zu unserem Dacia zurück. Immerhin hatten wir den Hauptkamm der Ostkarpaten überquert und wenigstens einen kleinen Eindruck gewonnen, wie es jenseits dieses so wunderschönen Gebirges aussieht. Wir fuhren wieder nach Gheorgheni, tauschten das Auto ein und kehrten nach Morăreni zurück.

Am nächsten Tag ging es uns zwar schon deutlich besser, aber wir sahen uns noch nicht in der Lage, wieder auf unsere Räder zu steigen. Deshalb lud Denes uns zu einem weiteren Ausflug ein. Diesmal ging es in Richtung Süden. Unser erstes Ziel war der Wallfahrtsort Csíksomlyó (Schomlenberg). Das ist kein gewöhnlicher Wallfahrtsort, er ist so etwas wie das Nationalheiligtum der Szekler. Ein Ort, an dem sie sich nicht nur ihres Glaubens, sondern auch ihrer nationalen Identität vergewissern. Etwa 300.000 Szekler pilgern Jahr für Jahr nach Csíksomlyó, um sich vor dem angeblich größten Gnadenbild der Welt, einer zwei Meter hohen Marienfigur aus dem 16. Jahrhundert, zu versammeln und zu beten. Die Pilger, erklärte uns der für die Wallfahrt zuständige Priester, kämen meist zu Fuß oder auf Pferdewagen. Sie seien oft tagelang unterwegs und trügen auf dem Heimweg grüne Birkenzweige in den Händen – wie zum Zeichen eines Sieges. Ein Zeichen, das wohl auch der rumänischen Regierung gilt.

Unser nächstes Ziel war Brașov (Kronstadt). Die 250.000-Einwohner-Stadt ist neben Sibiu (Hermannstadt) das kulturelle, religiöse und wirtschaftliche Zentrum Siebenbürgens. Ihre Hauptsehenswürdigkeit ist die sogenannte Schwarze Kirche. Das gleich neben dem Rathaus stehende gotische Gebäude verdankt seinen Namen einem verheerenden Stadtbrand, durch den es ziemlich eingeschwärzt wurde. Einen schönen Blick auf die Kirche und die gesamte Altstadt soll man von Brașovs Hausberg Tâmpa haben, der von der Stadt aus mit einer Seilbahn erreichbar ist. Leider waren wir dafür etwas zu spät dran. Aber vielleicht war es auch besser so, denn einen besonders vertrauenswürdigen Eindruck machte die Seilbahnanlage nicht.

Wir fuhren stattdessen nach Poiana Brașov. Der nur zehn Kilometer entfernte Ort erschließt das bekannteste Wintersportgebiet Rumäniens. Er liegt am Fuße des bis zu 1.800 Meter hohen Postăvarul-Gebirges, das die Ost- und Südkarpaten miteinander verbindet. Hier hatten wir für einen Augenblick den Eindruck, im Allgäu zu sein. Denn sowohl die Berge als auch die Liftanlagen glichen denen, die wir aus der deutschen Ferienregion kannten. Aber schon bei der Bebauung hörte es wieder auf. Denn selbst in dieser landschaftlich wunderschönen Gegend bestimmten hässliche Plattenbauten das Bild.

Unser Ausflug war auf zwei Tage angelegt, und so übernachteten wir bei einer mit Denes befreundeten Familie in Brașov. Die hatte, als wir eintrafen, bereits alles für einen gemütlichen Grillabend vorbereitet: Würste, Bauchfleisch, Nackensteaks, Tomaten, Paprika, Bier und Schnaps … Alex und ich schauten uns ungläubig an. Die Familie machte keinen besonders wohlhabenden Eindruck auf uns. Wie war sie an all diese Dinge gekommen, wo wir doch tagelang Mühe hatten, überhaupt einen geöffneten Lebensmittelladen zu finden? Denes klärte uns auf: »Brașov ist eine eigene Welt. Hier leben viele, die Verbindungen in den Westen haben. Das lässt sich nicht mit der Situation auf dem Land vergleichen, schon gar nicht bei uns Szeklern.« Jetzt war uns auch klar, warum Denes unbedingt einen Ausflug hierher machen wollte. »Einmal im Monat muss ich hierher«, sagte er mit einem verschmitzten Blick und legte sich ein dickes Stück Fleisch auf den Teller. Es wurde ein richtig schöner Abend. Nicht nur wegen des guten Essens, sondern auch wegen der überaus netten Familie, die zwar kein einziges Wort Deutsch sprach, es aber dennoch bestens verstand, uns zu unterhalten und zu verwöhnen.

»*Több Palinka! Több Palinka!*« (Mehr Schnaps! Mehr Schnaps!), hieß es immer wieder. Das sei gut für die Regeneration unseres Verdauungsapparates.

Auf der Rückfahrt nach Morăreni hatten Alex und ich das Gefühl, dass es mit unserer Radtour nun weitergehen könne. Nur wie? Ursprünglich geplant hatten wir, über die Stadt Satu Mare nach Ungarn zurückzufahren. Doch dafür war nun die Zeit zu knapp. Außerdem waren wir noch immer nicht so richtig fit. Wir hatten zwar keinen Durchfall mehr, aber unsere Mägen grummelten noch. Nach einigem Hin- und Herüberlegen entschieden wir uns deshalb schweren Herzens, mit dem Zug nach Budapest zu fahren und erst dort wieder auf die Räder zu steigen. Nach einem herzlichen Abschied von Denes und *Magdus Mama* machten wir uns auf den Weg.

Die Bahnfahrt wurde zu einem Höllenritt. Denn nichts, aber auch gar nichts funktionierte. Schon das Einsteigen gestaltete sich schwierig, da der Zug nicht anhielt, sondern lediglich etwas langsamer durch den Bahnhof fuhr. Für die meisten war das kein Problem, sie sprangen einfach auf. Mit unseren bepackten Fahrrädern war das jedoch eine ziemliche Herausforderung. Dann mussten wir die Räder hochkant in die Toilette stellen, weil es sonst keinen Platz für sie gab. Die Waggontüren ließen sich nicht schließen, sodass wir die ganze Nacht hindurch mit offenen Türen fuhren. Das Licht funktionierte ebenfalls nicht. Die Sitze waren aufgeschnitten. Es rumpelte und pumpelte, als würde der Zug im nächsten Moment aus den Gleisen springen.

Nach einer gefühlten Ewigkeit waren wir in Budapest. Hier wurden wir von Studienfreund Péter empfangen. Der zeigte uns zunächst die Altstadt von Buda mit ihren engen Gassen, der filigran gebauten Fischerbastei und der an den Wiener Stephansdom erinnernden Matthiaskirche und dann – auf der anderen Seite der Donau in Pest – das dem *Palace of Westminster* nachempfundene Parlament, den martialisch anmutenden Heldenplatz und das der Wiener Staatsoper ähnelnde Opernhaus. Den krönenden Abschluss unseres zweitägigen Aufenthalts bildete ein Besuch im Gellértbad. Das 1918 im Art-Nouveau-Stil erbaute Bad ist eines der schönsten Thermalbäder der Welt. Was für ein Kontrast! Nur wenige Tage zuvor waren wir von bitterster Armut umgeben, und hier konnten wir es uns wieder so richtig gut gehen lassen. So war der Ostblock zur Wendezeit: Armut und Reichtum lagen nah beieinander.

So schön es in Budapest auch war: Es zog uns wieder auf die Räder. Denn immerhin befanden wir uns noch auf einer Radtour, auch wenn die nun einen etwas anderen Verlauf genommen hatte als ursprünglich geplant. Die verbleibenden zweihundertfünfzig Kilometer warteten noch mit einer ganzen Reihe von Sehenswürdigkeiten auf, dem landschaftlich schönen Donauknie, dem gewaltigen Dom von Esztergom, der geschichtsträchtigen Benediktinerabtei Pannonhalma, dem Rokokoschloss der Familie Esterházy ... Und dennoch haben wir die schönsten Reiseerlebnisse nicht auf diesem Streckenabschnitt gesammelt, sondern in den Tagen zuvor.

Unsere Reise durch den Südosten Europas war anders als die bisherigen Touren. Sie war nicht in erster Linie ein Naturerlebnis, sondern eine kulturelle Bereicherung. Wir haben eine ganze Menge gelernt – über das Leben unter den Bedingungen einer Diktatur, über die Wirkung von Feindbildern und Vorurteilen und über die Bedeutung von Gemeinsinn und Solidarität. Die prägendsten und uns am tiefsten berührende Erfahrung aber war die, dass wir immer wieder so überaus herzlich aufgenommen worden sind. Und das nicht nur von denen, die uns schon kannten oder uns zumindest zuordnen konnten, sondern auch von völlig fremden Menschen, die uns mit ihrer Gastfreundschaft ganz besonders ans Herz gewachsen sind.

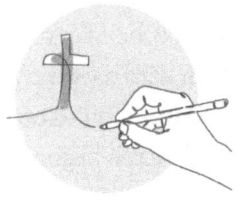

11

ICH WAR FREMD, UND IHR HABT MICH AUFGENOMMEN

Warum sind manche Menschen derart gastfreundlich? Diese Frage habe ich mir nicht nur während unserer Radtour durch Ungarn und Rumänien gestellt. Ich habe sie mir schon häufiger zu beantworten versucht. Der Volksmund sagt: Je ärmer die Menschen, desto gastfreundlicher sind sie. So erleben es viele, und so habe auch ich es erlebt. Aber warum ist das so? Warum sind gerade die, die weniger haben, oft die Stärksten in Sachen Gastfreundschaft?

Eines trifft es in meinen Augen nicht: Das ist die hin und wieder zu hörende Vermutung, dass sich ärmere Menschen durch ihre Gastfreundlichkeit profilieren wollen. Dass sie ihren Gästen zeigen wollen, was sie doch alles haben und auf den Tisch bringen können. Das mag vielleicht für die ein oder andere Begegnung gelten, ist meiner Wahrnehmung nach aber nicht das zentrale Motiv und erklärt vor allem nicht die Herzlichkeit, mit der gerade weniger vermögende oder gebildete Gastgeber ihren Gästen begegnen. Umgekehrt wird schon eher ein Schuh daraus: Gastgeber wollen mit ihren Gaben oft zeigen, was sie selbst schon alles bekommen haben, was ihnen selbst an Gastfreundschaft widerfahren ist. »*I want to give back*«, heißt es dann oft. »Ich möchte etwas zurückgeben.« Und dann wird davon erzählt: »Ich habe schon so viel Glück gehabt … Mir ist schon so oft geholfen worden … Ich habe schon so viel von ánderen bekommen …« Geschichten erlebter Gastfreundschaft. Sie gehören zu einer solchen Begegnung einfach dazu. Man erzählt sie einander und erlebt sie von Neuem. Sie werden wie ein kostbarer Erinnerungsschatz von einem zum anderen weitergegeben, verdichten und verstärken sich.

Aber ist das Phänomen damit schon hinreichend erklärt? Erschöpft es sich in einem Wechselspiel von Geben und Nehmen, von erfahrener und gewährter Gastfreundschaft?

Was passiert da eigentlich genau, wenn zwei fremde Menschen einander begegnen und der eine dem anderen Gastfreundschaft gewährt? Sie verbringen Zeit miteinander. Eine relativ klar umrissene Zeit. Eine kurze Zeit. Das scheint mir von zentraler Bedeutung zu sein. Ich begegne dem Anderen nur für eine kurze Zeit. Ich habe keine Geschichte mit ihm und werde höchst wahrscheinlich auch in Zukunft keine Geschichte mit ihm haben. Es spielt also überhaupt keine Rolle, was ich schon alles erreicht habe oder noch erreichen will. Mein Besitz, meine Bildung, mein guter Ruf: All das ist in dieser kurzen Zeit nicht wichtig. Was zählt, ist die Begegnung im Hier und Jetzt. Ob ich mich einlassen kann auf den Anderen. Ob ich ein Stück des Lebens mit ihm teilen kann, ohne nach dem Wozu oder Woher zu fragen. Und da eben entfalten in aller Regel diejenigen eine größere Stärke, die sich nicht so sehr über einen bestimmten Bildungs- oder Besitzstand definieren können (oder wollen).

Die kurze Begegnung zwischen Gastgeber und Gast ersetzt selbstverständlich keine dauerhafte Beziehung, bietet aber etwas, das in dauerhaften Beziehungen nur wesentlich schwerer zu bekommen ist: die Chance, einfach mal etwas auszuprobieren. Mich mal so zu geben, wie ich eigentlich bin oder gerne sein würde. Frei von den festgefügten Erwartungen derer, die mich schon seit Langem kennen, und den vielen Konventionen, die meinen Alltag bestimmen. Die Chance, etwas echter und lebendiger zu sein. Ich war mal bei einer Frau zu Gast, die mir, obwohl wir uns nicht mal eine halbe Stunde kannten, ihre gesamte Lebensgeschichte offengelegt hat. Ihre wechselnden Liebschaften, ihren Drogenkonsum, das große Glück, das ihr dann doch wieder zwischen den Fingern zerronnen ist. Sie hat mir von ihrer Sehnsucht erzählt, von ihrem Scheitern und von ihren vielen Neuanfängen. Es war wie eine Lebensbeichte. Das Ganze hat nur etwa zwanzig Minuten gedauert. Dann war es gut. Dann ging es ihr gut. Und mir auch. Denn wir waren einander näher und im Hier und Jetzt angekommen.

Sich mal etwas von der Seele reden. Mal etwas so deutlich formulieren, wie ich es unter anderen Umständen kaum wagen würde. Etwas Intimes preisgeben, zu einer politischen Haltung stehen, offen über den eigenen Glauben und die damit verbundenen Zweifel sprechen. Das alles ermöglicht Gastfreundschaft. Sie gibt einem sogar die Chance, mal etwas Neues zu wagen. Das habe ich in Kalifornien erlebt. Dort war ich bei einem Mann zu Gast, der anders als die Frau, die ich gerade erwähnte, kein Ende mit seinem Reden fand. Es war ein durchaus freundlicher Mann, aber leider ohne jegliches Gespür dafür, wann es denn mal gut ist und der andere zu Wort kommen sollte. Mit solchen Menschen tu ich mich für gewöhnlich schwer. Vermutlich liegt das daran, dass mir als Kind etwas zu sehr eingebläut worden ist, dass man andere ausreden lassen soll. Hier aber hatte ich auf einmal den Mut, meinem Störgefühl zu folgen und dem Mann eine klare Grenze zu setzen. »Sei mir nicht böse, aber du redest mir zu viel. Ich würde dir gerne auch etwas von mir erzählen.« So oder so ähnlich habe ich es formuliert. Und siehe da: Der Mann hat es annehmen können. »Du hast recht!«, hat er mir geantwortet. »Lass uns erst mal was essen. Und dann erzählst du mir von deiner Tour.« Und so ist es doch noch ein sehr schöner Abend geworden.

Der zeitlich befristete und auch ansonsten klar umrissene Raum, der sich zwischen zwei Menschen auftut, die einander gastfreundlich begegnen, ist ein ganz besonderer Raum. Ein Raum, in dem sich etwas entfalten darf, das sich andernorts nur schwer entfalten kann. Ein Lebens-Raum. Ein Raum, der uns guttut. »Manche haben, ohne es zu ahnen, einen Engel bei sich aufgenommen.« So heißt es in der Bibel über die Gastfreundschaft. Im Hebräerbrief, Kapitel 13, Vers zwei. Der Gast kann seinem Gastgeber zu einem Engel werden. Zu einem Boten Gottes. Zu einem Nachrichtenüberbringer aus jenem anderen Teil des Lebens, der erst noch entdeckt und gelebt werden will. Zu einem, der das Leben reicher und weiter macht. Umgekehrt kann natürlich auch der Gastgeber seinem Gast zu einem Engel werden. Das ist die Erfahrung, die ich vor allem mache, wenn ich mit dem Fahrrad durch die Welt fahre. Ich könnte eine ganze Reihe solcher Engel benennen. Menschen, verteilt in der ganzen Welt, die mir durch ein Wort, eine Geste oder auch nur eine Zeit des gemeinsamen Schweigens etwas ganz Kostbares mit auf den Weg gegeben haben.

»Das ist der Gastfreundschaft tiefster Sinn: dass einer dem anderen Herberge gibt auf dem langen Weg nach Hause.« So hat es der Theologe Romano Guardini zusammengefasst. Wir befinden uns alle auf einer Lebensreise, und diese Reise hat ein Ziel: Wir wollen ankommen. Wir wollen zu Hause sein. Bei uns selber, bei anderen, im Leben selbst. Aber wir sind noch längst nicht am Ziel. Es fühlt sich noch längst nicht alles wie ein Zuhause an. Umso wichtiger ist es, immer wieder mal Herberge zu finden. Einen Menschen, der uns für eine Zeit bei sich aufnimmt. »Das ist der Gastfreundschaft tiefster Sinn: dass einer dem anderen Herberge gibt auf dem langen Weg nach Hause.« Für mich ist das eines der schönsten und treffendsten Worte über die Gastfreundschaft. Und ich bin dankbar dafür, dass ich das immer wieder erfahren und andere erfahren lassen kann.

12

LEBEN IN FÜLLE

Griechenland

Nach den recht anstrengenden und entbehrungsreichen Touren durch Nord- und Osteuropa war es mal an der Zeit für eine genussvolle Tour. Für eine Tour durch ein klassisches Urlaubsland. Durch Griechenland. Olivenbäume, Sonne, Rotwein und Meer. Sirtaki, Bifteki, Saganaki und Ouzo. Das waren die Dinge, von denen wir träumten. Wir – das waren wieder Alex und ich. Aber erst einmal mussten wir dorthin kommen. Und das war gar nicht so einfach. Denn wir sind nicht mal eben mit dem Flieger hin, sondern auf dem Landweg und übers Meer. Erst mit dem Auto von Gelsenkirchen nach Rom, wo wir ein kurzes Nickerchen in meinem Studentenzimmer machen konnten, und dann noch einmal 500 Kilometer weiter in Richtung Süden nach Bari. Von dort sollte es dann mit dem Schiff weitergehen. Die Abenteuerlust hatte uns wieder gepackt!

Ein Arbeitskollege von Alex hatte uns angeboten, das Auto bei seinem Bruder zu lassen, der in einem Vorort von Bari lebte. Was er uns nicht verraten hat: Dieser Vorort, das Quartiere San Paolo, war so etwas wie die Bronx von Bari, ein ziemlich heruntergekommenes Viertel, in dem ganz offensichtlich die Mafia das Sagen hatte. Schon bei der Einfahrt in das stark vermüllte Quartier wurde es spannend. Denn wir wurden sofort von ein paar Jugendlichen auf Motorrädern eskortiert. An der ersten Ampel versuchte einer von ihnen, unseren Kofferraum zu öffnen, den wir zum Glück aber abgeschlossen hatten. Zwei andere versuchten, durch die leicht geöffneten Seitenfenster ins Wageninnere zu greifen. »*Attenzione! I ragazzi vogliono derubarvi!*«, rief uns jemand aufgeregt zu. »Passt auf! Die Jungs wollen euch bestehlen!« Zum Glück sprang die Ampel im selben Augenblick um, sodass wir weiterfahren konnten.

Die Motorrad-Gang verfolgte uns noch eine Weile, ließ dann aber von uns ab, als wir uns dem Haus unseres Gastgebers näherten. Der hieß uns aufs Herzlichste willkommen und führte uns zu einem Innenhof, in dem wir unser Auto abstellen sollten. »Meinst du, dass es hier sicher ist?«, fragten wir ihn mit einem ziemlich skeptischen Blick. »Macht euch keine Sorgen«, gab er zur Antwort. »Wir drehen gleich eine Runde durchs Quartier, damit alle wissen, dass euer Auto zu unserer Familie gehört. Dann wird es niemand anrühren.« So war das damals in Süditalien. Für Recht und Ordnung sorgten nicht der Staat und die Carabinieri, sondern die Mafia und der Familienclan. Wir bekamen noch einen Espresso serviert, bedankten uns und fuhren mit unseren Rädern zum Hafen.

Ein großes Fährschiff der *Ventouris Sea Lines* stand schon bereit. Wir gingen an Bord und machten es uns auf dem Sonnendeck bequem. Eine Kabine hatten wir nicht gebucht. Denn dass es während der Überfahrt regnen würde, war äußerst unwahrscheinlich. Also legten wir uns, da es bereits Nacht geworden war, mit unseren Matten und Schlafsäcken aufs Oberdeck und ließen den Sternenhimmel über uns hinwegziehen. Es war eine angenehme

Überfahrt. Kein Seegang, keine Übelkeit. Das Schiff glitt einfach nur sanft dahin. Am nächsten Morgen konnten wir die ersten griechischen Inseln erspähen: Korfu, Paxi und Ithaki. Dann ging es in den Golf von Patras hinein. Nach 19 Stunden auf dem Meer und 54 Stunden insgesamt waren wir am Ausgangspunkt unserer Tour: in Patras, der Hauptstadt des Peloponnes. Denn den wollten wir mit unseren Rädern erkunden.

Was auf der Landkarte wie eine einfache Inselumrundung aussah, erwies sich schon am ersten Tag als ein überraschend anstrengendes Unternehmen. Denn gleich hinter Patras erhebt sich das knapp 2.000 Meter hohe Panchaiko-Gebirge. Wir hätten es auf einer Schnellstraße umfahren können, aber wir wollten ja keinen Asphalt sehen, sondern Olivenbäume, Sonne, Rotwein und Meer. Bei spätsommerlichen 33 Grad wurde allerdings zunächst einmal der Schweiß zum alles bestimmenden Element. Schon nach wenigen Kilometern rann er derart an unseren Körpern herunter, dass wir unsere durchnässten Schweißtücher wegpackten und zu unseren Badehandtüchern griffen.

Bei mir kam erschwerend hinzu, dass mir unmittelbar vor dieser Tour mein geliebtes Fahrrad geklaut worden war. Zwölf Jahre lang war es mir ein treuer Gefährte gewesen. Ich habe es mehrfach auseinander- und wieder zusammengeschraubt. Es hat mich über die Pisten Islands getragen, auf so manchen norwegischen Pass hinauf und in die entlegensten Ecken Rumäniens – und dann ist es mir während eines kurzen Einkaufs in einer Gelsenkirchener Fußgängerzone gestohlen worden. Zum Glück hatte Alex sich gerade ein neues Rad zugelegt, sodass ich sein altes Hollandrad nutzen konnte. Das führte allerdings zu einem ziemlichen Ungleichgewicht. Während Alex auf einem nagelneuen 21-Gang-Trekkingrad saß, musste ich mich auf einem höllisch schweren 3-Gang-Rad abmühen. Da half nur eines: ab und zu mal die Räder tauschen. Darauf hatten wir uns schon vor der Tour verständigt. Und das bekamen wir auch hin, sodass wir – obwohl der Unterschied immer noch spürbar war – am Ende des Tages doch etwa gleichermaßen erschöpft waren.

Die Hitze, die Berge, ein schwergängiges Rad … Es gab noch ein viertes Problem, das uns zu schaffen machte: die Mücken. Heerscharen von Mücken. Hätten wir gewusst, dass es in Griechenland so viele davon gibt, hätten wir ein Moskitonetz mitgenommen. So aber plagten uns die Viecher rund um die Uhr. Tagsüber umschwirrten sie uns, wann immer wir langsamer als fünfzehn Stundenkilometer fuhren, also besonders während der schweißtreibenden Anstiege. Und des Nachts traktierten sie unsere Köpfe. Denn wir hatten aufgrund des stabilen Wetters kein Zelt mitgenommen, sondern nur eine Matte und einen Schlafsack. Der schützte zwar den größten Teil unseres Körpers, die Köpfe aber ragten heraus. Hätten wir sie nicht kräftig mit Mückenöl eingerieben, wären wir am Ende der Tour wohl nicht mehr wiederzuerkennen gewesen …

Nun aber zu den genussvollen Seiten dieser Tour! Es gab tatsächlich guten Rotwein. Schon kurz nachdem wir Patras verlassen hatten, kamen wir an einem weltbekannten Weingut vorbei: an der Domäne *Achaia Clauss*, gegründet 1861 von einem Bayern namens Gustav Clauss. Der Mann hatte sich nicht nur in die Provinz Achaia verliebt, sondern auch in die dunklen Augen einer jungen Frau namens Daphne. Deshalb nannte er den dunkelroten Likörwein, den er bei Patras produzierte, *Mavrodaphne* (Schwarze Daphne). Man kann diesen Wein noch heute kaufen. Wesentlich bekannter ist jedoch die zweite Weinsorte, die die Domäne produziert: der *Demestica*. In den 1970er- und 1980er-Jahren ist der einfache Tafelwein zur populärsten Weinmarke Griechenlands avanciert. Etwa zwanzig Millionen Flaschen wurden damals pro

Jahr vertrieben. Wir begnügten uns mit einer davon. Denn es gibt in Griechenland ja auch noch andere alkoholhaltige Getränke.

Eines davon wäre uns in den ersten Tagen beinahe zum Verhängnis geworden: der Ouzo. Und das begann so ... Wir näherten uns dem kleinen Bergdorf Chalandritsa. Die Straße war steil, die Sonne brannte, also fuhren wir im Schneckentempo durch das Dorf. Auf einmal sprangen zwei ältere Männer auf. *»Stamáta! Pieíte éna oúzo mazí mas!«* – »Haltet an! Trinkt einen Ouzo mit uns!« Ich konnte die beiden durch meine Altgriechischkenntnisse einigermaßen verstehen. Und da wir ohnehin eine kleine Pause brauchten, stellten wir unsere Räder ab und setzten uns zu den Männern. Sechs waren es insgesamt. Einer von ihnen hatte ein paar Jahre als Gastarbeiter in Duisburg gelebt und sprach daher relativ gut Deutsch. Es wurden zwei große Gläser geholt und mit reichlich Ouzo und Wasser gefüllt. In Griechenland trinkt man den Ouzo selten pur, sondern stets mit etwas Wasser vermengt. Das klingt harmlos, ist es aber nicht. Denn man nimmt dabei viel mehr Alkohol zu sich als bei einem unverdünnten Schnaps. Wir saßen eine Weile mit den Männern zusammen, erzählten ihnen von unserer Tour und hörten uns an, was ihren Alltag so ausmacht: die Olivenernte, die zunehmende Wasserknappheit, die Abwanderung der jungen Leute und das Zusammensitzen beim Ouzo. Nach einer vergnüglichen halben Stunde brachen wir wieder auf.

Dann kam das nächste Dorf – Katarraktis – und die Szene wiederholte sich: ältere Männer am Straßenrand – zwei springen auf und laden uns ein. *»Ochi! Ochi!«* – »Nein! Nein! Wir haben schon einen Ouzo getrunken!«, riefen wir ihnen zu. Doch selbst das heftigste Abwinken half nichts. Einer der Männer stellte sich breitbeinig vor uns hin und wies uns freundlich lächelnd von der Straße. »Also gut, einen vertragen wir sicher noch.« Auch in dieser

Runde gab es interessanterweise einen Mann, der Deutsch sprechen konnte. Dieselben Fragen und Antworten wie beim ersten Mal, dann durften wir weiterfahren – bis Kalanistra.

»Oh nein, schon wieder so eine Männerrunde!«, raunte ich Alex zu. Wir hatten noch nicht mal das Ortsschild passiert, da schallte uns auch schon wieder ein lautes »Stamáta! Stamáta!« entgegen. »Nein, nein, nein! Wir müssen weiter. Außerdem vertragen wir bei dieser Hitze nicht so viel«, riefen wir auf Deutsch zurück – in der Hoffnung, dass uns auch hier jemand verstehen würde. Doch wir hatten keine Chance. Die Straße war in der Dorfmitte derart steil, dass wir für einen Augenblick anhalten mussten. Um nicht missverstanden zu werden, blieben wir standhaft über unseren Rädern stehen. »Nun, wenn ihr euch nicht zu uns setzen wollt, dann bekommt ihr halt einen Ouzo auf die Hand«, dachten sich die Männer wohl, und, schwups!, standen wir wieder mit zwei Gläsern da.

Das nächste Dorf, nur wenige Kilometer entfernt, war Kalanos. Wir brauchten eine bessere Strategie. Also verabredeten wir, bereits kurz vor der Ortseinfahrt eine Pause zu machen, um innerhalb des Ortes nicht halten zu müssen. »Wir grüßen die rufenden Männer einfach freundlich, winken ihnen zu und fahren weiter.« So unser Plan. Und der ging tatsächlich auf. Wir kamen ohne einen weiteren Ouzo durch das Dorf. Der Preis dafür war jedoch ziemlich hoch. Denn wir spürten beim Weiterfahren ein halbes Dutzend enttäuschter Blicke in unserem Nacken. Die freundlichen Männer konnten einfach nicht begreifen, warum wir ihre Einladung nicht annehmen wollten. Und das wiederum bereitete uns ein schlechtes Gewissen. Aber was hätten wir tun sollen? Wir wären entweder volltrunken oder gar nicht erst auf der Passhöhe angekommen. Immerhin haben wir so gelernt, dass das Ouzo-Trinken in Griechenland nicht bloß eine Gewohnheit ist: Es ist ein gemeinschaftsstiftender Brauch, ein Ritual, das aus Fremden Freunde macht. Und das darf nicht einfach so abgelehnt werden.

Es gab zum Glück auch alkoholfreie Begegnungen. Mit Dimitra zum Beispiel, einem zwölfjährigen Mädchen, dessen pechschwarze Haare zu einem dicken Zopf geflochten waren. Wir trafen sie vor einem kleinen Dorfladen, in dem wir ein paar Tomaten und etwas Feta gekauft hatten. Die Kleine beobachtete uns zunächst und sprach uns dann in einem ziemlich guten Schulenglisch an. Woher wir kämen, wohin wir wollten, ob uns Griechenland gefalle … Während wir so mit Dimitra sprachen, gesellte sich ihr Opa zu uns und lud uns ganz spontan auf eine Tasse Tee zu sich ein. »Ich wohne nur eine Straße weiter«, ließ er die Kleine übersetzen, »und der Tee ist bereits fertig. Es kostet euch also nicht viel Zeit.« Da uns die beiden recht sympathisch waren und wir nicht unter Zeitdruck standen, nahmen wir die Einladung an.

Das Haus des Opas war ein Traum. Es hatte eine weiß gekalkte Fassade, eine leuchtend blau gestrichene Tür und vier kleine quadratische Fenster, deren viergeteilte Rahmen ebenfalls hellblau leuchteten. Davor ein kleiner runder Tisch, zwei Stühle und ein großer Oleanderstrauch. Wir setzten uns und bekamen sogleich ein Glas Tee serviert. Dimitra hockte sich zu uns und setzte mit ihren Fragen fort: Wie es denn in Deutschland sei, ob es dort tatsächlich immer regne, ob die Kinder dort gerne zur Schule gingen, ob es da auch ein Meer gebe … Während Alex und ich uns alle Mühe gaben, Dimitras Fragen zu beantworten, hielt sich ihr Opa vornehm zurück. Er beobachtete seine Enkelin nur und war sichtlich stolz auf sie.

Erst als das Mädchen eine kleine Pause machte, um sich neue Fragen zu überlegen, ergriff der alte Mann das Wort und erklärte uns, dass Dimitra jede sich bietende Gelegenheit nutze, um ihr Schulenglisch zu verbessern und sich über die Welt »da draußen«

zu informieren. Denn hier in die Berge verirre sich nur selten ein Tourist, und das Leben im Dorf sei für die Jugendlichen langweilig. Viele dächten schon in der Pubertät daran, einmal wegzugehen und in einer der Touristenhochburgen oder auch im Ausland zu arbeiten. Für die Dorfgemeinschaft sei das nicht schön, aber er könne seine Enkelin verstehen. Dimitra übersetzte jeden einzelnen Satz und war ihrerseits stolz darauf, dass sie einen Opa hatte, der so viel Verständnis für sie aufbrachte.

Was aus Dimitra wohl geworden ist? Ob sie inzwischen ein Hotel auf Rhodos leitet oder in einer deutschen Reiseagentur arbeitet? In jedem Fall hat sie uns die Augen dafür geöffnet, was mit einem Land geschieht, dessen Wirtschaftskraft sich zuerst und vor allem dem Tourismus verdankt. Das große Geschäft mit dem Urlaub wirkt bis in die kleinsten sozialen Bezüge hinein. Es verändert die gesamte Kultur eines Landes und das in den meisten Fällen nicht zum Guten. Zum Glück hat man in Griechenland nicht denselben Fehler gemacht wie an der spanischen Mittelmeerküste und alles mit hässlichen Betonburgen zugestellt, aber spürbar ist die landschafts- und gesellschaftsverändernde Kraft des großen Geschäfts auch hier. Eine Begegnung wie die mit Dimitra und ihrem Opa wird man in einer All-inclusive-Anlage wohl kaum erleben. Es war also doch gar nicht so schlecht, dass wir nicht die Schnellstraße an der Küste genommen, sondern uns in das bergige Hinterland hinaufgearbeitet hatten.

Unser nächstes Erlebnis war ein zutiefst verstörendes und beschämendes. Wir kamen nach Kalávrita. Geschichtskundige wissen, was ich meine: Der kleine Ort ist durch eine grausame Vergeltungsaktion der Deutschen Wehrmacht bekannt geworden, die das Verhältnis von Griechen und Deutschen bis heute belastet. Griechische Partisanen hatten 81 deutsche Soldaten gefangen genommen und sie der Wehrmacht für einen Gefangenenaus-

tausch angeboten. Da die sich jedoch nicht auf den Handel einlassen wollte, hat man die Gefangenen getötet. Als unmittelbare
Reaktion darauf wurde das berühmt-berüchtigte »Unternehmen
Kalávrita« gestartet – mit dem Ziel, alle männlichen Dorfbewoh-
ner umzubringen. Die Wehrmacht muss schlimm gewütet haben.
In einem deutschen Militärbericht ist von 695 Toten die Rede,
nach griechischen Angaben waren es weit mehr. Am Abend des
Tages hat man dann die übrig gebliebenen Frauen und Mädchen
zusammengetrieben, in die Dorfschule eingesperrt und das Gebäude in Brand gesetzt. Durch bis heute nicht geklärte Umstände
haben die Eingeschlossenen jedoch entkommen können und den
Brandanschlag überlebt, sodass Kalávrita seitdem den düsteren
Beinamen »Stadt der Witwen« trägt. Was für eine grausame Geschichte!

Da half es, dass gleich hinter der Stadt ein recht einsamer Streckenabschnitt begann. So konnten wir das Gesehene und Erfah-
rene ein wenig sacken lassen und waren nicht gleich wieder durch
anderes abgelenkt. Das ist das Schöne an einer Radreise: dass es
immer wieder diesen Wechsel gibt zwischen intensiven Erlebnissen und Phasen, in denen sich das Erlebte setzen kann. Keine
Rund-um-die-Uhr-Animation, sondern ein natürliches Nacheinander und Nebeneinander der unterschiedlichsten Eindrücke.
Das hat unsere Griechenland-Tour schon nach wenigen Tagen zu
einem ungemein reichen und tiefen Erlebnis gemacht. Gute Gespräche, leckerer Wein, Berührendes und Bewegendes … und in
all dem wieder die Stimme Gottes, die uns zuruft: »So hab ich mir
das mit eurem Leben gedacht. Ich will, dass ihr es in Fülle habt!«
(vgl. Johannesevangelium, Kapitel 10, Vers 10).

Wie zur Bestätigung erreichten wir noch am selben Tag die
Provinz Arkadien, deren bukolische Landschaft bereits in der Antike und dann noch einmal in der Renaissance zu einer Inspira-

tionsquelle für all jene wurde, die von einem glücklichen Leben träumten. Vergil, Ovid, Theokrit, Tibull, Sannazaro, Boccaccio, Shakespeare, Milton: Sie alle haben den »arkadischen Traum« geträumt und ihn in den schönsten Farben beschrieben. Ob Zufall oder nicht: Ich hatte mir erst wenige Wochen vor unserer Tour eine Ausstellung von Goethe-Zeichnungen angesehen, die den arkadischen Traum zum Inhalt hatten, sodass ich nun, da ich am Rande von Arkadien stand, nicht bloß eine liebliche Landschaft vor mir liegen sah, sondern auch was Goethe in seinem Gedicht »Mignon« so wunderbar beschreibt:

Kennst du das Land, wo die Zitronen blühn,
im dunkeln Laub die Gold-Orangen glühn,
ein sanfter Wind vom blauen Himmel weht,
die Myrte still und hoch der Lorbeer steht?
Kennst du es wohl?
Dahin! Dahin
möcht ich mit dir, o mein Geliebter, ziehn!

Auf den arkadischen Traum folgte eine traumhafte Abfahrt aus dem Panchaiko-Gebirge hinunter zur Küste. Die Sonne im Rücken, den warmen Wind im Gesicht ging es hinab in Richtung Meer. Kurz bevor wir die Küste erreichten, mussten wir jedoch innehalten. Denn da lag ein nächster mythischer Ort: Olympia. Mythisch, weil die Olympischen Spiele der Antike, die hier vom Jahr 776 vor Christus bis zum Jahr 393 nach Christus ausgetragen wurden, weit mehr als ein sportlicher Wettbewerb waren. Sie fanden in einem »Heiligen Hain« statt, garantierten eine »heilige Waffenruhe« und waren auch darüber hinaus von großer kultischer Bedeutung. So sind in dem großen archäologischen Park, den es heute in Olympia gibt, denn auch nicht nur Sportanlagen zu sehen, sondern auch

Tempel und andere Kultobjekte. Am meisten beeindruckt haben uns das riesige Stadion, eine 192 Meter lange Laufbahn, auf deren Tribünen bis zu 45.000 Zuschauer Platz nehmen konnten, und ein Hera-Tempel, in dem einst die Siegerkränze gelagert und übergeben wurden. Seit 1936 wird in just diesem Tempel wieder das olympische Feuer entzündet, mit dem dann am jeweiligen Austragungsort die Olympischen Spiele der Neuzeit eröffnet werden.

Nun aber war es Zeit für das Meer. Noch ein paar Hügel und wir konnten es sehen. Und dann auch riechen, schmecken und spüren. Denn es wehte uns von der Küste her eine angenehme Brise entgegen. Wie gut dieser kühle Luftzug uns tat! Und wie schön es sich anfühlte, mal nicht im eigenen Schweiß zu baden, sondern in einer sanften, unsere müden Körper zärtlich liebkosenden Luftbewegung. Dank des zarten Windes gaben übrigens auch die Mücken mal Ruhe. Es war ein fast perfekter Augenblick. Wären da nicht die Hunde gewesen ... Halbverwilderte Straßenhunde. Der erste setzte uns bei Kokavatos nach, ein zweiter hetzte uns bei Kalo Nero. Glücklicherweise bekam weder der eine noch der andere uns zu packen. Und dann war es auch schon wieder vorbei, denn wir erreichten Kyparissía Beach. An dem leicht geschwungenen Sandstrand gab es alles, wonach wir uns sehnten: einen gut gepflegten Campingplatz, einen Pool mit klarem Wasser und eine kleine gemütliche Taverne. Das ließ uns den Stress mit den Hunden schnell wieder vergessen.

Nach einem wunderschönen Abend mit Sirtaki, Souvlaki, Wein und Ouzo waren Alex und ich uns einig: Wir gönnen uns einen Erholungstag. Also ließen wir es am nächsten Morgen geruhsam angehen. Wir schliefen lange, frühstückten ausgiebig und packten dann Taucherbrille und Schnorchel aus. Jawohl, die hatten wir mitgenommen. Denn wir gehörten damals noch zur sogenannten »Schwerlastfraktion«, die beim Zusammenstellen ihres

Reisegepäcks nicht so sehr auf das Gewicht achtet. Das bekamen wir in den Bergen zwar deutlich zu spüren, aber an einem Tag wie dem heutigen war das auch ganz schnell wieder vergessen. Denn ohne Taucherbrille und Schnorchel wäre das Baden im Meer nur ein halb so schönes Vergnügen gewesen. Das Wasser war warm und klar und bewegte sich kaum. Und es gab darin jede Menge zu sehen: zerklüftete Felsen und bunte Korallen, winzige Lippfische und farbenprächtige Seepapageien, in kleinen Schwärmen dahinziehende Meereskrabben und äußerst putzige Seepferdchen. Wir sprangen ins Wasser, ließen uns treiben und genossen es, ganz im Hier und Jetzt zu sein.

Ein kleiner Imbiss, ein kurzes Nickerchen und dann noch einmal ins warme Wasser. So verging das Gros des Tages. Erst am späten Nachmittag, als die Hitze allmählich nachließ, stiegen wir wieder auf unsere Räder, um wenigstens noch ein kleines Stück weiterzukommen. Bis zum nächsten Strandcampingplatz, dem von Navarino Beach, waren es fünfzig Kilometer. Gerade die rechte Strecke, die wir an diesem Tag noch fahren konnten. Als wir ankamen, war die Sonne bereits im Begriff, sich zu verabschieden. Also richteten wir schnell unser Nachlager her und verschwanden wie tags zuvor in einer gemütlichen Taverne.

Am nächsten Tag erreichten wir die Provinz Messenien, den westlichsten Finger des Peloponnes, eine äußerst fruchtbare Gegend. Orangen, Zitronen, Mandeln und Feigen werden hier in großer Menge angebaut. Und natürlich Oliven. Vor allem die berühmte Kalamata-Olive. Die rötlich-braune bis schwarze Frucht hat ein besonders intensives Aroma. Sie wird entweder eingelegt, getrocknet oder als Olivenöl angeboten. Wir hätten uns fast eine Flasche gekauft, wenn da nicht jenes seltsame Erlebnis gewesen wäre …

Wir fuhren durch einen der Olivenhaine und sahen wie ein Mann die Bäume mit einem Schädlingsbekämpfungsmittel spritzte. In seiner Hand eine dünne Lanze, auf deren Spitze eine feine Düse saß, und auf dem Rücken ein 25 Liter fassender Plastiktank, in dem sich das Pflanzengift befand. Doch was ist das? Da hing noch etwas vor seinem Bauch. Wir konnten es erst gar nicht glauben: Da hing ein etwa anderthalbjähriges Kind, eingehüllt in ein dünnes Tragetuch – und in dem beißenden Sprühnebel, der eigentlich für die Bäume gedacht war. Sogar uns, die wir etwa 20 Meter entfernt angehalten hatten, brannten die übelriechenden Schwaden in den Augen. Wir standen erst einmal fassungslos da und fragten den Olivenbauern dann, ob er sich bewusst sei, was er da tue. Der Mann konnte offensichtlich kein Englisch, verstand aber wohl, worum es ging. Denn er machte eine Geste, die etwa so zu verstehen war: »Macht euch keine Sorgen. Das machen wir hier schon immer so.« Seitdem kann ich keine Kalamata-Oliven mehr essen, ohne an diese befremdliche Begegnung zu denken.

Kalamata, so heißt nicht nur die Olive, sondern auch die Provinzhauptstadt von Messenien. Die ist 1986 in die Schlagzeilen geraten, weil sie von einem schweren Erdbeben erschüttert wurde. Mehr als 20.000 Menschen sind damals aus der Stadt geflohen. Die übrigen 24.000 mussten zu einem großen Teil in Zelten und Containern Zuflucht nehmen. Das war nun schon einige Jahre her, aber es sah aus, als sei es gestern gewesen – zumindest in den Außenbezirken, durch die wir fuhren. Überall waren noch Zelte und Container zu sehen, inmitten einer tristen Ruinenlandschaft. Auch um die Müllabfuhr und die Kanalisation schien sich niemand so richtig zu kümmern. Die Stadt machte einen verwahrlosten Eindruck auf uns. Deshalb sahen wir zu, dass wir weiterkamen.

Schon wenige Kilometer südlich von Kalamata schraubte sich die Küstenstraße auf einmal in die Berge hinauf. In das Taygetos-Gebirge, das die Provinzen Messenien und Lakonien voneinander trennt. Dass diese beiden Provinzen lange nichts miteinander zu tun hatten, erschloss sich uns auf eine ziemlich anstrengende Weise. Denn das Gebirge ist derart zerklüftet, dass man selbst auf der mittlerweile gut asphaltierten Straße nur äußerst mühsam vorwärtskommt. Immer wieder windet sie sich einen Bergrücken hoch, um sich gleich im nächsten Augenblick wieder in die Tiefe zu stürzen. Gut 1.500 Höhenmeter haben wir hier an einem einzigen Tag gesammelt. Dann standen wir vor dem »Tor zur Mani«, der kleinen Stadt Areopoli.

Die Mani ist der »Mittelfinger« des Peloponnes. Sie ist die wirtschaftlich ärmste und landschaftlich kärgste Region des Landes. Auf ihren ockerfarbenen Bergen steht kein einziger Baum, und auch in den Niederungen findet sich kaum etwas Grün. Hin und wieder sieht man mal einen Esel, der verzweifelt nach etwas Fressbarem sucht, oder eine einsam dahinschlendernde Frau, die ein paar trockene Reiser auf ihrem Rücken trägt. Viehzucht oder Landwirtschaft scheinen in dieser wüstenartigen Gegend ganz und gar unmöglich zu sein. Deshalb haben es hier immer nur wenige Familien ausgehalten, und die waren zumeist miteinander verfeindet. Das kann man heute noch an den vielen steinernen Wohntürmen erkennen, die zum Wahrzeichen der Mani geworden sind. Obwohl sie den Familien in erster Linie als Wohnhaus dienten, gleichen sie architektonisch einer Festung: dicke Mauern, wenige kleine Fenster, niedrige Türen, mehrere Stockwerke und über all dem ein in alle Himmelsrichtungen weisender Zinnenkranz. Wer sich eine Vorstellung vom ursprünglichen Leben in der Mani machen will, sollte den Roman *Alexis Sorbas* lesen oder sich den gleichnamigen Film anschauen. Denn die Geschichte ist zu einem guten Teil von diesem Ort inspiriert.

In Areopoli war von der Kargheit und Menschenfeindlichkeit der Mani noch nicht viel zu spüren. Denn es gab ein paar sehr schöne Tavernen und Unterkünfte. Deshalb beschlossen wir, die nächsten zwei Nächte mal nicht im Freien, sondern mit einem Dach über dem Kopf zu verbringen. Eine der Unterkünfte sprach uns sofort an. Das war ein historischer Wohnturm, den man saniert und in eine Ferienunterkunft umgebaut hatte. In jedem Stockwerk gab es ein kleines Zimmer, und eines davon war noch frei. Was für eine Wohltat, mal wieder in einem richtigen Bett zu schlafen und beim Essen nicht auf dem Boden, sondern an einem Tisch zu sitzen! Nur eine Hoffnung ging leider nicht in Erfüllung: die auf eine mückenfreie Nacht. Denn das Fenster unseres kleinen Gästezimmers hatte so viele Löcher und Ritzen, dass es den Quälgeistern ein Leichtes war, ins Innere des Raumes vorzudringen.

Wir hatten das Zimmer gleich für zwei Nächte gebucht, weil wir den Mittelfinger des Peloponnes einmal umrunden wollten, ohne unser gesamtes Gepäck mitzunehmen. Denn auch die Küstenstraße der Mani hat es in sich. Die ersten Kilometer waren noch relativ harmlos. Es ging über eine Art Plateau hinweg und dann hinunter in ein malerisches Dorf namens Gerolimenas. Der Ort hat einen kleinen Hafen, dessen kristallklares Wasser uns zu einer längeren Pause einlud. Wir packten wieder Taucherbrille und Schnorchel aus und ließen es uns gut gehen. Dann aber wurde es ernst.

Die Straße wand sich einmal quer über das zentrale Gebirge auf die andere Seite der Halbinsel hinüber. Die steilen Serpentinen waren schon von Weitem zu sehen. Die Sonne stach, es ging kein Lüftchen, und ich hatte dazu noch das Pech, gerade auf meinem schweren 3-Gang-Rad zu sitzen. Während Alex sich mit seinen 21 Gängen tapfer den Pass hinaufkämpfte, fühlten sich meine Beine wie zwei bleierne Pleuelstangen an, die kaum mehr die nächste Umdrehung schaffen. Eigentlich wäre es mal wieder an der Zeit für einen Rädertausch gewesen, aber dafür war

Alex nun schon zu weit weg; wir haben uns nicht mehr darüber verständigen können. Dann ging es tatsächlich nicht mehr weiter, und ich musste für einen Augenblick stehen bleiben, um zu verschnaufen und neue Kraft zu sammeln. Während ich so dastand und noch mit meinem Schicksal haderte, kam ein rostiger VW-Bus angefahren, aus dessen Innenraum mir laute Partymusik entgegenschallte. Auch hatte ich den Eindruck, der Bus würde beim Fahren etwas schaukeln. Als das Gefährt mich erreicht hatte, blieb es mit quietschenden Reifen stehen. »Sollen wir dich mitnehmen?«, rief mir der Fahrer lauthals zu. Er hatte meine missliche Lage offenbar erkannt. Eigentlich widerspricht so ein Angebot ja meiner Radler-Ehre. Hier aber kam es wie ein Geschenk des Himmels daher. Also sagte ich: »Das wäre prima! Aber wie wollt ihr mein Rad in euren Bulli bekommen?« Denn der war bereits zum Bersten voll mit vier jungen Leuten, die (wie ich dann bald erfuhr) aus Augsburg kamen, und jeder Menge Gepäck, das sich wild übereinanderstapelte. Sogar zwei Surfbretter waren darunter. Die Antwort lautete nur: »Das bekommen wir schon hin.«

Das Gepäck wurde irgendwie in den Hinterraum des Fahrzeugs gedrückt, sodass die einander gegenüberliegenden Seitentüren geöffnet werden konnten, ohne dass dabei etwas auf die Straße fiel. Danach wurde mein Fahrrad so in den entstandenen Gang gestellt, dass das Vorderrad auf der einen und das Hinterrad auf der anderen Seite aus dem Bulli herausragte. Ich selbst fand Platz auf einem Schoß und bekam eine kalte Cola in die Hand gedrückt. Dann setzte sich der Party-Bus wieder in Bewegung. Mit heulendem Motor und lauter Musik ging es beschwingt den Pass hinauf! »Ist das da vorne dein Freund?«, schrie mir der Fahrer durch den ohrenbetäubenden Lärm hindurch zu. »Ja! Das ist Alex!«, schrie ich in gleicher Lautstärke. »Den werden wir aber nicht auch noch in den Bus bekommen«, kam zurück. »Das macht auch nichts«, antwortete ich etwas keck. »Der hat ein topmodernes Rad.« Also fuhren wir johlend und grölend an Alex vorbei.

Ich werde seine Reaktion meinen Lebtag nicht vergessen. Als er sich zum ersten Mal zu unserem Bulli umschaute, war ihm offenbar noch nicht klar, dass auch ich darin saß. Erst als wir ihn erreicht hatten und langsam neben ihm herfuhren, erspähte er zunächst mein Rad und dann auch mich selbst. Diesen Moment hätte ich gerne auf einem Foto festgehalten. Ein schweißnasses, von Erschöpfung gezeichnetes Gesicht, dessen Augen nicht fassen können, was sie da gerade zu sehen bekommen. Eine Mischung aus Unglaube, Verwunderung und dem Gefühl, auf eine dreiste Weise übervorteilt worden zu sein. »Du Fuchs!«, rief er mir mit einem schelmischen Lachen zu. »Wir sehen uns auf dem Pass! Ich bestelle dir schon mal eine Cola«, rief ich zurück und prostete ihm dabei zwinkernd zu. Dann waren wir auch schon an ihm vorbei.

Auf der Passhöhe konnte ich tatsächlich eine Cola bestellen. In einer kleinen Taverne, gleich neben der Straße. Dort haben mich die Augsburger wieder abgesetzt. Ich nahm mir einen bequemen Stuhl und ließ mich in etwas provokanter Pose auf der Tavernen-Terrasse nieder. Nach einer Weile kam Alex angefahren. Mit einem hochroten Kopf, einem schweißnassen T-Shirt und einem ganz ähnlichen Blick wie schon zuvor. Erst als er neben mir saß, dreimal tief durchgeatmet hatte, seine Cola in Händen hielt und es sich genauso gemütlich gemacht hatte wie ich, konnte er ebenso herzhaft wie ich über die kleine Episode lachen. Ein gewisses Maß an Schadenfreude verbindet uns bis auf den heutigen Tag. Eine Schadenfreude, die dem anderen nichts Böses will, sondern ihn auf eine Weise hochnimmt, die auch ihn selbst zum

Lachen bringt. Manchmal müssen wir uns dafür nur einen bestimmten Blick zuwerfen, und es ist klar: Der andere nimmt mich mal wieder hoch.

Vom Pass ging es wieder zur Küste hinunter, dann noch einige Male auf und ab und schließlich zurück nach Areopoli. Am nächsten Morgen waren wir ziemlich erschöpft. Deshalb stiegen wir nicht gleich wieder auf die Räder, sondern in einen Linienbus nach Pyrgos Dirou. In dem nur wenige Kilometer von Areopoli entfernten Ort gibt es eine Tropfsteinhöhle, die nur vom Meer aus zugänglich ist. Wer sie besichtigen will, muss eine Bootstour buchen. Und genau das taten wir. Wir hatten zwar schon so manche Tropfsteinhöhle gesehen, aber mit einem Boot unter riesigen Stalaktiten hinwegzugleiten und dabei das Rauschen des Meeres zu hören, das war schon ein besonderes Erlebnis. An einigen Stellen ragten die Tropfsteine so tief herab, dass wir uns flach auf das Boot legen mussten. Wenig später ging es durch eine Halle, die so groß war, dass das Licht unserer Taschenlampen kaum bis an die Decke reichte. Etwa drei Kilometer legten wir mit dem Boot zurück, dann spuckte uns die Höhle wieder aus.

Als wir gegen Mittag zurück in Areopoli waren, zeigte das Thermometer bereits 32 Grad Celsius an. Nicht gerade die ideale Temperatur, um wieder auf die Räder zu steigen, aber wir wollten nicht noch eine dritte Nacht am selben Ort verbringen. Zum Glück ging es erst einmal bergab, sodass wir schon nach anderthalb Stunden den Golf von Lakonien erreichten. Das überraschend schnelle Vorankommen und ein großer Eiskaffee an der Strandpromenade von Gythio euphorisierten uns in einer Weise, dass wir uns kurzerhand darauf verständigten, noch am selben Tag bis nach Monemvasía an der Ostküste des Peloponnes zu fahren. 105 Kilometer und 650 Höhenmeter waren das, nicht gerade wenig für einen so heißen und nur noch kurzen

Tag. Aber wir schafften es! Es war zwar schon dunkel, als wir ankamen, aber unsere Räder hatten ja Lampen. Der große Vorteil dieses kleinen Kraftakts war, dass wir uns Monemvasía am nächsten Tag in aller Ruhe anschauen konnten. Denn die Fähre, mit der wir dann weiter in Richtung Norden wollten, legte erst am nächsten Abend ab.

Monemvasía ist eine wunderschöne Stadt. Allein schon durch ihre außergewöhnliche Lage. Sie schmiegt sich an einen großen Felsen, der nur durch einen schmalen Damm mit dem Festland verbunden ist. Das hat sie über Jahrhunderte hinweg uneinnehmbar gemacht. Schön ist Monemvasía aber vor allem, weil das mittelalterliche Stadtbild nahezu vollständig erhalten ist. Man betritt, wenn man vom Festland kommt, zunächst die Unterstadt. Sie ist besonders gut in Schuss, weil viele der alten Gebäude von wohlhabenden Griechen gekauft und liebevoll restauriert worden sind. Die Oberstadt ist in einem weniger guten Zustand, bietet dafür aber herrliche Ausblicke aufs Meer. Ganz oben schließlich, auf dem Felsplateau, befindet sich eine große Zitadelle, erreichbar nur über einen gewundenen Pfad.

Wir ließen uns viel Zeit mit der Erkundung der vielen Gassen und Winkel, aßen eine Kleinigkeit, tranken einen griechischen Kaffee und machten uns dann auf den Weg zum *Flying Dolphin*. So heißt das Tragflügelboot, das Monemvasía mit dem Norden des Peloponnes verbindet. Die große Frage, die noch blieb, war die, ob das Boot unsere Räder wohl mitnehmen wird. Wenn nicht, hätten wir ein Problem gehabt. Denn der Landweg in Richtung Norden hätte uns nicht nur drei zusätzliche Tage gekostet, die unser Urlaubsbudget nicht mehr hergab, er wäre auch ziemlich anstrengend geworden. Aber wir hatten Glück. Obwohl der *Flying Dolphin* weder ein Außendeck noch einen Frachtraum hat, konnten wir unsere Räder mit an Bord nehmen. Wir durften sie einfach in den Passagierraum stellen. Dann machte sich der fliegende Delfin auf den Weg und brachte uns in nur zwei Stunden zur Insel Spetses.

In Deutschland ist die kleine Insel so gut wie nicht bekannt, weil sie in kaum einem Urlaubskatalog zu finden ist. Bei den Griechen dagegen ist sie sehr beliebt – eben weil sie noch nicht von Pauschaltouristen übernommen worden ist. Entsprechend »griechisch« ging es am Abend zu. Auf der Hafenpromenade wurde getanzt, und zwar zu einer ganz anderen Musik, als wir sie bislang gehört hatten. Auch das Essen war deutlich anders als in den klassischen Urlaubszentren. Anstelle der dort üblichen Grillteller mit Gyros, Souvlaki und Bifteki gab es frisch gefangenen Oktopus und allerlei andere Spezereien aus dem Meer. Das war ganz nach unserem Geschmack! Also tauchten wir tief in das Geschehen ein – mit der etwas unangenehmen Folge, dass wir am nächsten Morgen einen ziemlichen Brummschädel hatten. Aber das war tatsächlich nicht weiter schlimm, da wir den Tag ohnehin am Strand verbringen wollten.

Auf Spetses gibt es wunderschöne Badebuchten. Die, die wir uns ausgesucht hatten, war von sattgrünen Kiefern eingerahmt und hatte einen strahlend weißen Kieselstrand. Als wir ankamen, war noch niemand da. Erst gegen Mittag kam der ein oder andere hinzu. Keine reservierten Liegen, keine nervende Musik, keine penetranten Strandverkäufer … Herrlich! Erst am späten Nachmittag kehrten wir in den Ort zurück, um noch zum Festland überzusetzen. Doch, oh Schreck: Die Fähre war weg! Das letzte Boot des Tages hatte bereits den Hafen verlassen. Was also tun? Wieder ins Hotel zurück, noch eine Nacht auf der Insel verbringen und erst am nächsten Tag übersetzen? Während wir noch darüber nachdachten, kam ein Fischer auf uns zu und fragte, ob er uns helfen könne. Mit einem kleinen Fischerboot zurück zum

Festland? Eigentlich gar keine so schlechte Idee! Das kostete zwar etwas mehr als die Überfahrt mit der Fähre, war dafür aber auch wieder ein besonderes Erlebnis. Also schlugen wir ein und waren schon zwanzig Minuten später auf dem Festland.

Am nächsten Tag ging es nach Lygourio. Zunächst über einige Hügel hinweg, dann einen steilen Pass hinauf, wieder hinunter und am Ende nochmal für längere Zeit bergauf. In der Nähe von Lygourio liegt Epidauros, die bedeutendste Heil- und Kultstätte der antiken Gottheit Asklepios. Ich hatte erst im Semester zuvor noch eine Vorlesung über diesen populären Heilkult besucht. Deshalb wusste ich: Im Mittelpunkt stand der sogenannte Tempelschlaf. Dazu begaben sich die von seelischen oder körperlichen Leiden Geplagten in einen Raum, den man *Abaton* nannte, »den Unzugänglichen«. Sie gingen also an einen Ort, der für andere nicht zugänglich war. Raus aus dem Alltag und den gewohnten Bezügen. So wie man es auch heute noch tut, wenn man eine Kur macht oder sich in eine therapeutische Einrichtung begibt. Der *Abaton* war mit Dutzenden von Votivtafeln gefüllt, auf denen bereits Geheilte ihre Genesung beschreiben und sich für die erfolgreiche Behandlung bedanken. »Nur Mut! Auch du kannst wieder gesund werden!«, war die Botschaft dieser Tafeln. Positives Denken nennt man das heute.

Und dann das Eigentliche: der Schlaf. Die im *Abaton* Versammelten legten sich hin und schliefen. Das konnte einen oder auch mehrere Tage dauern. In antiken Quellen wird der Tempelschlaf als eine Art Halbschlaf beschrieben. Als ein Zustand zwischen Wachen und Schlafen, in dem Träume und Tagträume eine große Rolle spielen. Und darin vor allem lag wohl die Heilkraft des Ganzen: im Zulassen und Wahrnehmen dessen, was sich im Halb- und Unbewussten bewegt. Denn viele Krankheiten, das wussten schon die alten Griechen, haben ihre Ursache in seelischen Konflikten, die verdrängt oder nicht hinreichend verarbeitet wurden. Ähnliches kann man übrigens auch auf einer Radreise erleben. Ich jedenfalls träume auf meinen Touren wesentlich intensiver als sonst. Sowohl tagsüber als auch des Nachts. Aktuell Erlebtes und Vergangenes vermischen sich. Längst aufgegebene Wünsche sind auf einmal wieder da. Bedürfnisse, Sehnsüchte und Hoffnungen. Manchmal reißen auch alte Wunden auf. Oder es stellt sich plötzlich ein Trost ein, wie man ihn schon lange nicht mehr verspürt hat. Ein Glücksgefühl, eine tiefe innere Zufriedenheit. Die Seele wird einmal so richtig durchgewalkt. Das ist nicht immer angenehm. Manchmal möchte man gar nicht so genau wissen, was sich in seiner Seele so alles abspielt. Aber es hat tatsächlich eine heilende Wirkung. Ich zumindest habe während meiner Radtouren schon so manchen seelischen Ballast abwerfen und neue Lebenskraft schöpfen können.

Den *Abaton* von Epidauros kann man heute noch erkennen. Es handelte sich um einen großen rechteckigen Bau, der von einem Wandelgang umgeben war. Die Grundmauern, ein paar Säulen und sogar einige der Steinliegen, auf denen sich die Heilsuchenden zum Schlafen niedergelegt haben, sind erhalten. Die Votivtafeln hat man in einem kleinen Museum zusammengetragen. Rund um den *Abaton* gruppierten sich ein Gästehaus, zwei Tempel, ein *Gymnasion* (eine Turnhalle), ein Stadion und ein Theater. Die Heilsuchenden haben also keineswegs nur geschlafen, sondern sich auch sportlich, religiös und kulturell betätigt. Das größte und besterhaltene Bauwerk von Epidauros ist das Theater. Es bot bis zu 14.000 Menschen Platz. Von den Rängen der in einen Hang hineingebauten halbkreisförmigen Zuschauertribüne kann man noch heute jedes Wort verstehen, das in der *Orchestra* gesprochen wird. Wir schauten uns Epidauros bis zum Einbruch der Dämmerung an und nahmen uns, da es den Campingplatz, der auf unserer Karte eingezeichnet war, leider nicht gab, mal wieder ein Zimmer.

Tags darauf passierte uns etwas, das einem auf einer Radreise möglichst nicht passieren sollte. Wir waren aus den Bergen hinunter ans Meer gefahren, von Lygourio nach Nauplion, als Alex plötzlich merkte, dass er sein Portemonnaie in einer Telefonzelle hatte liegen lassen – oben in den Bergen. Das Fluchen überspringe ich mal. Die Frage war, ob und wie er sein Portemonnaie wiederbekommt. Mit dem Fahrrad zurückfahren? Das hätte gedauert und viel Kraft gekostet. Also machte sich Alex auf die Suche nach einem Linienbus, während ich mich um die Räder kümmerte und mir die Altstadt von Nauplion ansah. Nach etwa drei Stunden trafen wir uns wieder. Alex kam strahlend angelaufen und hielt mir das verlorene Portemonnaie entgegen. Es war vom nächsten Nutzer der Telefonzelle in einer nicht weit entfernten Polizeistation abgegeben worden. Was für ein Glück! Wir konnten weiterfahren. Doch das nächste Unheil nahte schon.

Wir waren nach der ungeplanten Unterbrechung noch bis Mykines gekommen und hatten den Abend in einer Taverne verbracht. Beim Verlassen derselben bin ich an einer Stufe so unglücklich umgeknickt, dass ich das Reißen eines Gelenkbandes hören und auch spüren konnte. Der Fuß schwoll sofort kräftig an, und ich konnte nicht mehr auftreten. Auch hier übergehe ich mal meine erste Reaktion und die dabei verwendeten Worte. Zum Glück war unser Zelt nicht weit entfernt und der zweite Fuß ja noch in Ordnung. Also legte ich meinen Arm auf Alex' Schultern und humpelte auf dem gesunden Fuß vor mich hin. »Wir schauen morgen mal, ob es hier einen Arzt gibt. Jetzt lass uns erst einmal schlafen«, waren die letzten Worte dieses Tages.

Am nächsten Morgen war der Fuß zu einer Kugel angeschwollen, schmerzte aber nicht mehr ganz so heftig. Einen Arzt gab es in Mykines nicht, schon gar nicht einen Orthopäden. Deshalb beschlossen wir, zunächst einmal abzuwarten. Vielleicht war es ja doch nur ein Bänderanriss. Da hätte dann auch ein Arzt nicht viel tun können, außer mir den Rat zu geben, das Gelenk zu kühlen und zu schonen. Mit dem Kühlen, das war etwas schwierig. Aber schonen, das ging wohl. Denn wir wollten an diesem Tag ohnehin nicht Rad fahren, sondern uns die Ausgrabungen von Mykene anschauen, und die waren auch gut per Anhalter zu erreichen.

Mykene war mal eine der bedeutendsten Städte Griechenlands. Nach ihr wurde die mykenische Kultur benannt, die erste Hochkultur Europas, die von etwa 1680 bis ins 11. Jahrhundert vor Christus angedauert hat. Dass die Stadt entdeckt wurde, ist vor allem das Verdienst des deutschen Archäologen Heinrich Schliemann, der zuerst das antike Troja gefunden und sich dann auf die Ausgrabung von Mykene konzentriert hat. Das berühmteste Objekt, das damals wieder ans Tageslicht befördert wurde, ist das sogenannte Löwentor. Es stammt aus dem 13. Jahrhundert vor Christus und war das Haupttor der antiken Stadt. Seinen Namen trug es aufgrund eines riesigen Reliefs, das zwei einander gegenüberstehende Löwen zeigt. Nicht minder beeindruckend sind die Reste der zyklopischen Mauer, die den Weg zum Löwentor beiderseits säumt. Ihre riesigen Steinquader, von denen einzelne bis zu zwölf Tonnen wiegen, wurden ohne Mörtel zusammengefügt und haben dennoch mehr als 3.000 Jahre zusammengehalten. Zum Glück liegen auch die anderen Sehenswürdigkeiten Mykenes (ein Palast, ein Schatzhaus, die Fundamente von Wohnhäusern und eine Reihe von Gräbern) so nah beieinander, dass ich meinen lädierten Fuß nicht allzu stark belasten musste.

Aber Rad fahren? Das schien völlig unmöglich zu sein. Schon das Aufsteigen wollte nicht gelingen. Also schoben wir unsere Räder in Richtung Bahnhof, um ein Stück mit dem Zug zu fahren.

Der Bummelzug, den wir uns ausgeguckt hatten, traf zwar relativ pünktlich ein, hielt aber nicht, sondern fuhr im Schneckentempo an der Bahnstation vorbei – so wie wir es bereits in Rumänien erlebt hatten. Damals hatten wir die Räder und das Gepäck mithilfe anderer Passagiere an Bord bekommen. Hier aber hatten wir keine Chance. Nicht nur wegen meines schmerzenden Fußes, sondern auch weil es keine anderen Passagiere gab. Der Zug fuhr kurzerhand ohne uns weiter.

Es blieb mir also nichts anderes übrig, als es noch einmal mit dem Rad zu versuchen. Dazu nahm ich das etwas leichtgängigere Trekkingrad und lehnte es an die Wand des Bahnhofsgebäudes. Dann setzte ich den gesunden Fuß auf die eine Pedale und legte den verletzten ganz behutsam auf der anderen ab. Nun musste Alex mich nur noch anschieben. Das Rad begann zu rollen und der gesunde Fuß zu treten. Der andere lief einfach mit. Das schmerzte am Anfang noch ein wenig, war dann aber doch einigermaßen zu ertragen, sodass wir nach ein paar Proberunden auf dem Bahnhofsvorplatz tatsächlich weiterfahren konnten. Ganz langsam natürlich und mit vielen Pausen, aber es ging. Wir schafften es sogar, unser nächstes Etappenziel zu erreichen, das etwa 40 Kilometer von Mykines entfernte Korinth. Danach allerdings war ich fix und fertig und konnte den verletzten Fuß überhaupt nicht mehr belasten. Deshalb machten wir erst gar keine Anstalten, einen Zeltplatz anzusteuern, sondern folgten einem Rat, den wir von anderen Reisenden bekommen hatten. Und das sollte sich als wahrer Glücksgriff erweisen.

Wir stiegen in der Taverne von Tassos Kondilis ab. Der alte Mann sei ein Original und weit über die Stadt hinaus bekannt, hatte man uns gesagt. Die Zimmer seien erstaunlich preiswert und das Essen ganz hervorragend. Und so war es auch. Tassos Kondilis hieß uns herzlich willkommen und hatte, obwohl wir nicht angemeldet waren, noch ein sehr schönes Zimmer für uns. Als er sah, dass ich humpelte, und den Grund dafür erfuhr, kam er mit einer Schale griechischem Joghurt und einem Leinentuch zu mir aufs Zimmer. »Der Joghurt wird deinen Knöchel kühlen und die Entzündung lindern«, erklärte er mir. »Und morgen tun wir noch etwas Honig darauf. Dann wird es schnell wieder besser werden.« Ich kannte bislang nur den Quarkwickel, aber mit griechischem Joghurt scheint es ebenso zu funktionieren. Jedenfalls tat mir die kühlende Auflage richtig gut.

Am nächsten Morgen war der Fuß noch längst nicht in Ordnung, aber doch so weit abgeschwollen, dass wir uns dem nächsten Highlight unserer Reise widmen konnten: den Ausgrabungen der antiken Stadt Korinth. Von ihr ist wesentlich mehr erhalten als von Epidauros und Mykene, sodass man sich gut vorstellen kann, wie es hier vor mehr als 2.000 Jahren zugegangen ist. Am meisten beeindruckt hat uns die *Dema*, die antike Rednertribüne, gleich neben der *Agora*, dem großen Marktplatz. Sie ist recht gut erhalten, weil sie jahrhundertelang von einer Kirche überbaut war. Und das wiederum hat damit zu tun, dass mit großer Sicherheit der Apostel Paulus auf der *Dema* gestanden hat, als er im Jahr 51 oder 52 nach Christus zu den Korinthern gesprochen hat.

Nicht weit von Alt-Korinth entfernt liegt der berühmte Kanal von Korinth, der den Peloponnes vom Festland trennt. Erste Pläne zu diesem mehr als sechs Kilometer langen Durchstich gab es bereits in der Antike. Erfolgreich umgesetzt werden konnten sie allerdings erst im 19. Jahrhundert nach Erfindung des Dynamits. Und selbst damit dauerte das Ausheben des bis zu 84 Meter tief im Fels liegenden Kanals etwa zwölf Jahre. Wir fuhren mit unseren Rädern auf eine Brücke, von der wir einen herrlichen Blick auf die schnurgerade Wasserstraße hatten, die wie mit einem scharfen Messer in das ockerfarbene Gestein hineingeschnitten schien.

Ihre Oberfläche schimmerte in einem opaken Blau, auf das sich hie und da der Schatten einer vorbeiziehenden Wolke legte. Unmittelbar vor uns wuchs ein stattlicher Eukalyptusbaum aus der steilen Kanalwand empor, und in der Ferne glitzerte das Wasser des Saronischen Golfs im warmen Licht der Abendsonne.

Als wir so dastanden und die Szenerie auf uns wirken ließen, beschlich uns beide das Gefühl, dass wir am Ende unserer Reise waren. Obwohl uns noch zweieinhalb Tagesetappen von Patras trennten, hatten wir den Eindruck, dass es genug war. Wir kannten dieses Gefühl bereits. Irgendwann stellt es sich auf jeder Radreise ein. Man ist dann einfach satt. Weil die gefahrene Strecke lang genug war, weil man eine kaum mehr zu überbietende Fülle von Landschaftsformen gesehen hat, weil man so vielen Menschen begegnet ist, so viel Kulturelles erkundet hat … Hier in Griechenland gab es von all dem etwas. Wir haben uns mal wieder in die Berge hinaufgekämpft, aber auch herrliche Abfahrten erlebt. Wir sind von Hunden gehetzt worden und haben entspannt vor uns hin geschnorchelt. Wir haben Kulturgüter von Weltrang gesehen, aber auch wüstenartige Landschaften. Es ist uns Befremdliches, Beschämendes und Berührendes begegnet. Geselligkeit, Gastfreundschaft und Hilfe. Kurzum: das Leben in seiner ganzen Fülle.

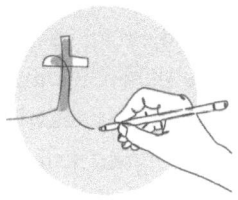

13

WER RADELT, DER FINDET

Als mir der Verlag diesen kurzen Satz als Buchtitel vorgeschlagen hat, habe ich mich zunächst einmal daran gerieben. Denn »Radeln«, das klingt zumindest da, wo ich groß geworden bin, nicht nach einer Fahrradtour, sondern eher nach einem behäbigen Vor-sich-hin-Radeln. Nach einem gelangweilten Ausschauhalten nach etwas, das allemal besser ist, als den ganzen Tag auf der Couch zu liegen. Nach einer Freizeitbeschäftigung, über die man kein Buch schreiben müsste. Aber vielleicht liegt das daran, dass ich im Ruhrgebiet aufgewachsen bin, wo man gern mit etwas kernigeren Begriffen hantiert, während der Verlag in München sitzt und mehr mit dem bajuwarischen »Radeln« sympathisierte. Und vielleicht hören Sie es ja nochmal ganz anders.

Was meiner Vorstellung schon eher entsprach, war der zweite Teil, das »Finden«. Denn finden kann man auf einer Radreise tatsächlich eine ganze Menge. Und zwar nicht nur Dinge, nach denen man sucht, sondern auch solche, die einem völlig unerwartet begegnen. Wobei »Dinge« eigentlich nicht das richtige Wort ist. Denn es sind in erster Linie Menschen, die den Reiz einer Radreise ausmachen. Reisegefährten, Gastgeber, Menschen, denen man nur ganz kurz, aber doch sehr intensiv begegnet. Hinzu kommt das Erlebnis einer Natur, die man so noch nie gesehen hat. Von Formen, Farben und Gerüchen, die man sich nicht mal in seinen kühnsten Träumen hätte ausmalen können. Man versteht die Welt ein wenig besser, gelangt zu neuen Erkenntnissen und revidiert seine bisherigen Einstellungen.

Zugestimmt habe ich dem vorgeschlagenen Titel aber vor allem aufgrund der Anspielung, die er enthält. Der Anspielung auf das in den Evangelien gleich mehrfach festgehaltene Wort Jesu »Wer suchet, der findet!«. Denn auch hier meint Suchen weitaus mehr als nur das Verlangen nach etwas, das man schon kennt oder von dem man meint, es besitzen zu müssen. Was Jesus da beschreibt, ist eher so etwas wie eine Grundhaltung Gott und der Welt gegenüber. Das Vertrauen, dass Gott es gut mit uns meint. Die daraus erwachsende Zuversicht, dass aus *allem* etwas Gutes werden kann. Und der Mut, das Leben bei den Hörnern zu packen. Sich also nicht einzurichten in dem, was man bereits hat und kennt, sondern seiner Sehnsucht Raum zu geben und sich nach Neuem auszustrecken. Das alles kann man auf einer Reise mit dem Rad besonders intensiv erleben, erfahren und erlernen.

Das Radreisen ist, davon bin ich mittlerweile zutiefst überzeugt, eine ganz hervorragende Lebens- und Glaubensschule. Eine Erfahrung, die mich Gott und der Welt ein ganzes Stück näherbringt. Eine spirituelle Erfahrung. Vielleicht habe ich dem einen oder anderen von Ihnen nicht ausdrücklich genug davon gesprochen, zu selten die Worte »Gott« und »Jesus« in den Mund genommen und zu wenig über die Kirche und ihre Lehre gesagt. Das aber habe ich ganz bewusst getan. Denn ich wollte Ihnen keine »ungedeckten Schecks« ausstellen, Ihnen also nur von etwas erzählen, das ich selbst erlebt und erfahren habe, und nicht etwas, das man als guter Katholik doch eigentlich wissen und glauben müsste. Denn für mich ist der Glaube an Gott nicht etwas, das

man sich aus Katechismen und anderen frommen Büchern ab-
gucken kann, sondern etwas, das mich im Innersten angeht. Eine
Kraft, die mich berührt und bewegt. Und das nicht immer und zu
jeder Stunde, sondern nur hin und wieder mal, wenn sich – bild-
lich gesprochen – der Himmel auftut und die Welt auf einmal in
einem ganz neuen Licht erscheint.

Genau das habe ich auf meinen Radreisen immer wieder erlebt.
Dass sich der Himmel auftut. Dass mir die Welt in einem neuen
Licht erscheint. Dass ich mir selbst und anderen auf eine Weise
begegne, wie ich es im Alltag selten erlebe. Und deshalb werde ich
mich sicher noch so manches Mal in den Fahrradsattel schwingen, meine Fußballen auf die Pedale setzen und mich dem Rauschen des Windes, dem Wiegen der Gräser und dem durch die
Baumwipfel blinzelnden Sonnenlicht überlassen ...

DANK

An das Ende dieses Buches gehört ein dickes Dankeschön. Zuerst und vor allem an Alex, mit dem ich die meisten meiner frühen Radreisen bestritten habe und mit dem mich mittlerweile eine jahrzehntelange Freundschaft verbindet. Ich habe es nicht dauernd erwähnt, aber über vieles von dem, was ich in diesem Buch beschreibe, haben wir uns intensiv ausgetauscht und so manches auch ins Gebet genommen. Meinen kritischen Blick auf den Pauschaltourismus, mein wachsendes Verständnis für den Umweltschutz, die Erfahrung, dass man mit Gott sprechen kann wie mit einem guten Freund – das und noch einiges mehr verdanke ich zu einem guten Teil auch ihm.

Das zweite Dankeschön geht an Klaus, der in meiner Darstellung ja nicht ganz so gut weggekommen ist. Um es noch einmal klarzustellen: Klaus ist alles andere als ein Nerd. Er ist ein mit beiden Beinen im Leben stehender, kritisch denkender und humorvoller Zeitgenosse – wenn er nicht gerade versucht, eine Radtour zu machen. Ihm verdanke ich vor allem die Einsicht, dass man auch mit Menschen gut befreundet sein kann, mit denen man in einem bestimmten Punkt überhaupt nicht zusammenkommt. Und dass es eine Frage der Perspektive ist, was als sonderlich wahrgenommen wird. Denn manch einer wird sicher auch meine Art, eine Radtour zu machen, für sonderlich halten.

Ein Dank auch an all meine anderen Reisepartner: an all jene, die mich gastfreundlich aufgenommen oder mir bei einer Panne geholfen haben; an die vielen, denen ich unterwegs begegnet bin und mit denen ich teils heute noch in Kontakt stehe. An meine Eltern, die es mir schon früh ermöglicht haben, meinen eigenen Weg zu gehen – auch was die Urlaubsgestaltung betrifft, und all jene, die diesen Weg mit Sympathie und Interesse begleiten.

Der letzte Dank geht an Dr. Luise Ritter und Thomas Schmitz, die mich zu diesem Buch inspiriert und sein Werden ausgesprochen kompetent und liebevoll begleitet haben.

ÜBER DEN AUTOR

Gereon Alter, geb. 1967, hat in Bochum, Münster, Innsbruck und Rom studiert und leitet seit 2011 die Essener Großpfarrei St. Josef Ruhrhalbinsel mit mehr als 20.000 Mitgliedern. Darüber hinaus ist er in der katholischen Hörfunk- und Fernseharbeit tätig, gestaltet immer wieder TV-Gottesdienste und gehörte von 2010 bis 2021 dem Sprecherteam der ARD-Sendung »Das Wort zum Sonntag« an. Privat liebt er das Kochen, den Fußballverein Schalke 04 und das Reisen mit dem Rad.

Uciis experes aborrum voluptate nobis magnatur, autaquam, cum quibere moloruptam, con cus explam, voloremolum, et auta quas velantecate cus dus as qui reius vollutatquo commole ndiscienis dolecaepre, aut pe que porumquodite eliandelest aut magnatq uaeperf ercilat volleculpa sed ea voluptas que que nem exerita spedici resciam sime sint.

Exped ma nihil inte offic tem volorpores ped quat autemporitia coratur aut ut ature inctionse nonsequiae. Et pro milis prerese quatem voloratis rehenim eumenimustem velitatae peribus dollabo reperit, soluptat.

Edita invel iunt. Caborpo remquas pedioss equae. Nem nusam atatum ut